땅값을 확 올리는 **분할**과 **합병**
토지개발 테크닉 **실전 가이드**

땅값을 확 올리는
토지개발 테크닉

분할과 합병
실전 가이드

이인수(코랜드연구소장) 지음

서문

기획부동산의 먹잇감이냐, 고수의 투자법이냐

토지부동산의 단점은 환금성이다. 내가 빨리 팔고 싶어도 수요자를 쉽게 찾지 못해 자금이 묶이게 된다. 그러다 보면 빨리 팔기 위해 가격을 낮출 수밖에 없다. 잘 안 팔리는 땅은 쪼개서 팔라는 말이 있는 것처럼 땅을 칼질해 작은 땅으로 나누면 필지당 땅값 규모가 적어지므로 일반인도 쉽게 살 수 있기 때문이다. 마찬가지로 지주의 입장에서도 작은 땅의 단위(평당) 땅값을 높게 받을 수 있어 유리하다. 따라서 토지분할은 기획부동산이나 주택건설업자뿐 아니라 일반인에게도 많은 관심의 대상이 되고 있다.

원래 토지분할은 토지소유자의 소유권 행사에 해당하므로 자유롭게 이루어져야 하는 게 원칙일 것이다. 그러나 지적관리를 하는 국가의 공적 입장에서 보면, 너무 잘게 자르면 필지수가 많아져 행정상 사무의 번잡성이 가중되고, 또 땅의 용도도 제한될 수 있으며, 더구나 길도 없는 쓰지 못하는 땅을 잘게 짤라 허위 과대광고로 땅을 팔아 치우는 일부 기획부동산의 행태로 인하여, 사회적 문제가 야기되기도 한다. 그래서 현행법은 토지분할을 지주의 자유로 방임하지 않고, 토지분할허가제를 시행하고 있다. 토지분할을 개발행위허가의 하나로 포함하여 주무관청이 분할허가신청을 받아 사전에 토지분할허가 여부를 심사하는 것이다.

토지분할의 매력은 무엇인가

　앞에서 말했던 것처럼 평수가 작아지면 평당 가격이 높아지게 되지만 총 매매 금액은 낮아지게 된다. 그러므로 500평 짜리라고 해서 그것을 그대로 들고 있는 것이 아니라 100평씩 분할하는 것이다. '토지의 가격구매 저항력'이 감소하여 상품성이 보완되는 효과를 가져오는 것이다. 토지 상품도 제조업 도소매 유통과 같은 성격이 있음을 간과하지 말자.

　예를 들어 시가 100만 원 짜리 땅 50평이 있다. 그러면 5천만 원으로 매수할 수 있다. 하지만 200평 짜리 땅이라면 어떨까? 2억 원이라는 큰 자금을 만나야 하기 때문에 5천만 원씩 나눠서 분할하는 것보다 매도하는 데 시간이 훨씬 오래 걸린다.

　토지분할의 매력은 덩어리가 큰 땅은 평단가가 낮지만, 수요자가 많이 찾는 평수로 쪼개기를 하면 평단가가 높아져 투자수익으로 연결된다는 데 있다.

　예를 들면, 평당 20만 원인 땅 5,000평을 사면 10억 원이 되는 것이 일반적인 셈법이다. 하지만, 땅도 콩나물과 같은 실물상품이기에 흥정도 가능하고 덩치가 커서 평단가가 낮아 20% 정도 싸게 매입할 수 있어 8억 원으로 매수할 수 있는 것이 보통이다.

　이러한 땅을 수요가 많은 500평이나 주말농장을 목적으로 1,000㎡ 이하로 쪼개기를 하여 매도할 때는 다시 평당 20만 원선인 10억 원으로 매도할 수 있기 때문에 2억 원의 단순 차익이 가능하다는 점에서 투자수익을 맛본 투자자라면 분할 가능성을 타진하게 되는 것이다.

　이러한 토지 분할은 광역적인 호재가 없어도 합법적으로 자신의 노력으로 얻어지는 수익이기 때문에 변수가 없는 투자법으로 주목을 하고 있기도 하다. 한마디로 안전하게 수익을 얻을 수 있는 블루칩이라 할 수 있다.
　하지만, 무분별한 난개발을 방지하기 위해 분할이 가능한 대상을 다음과 같이 법적으로 명확하게 분류하고 있고, 각종 제한을 두고 있으니 꼼꼼한 접근이 필요하다.

분할을 시도하는 몇 가지 이유들

　광활한 농지와 산지의 경우, 적당한 면적으로 분할하면 수요가 늘어나 매도하기가 쉽고 평당 단가도 높일 수 있다.
　단순한 토지 분할 리모델링으로 2~3배의 시세차익이 보장되는 사례가 많다.
　지역에 따라 다르겠지만, 가장 많이 분할하는 면적은 1,000㎡ 크기의 주말농장으로 분할하는 '매매에 의한 분할'과 지구단위계획 면적기준에 벗어나기 위해 10,000㎡ 미만, 그리고 실수요자들이 가장 많이 찾는 3,000~5,000㎡이다.
　이처럼, 땅의 일부를 팔기 위해 분할을 시도한다. 물론, 공동으로 소유하는 땅을 지분대로 분할하는 경우나, 공공의 목적을 위해 불가피하게 분할하는 경우도 있다.
　그러나 분할의 매력을 최대한 발휘하여 수익을 극대화하는 투자자는 따로 있다.

땅 투기를 방지하는 차원에서 무분별한 토지분할은 쉽지 않아 도시지역에서는 분할이 어렵고, 비도시지역에서는 시장·군수의 허가를 받아야 진행할 수 있는 토지분할은 쉽지 않는 비법이다.

그러나 건축법이 허용하는 범위 내 농지 및 산지 전용허가를 받을 수 있다면 농지 및 산지 분할은 투자자로서는 관심을 가져볼 만한 토지 리모델링이다. 땅의 모양과 면적은 단순히 땅의 인상을 좌우하는 요소가 아니라 때로는 땅의 가치를 결정하는 중요 요인이 되기도 한다. 네모 반듯한 땅은 보기에도 좋고 이용하기도 좋아 비싼 반면, 뾰족하거나 못생긴 땅은 가치가 떨어지는 측면이 있다. 그렇다면 땅의 면적은 어떨까?

땅의 넓이도 땅의 활용도와 가치에 중요한 영향을 미친다. 땅이 면적이 넓다고 무조건 좋은 것은 아니다. 땅이 넓으면 이용하기 불편하고 처분도 힘들다는 게 정설이다.

반면에 땅이 너무 좁아도 용도가 제한되고 이용에 제약이 따른다. 이런 이유로 땅 리모델링 중에는 활용 가치와 수요를 높이기 위해서 넓은 땅을 나누거나 붙어 있는 좁은 땅끼리 합쳐 새로운 필지로 만드는 방법을 쓰기도 한다.

해당지역에 대해 잘 알고 있는 토박이나 현지인들은 잘 안다. 분할이 많이 되는 지역과 합병이 많이 되는 지역들을 보면 바로 개발 가능지를 알 수 있지 않을까?

토지 분할을 통한 매매의 장점은 매도자는 필지분할에 따른 절차에 따른 번거로움과 부대비용이 발생한다는 불편함을 감수해야 하지만 팔기 힘든 큰 땅보다는 평당가격도 조금 더 받고 남는 땅도 팔기 쉬운 작은 땅으로 변했다는 만족감이 더 크다. 자기자본 한도 내에서 작은 땅 중 마음에 드는 땅을 찾기 어렵다는 점을 해결할 수 있다는 만족을 모두 충족할 수 있다는 것이다.

토지분할을 제한하는 법률이 생긴 이유는 기획부동산의 무분별한 토지분할을 방지하기 위해서이다. 기획부동산이 큰 땅을 팔기 쉬운 금액단위의 작은 땅으로 쪼개 부동산에 무지한 소비자에게 감언이설로 팔아 넘겨 국토의 정상적인 활용에 방해가 되기 때문에 이를 막고자 법을 제정한 것이다.

기획부동산에서 쪼개서 판 땅은 소유자만 많고 많은 소유자의 이해타산이 얽혀 결국에는 아무짝에도 쓸모 없는 땅으로 전락하기 때문에 안타까운 현실이지만 조심할 수밖에 없는 것이다.

하지만 '구더기 무서워 장 못 담근다'고 부동산시장의 1%도 안 되는 기획부동산 때문에 99%이 애꿎은 농민이나 선량한 투자자 혹은 사용자만 전체 토지를 팔지 않는 한 작게 땅을 쪼개 팔 수 없다는 폐단이 나왔고, 이에 대한 해결책으로 토지분할허가절차에 관한 관련 법이 개정되었다.

토지분할은 정부에서 제한법을 만들어 막으려고 해도 선의의 피해자인 다수의 부동산 소비자가 존재하는 한 부동산 개발에 능통한 투자고수들이라면 방법은 많다.

어렵고 까다로운 토지분할

토지개발에 관한 지식과 노하우를 가지고 있다면, 방법은 얼마든지 있다. 위법이나 탈법을 조장하는 것이 아니라 조금 번거롭기는 하지만 합법적인 방법을 활용하는 것이다. 그리고 그런 분할 방법을 통해 매도자와 매수자가 모두 만족할 수 있는 결과를 얻기 위해서는 당연히 먼저 분할과 합병에 대해 잘 알고 있어야 한다.

분할은 큰 토지의 효율적인 활용을 위한 시작이다. 토지분할은 매우 간단하면서도 토지의 활용에 필요한 필수적인 사항이다.

토지분할을 기획부동산에서나 하는 작업이라 생각하는 이들이 많은데 아주 꽉 막힌 생각을 하시는 분들이라고 본다.

분할을 잘못하게 되면 토지의 활용에 큰 지장을 초래한다. 단순하면서도 매우 중요한 작업이기 때문이다. 큰 토지를 가지고 있는 토지소유자들은 분할만 잘하면 토지를 효율적인 용도로 활용할 수 있고, 가격도 잘 받을 수 있으며 매매도 쉽게 할 수 있다. 큰 토지의 일부를 분할해서 구입할 수 있을 정도로 현명한 사람이 되어야 부동산 초보투자자에서 탈출할 자격이 있는 것이다.

분할은 절차와 시일만 요구될 뿐 불가능하거나 어려운 사항은 전혀 아니다. 신청요건이 되고, 신청만 하면 분할은 커다란 수익을 가져다 줄 수도 있다.

모쪼록 본서를 통해 열공하면서 큰 토지의 경우 일부를 분할하여 매입하는 데 어렵게 생각하지 말고 현명하게 실행하여 성공적인 투자자로 거듭날 수 있기를 기대하면서 기존의 초판본을 전면적으로 재검토하고 보강하여 새로운 도서로 펴내게 되었다. 부디 투자자 여러분들에게 작으나마 도움이 되기를 기원한다.

_ 코랜드연구소 소장 이인수

차례

제2장
실패 없는 토지투자 테크닉, 분할과 합병

제3장
투자 사례로 보는 토지분할 테크닉

실전 분할사례로 보는 개발행위허가

제4장
토지분할 투자에 따른 세무, 등기 그리고 질의응답

토지분할 관련 세무

토지개발(분할)과 개발부담금

분필등기(보전등기) 실무

지적업무(토지분할·합병) 관련 질의응답

부록
분할과 합병 관련 법규 정리

분할과 합병 관련 법규

법리 검토 및 판례 해설

제1장

토지의 성형수술,
분할과 합병의 이해

실패 없는 토지투자, 분할

땅을 소유하고 싶어 하는 건 본능에 가깝다. 어마어마한 자산을 가지고 있는 부지든 작은 농사를 짓는 농부든 여력만 있다면 땅에 대한 집착이 없는 사람은 드물다. 세계 어느 나라 사람들보다 우리들 내면엔 한 뼘의 땅이라도 더 소유하고자 하는 인식이 뿌리 깊다. 거의 원초적인 소유욕이다.

문제는 땅을 매입할 돈이다. 현 시점에서 천 평이 넘어가는 땅을 매입하기 위해선 적어도 몇 억 원 이상의 현금 동원 능력이 필요하다. 하지만 단 몇 개월 만에 그만한 현금을 동원할 수 있는 사람이 흔할까? 드물다. 따라서 당연하게도 덩치가 큰 땅은 매도하기가 쉽지 않다.

하지만 모든 문제에는 해답이 존재한다. 단순히 한 필지로 묶인 땅의 면적이 크고 그에 따라 거액을 동원해야 하는 매수인의 부담 때문에 매매가 이뤄지지 않는 것이라면 해결책은 의외로 간단하다. 약간의 구매 여력만 있다고 해도 누구나 쉽게 매입할 수 있을 정도로 땅을 잘게 쪼개면 되기 때문이다.

실제로 토지매매가 가장 쉽게 이뤄지는 경우는 장기적인 투자를 위해 토지를 매입하고자 하는 사람보다 실수요자를 만났을 때다. 실수요자는 해당 토지 주변에서 농사를 짓는 사람이거나 혹은 전원주택을 짓고 이주하기 위해 땅을 구입하려는 사람들이다. 그런데 이런 실수요자들이 매입하고자 하는 토지

규모는 커봐야 1,000평을 넘지 않는다는 게 문제다. 또한 이런 실수요자들은 작은 땅을 구입하는 대신 원래 형성되어 있는 땅값을 제대로 주고 구입하는 게 일반적이다.

쉽게, 제값을 받고 토지매매를 성사시킬 수 있는데 하지 않을 것인가?

물론 토지분할 절차를 거쳐야 하는 약간의 수고와 경비를 생각해야 하지만 토지매매로 얻는 이익을 생각한다면 충분히 감수할 만한 일이다.

그럼에도 토지분할로 수요층을 늘리고 땅의 가치를 높이고자 하는 생각을 하지 못 하는 건 왜일까? 더 이상 내 것이 아니라고 생각하는 곳에 돈을 쓰는 걸 머뭇거리는 인간의 보편적인 심리가 작동한다는 게 하나의 이유다. 팔기로 결정하는 순간 그 땅은 더 이상 내 소유로 여겨지지 않는다. 언젠가 다른 누군가의 땅이 될 것이고, 이미 땅에 대한 애정이 끊어졌으니 그 땅에 투자할 마음이 생기지 않는다.

하지만 구매자가 나타날 때까지 마냥 기다리고만 있어야 할까? 땅을 사고자 하는 구매자가 나타나기는 할까? 거의 드물다.

일반적으로 상품을 만들면 판매를 위해 비용을 감수하면서 마케팅을 한다. 상품이 가지고 있는 가치를 홍보해 구매자들을 끌어들이기 위해서다. 과거와 달리 이젠 그런 마케팅 비용을 불필요한 지출로 생각하는 사람은 없다. 땅이라고 해서 다를까? 땅도 마찬가지로 상품이다. 땅을 매매할 때도 상품을 판다는 인식을 가져야 한다.

보기 좋은 떡이 맛있게 보이고 손이 간다. 땅 또한 어떻게 포장하느냐에 따라 쉽게 제값을 받고 매매계약을 성사시킬 수 있다. 차량이 출입하는 데 불편이 없도록 도로를 정비한다든지, 매수자의 니즈에 맞춰 간단한 기초공사를 하는 것만으로도 땅의 가치는 배가된다.

토지도 재테크 투자종목 중 하나다. 주식처럼 '사고, 기다리고, 파는' 세 단계를 거쳐 수익을 얻는다. 주식과 마찬가지로 막연한 기대를 가지고 무모한 투자를 하면 참담한 결과를 낳는다. 철저한 사전조사와 계획을 세워 투자하는 것만이 좋은 결과를 얻는 유일한 방법이다.

토지 가치를 가장 높게 만드는 일반적인 두 가지 방법이 있다.
먼저 개발되지 않은 토지를 매입해 개발이 가능한 절차를 밟아 효용가치를 높이는 방법이다. 이는 토지의 성격, 용도, 법률 등 토지와 관련된 사항들에 대해 잘 파악하고 있어야 가능한 일이다. 그리고 나머지 하나는 소유하고 있는 땅을 분할하거나 합병하는 것처럼 가공하는 것이다.

토지분할이란 무엇인가?

일반 토지수요자들이 가장 많이 찾는 땅은 대략 300평 내외의 크기이다. 너무 작으면 쓸모가 없고, 너무 크면 개인이 형질을 변경해 땅을 이용하고자 할 때 무리가 따르기 때문이다.
따라서 나중에 그 땅에 집을 짓거나 매도해서 시세차익을 보고자 한다면 매수자가 선호하는 크기의 땅이 되어야 한다. 논이나 밭이든 임야든 300평은 돼야 나중에 대지로 형질변경을 해서 집을 짓는다고 하면 건평이 50평 정도가 된다. 기획부동산업체들이 대략 1만 평 정도의 땅을 구입해 300평 내외로 분할해서 파는 것은 바로 매도를 하기에 가장 효과적인 크기이기 때문이다.

토지의 분할이란 지적공부地籍公簿에 등록된 한 필지의 토지를 두 개 이상의 필지로 나누어 등록하는 것을 말한다. 이를 부동산등기법에서는 필지를 분할한다는 뜻에서 '분필'이라고 부른다.
소유권 이전, 매매 등을 위해 필요한 경우거나 토지를 이용하는 데 불합리하거나 지상경계를 시정하기 위한 경우에 지적소관 지자체에 토지분할을 신청함으로써 이루어진다.

지적공부에 등록된 하나의 필지 중 일부가 형질변경 등으로 용도가 변경된 경우에는 용도가 변경된 날부터 60일 이내에 토지분할을 신청해야 한다. 관계법령에 따라 분할허가대상인 토지의 경우에는 그 허가서 사본이나 분할허가대상토지가 다른 법률에 따라 허가가 의제처리 되는 경우에는 이를 확인할 수 있는 서류의 사본을 첨부하도록 하고 있다.

과거에는 법원의 확정판결에 따라 토지분할을 신청할 수 있었으나, 편법을 동원한 토지분할을 막기 위해 법원의 확정판결을 받은 경우라도 관계법령에 따른 분할허가를 받아야 분할이 가능하도록 하였다.

토지분할이란?

개념	• 1필지의 토지를 2필지 이상으로 나누는 것
목적	• 소유권 이전, 매매를 위해 필요한 경우 • 토지이용시 불합리한 지상경계를 시정하기 위한 경우 • 지적공부에 등록된 1필지 일부가 형질변경 등으로 용도가 변경된 경우 　→ 용도변경날로부터 60일 이내 지적소관청(지적공부를 관리하는 시장, 군수, 구청장)에 토지분할을 신청해야 함
주요내용	• 분할된 땅의 지번은 ×××-1, ×××-2와 같이 등기 등 주요 문서상에 표기됨

토지분할 과정은 ?

토지소유자의 분할 측량	• 분할측량 신청 • 분할측량 실시 • 측량검사(지적공사) • 측량검사 및 성과도 교부
토지분할 신청	• 분할 사유를 적은 신청서에 분할허가대상토지인 경우, 허가서 사본을 첨부하여 제출 　- 허가서를 지적소관청이 관리하는 경우, 지적소관청 확인으로 서류 대체 가능 • 1필지 일부가 형질변경 등 용도변경이 되어 분할신청하는 경우, 지목변경신청서를 함께 제출

토지분할시 주의사항

토지분할	• 1토지를 소유한 본인만 신청 가능
토지분할 최소면적	• 주거지역 : 60㎡ • 상업지역 : 150㎡ • 공업지역 : 150㎡ • 녹지지역 : 200㎡ • 그 외 : 60㎡

분할 금지 제한지역	• 국토교통부장관 지정, 투기우려 지역 • 건축물 증축을 위해 형질변경이 목적인 경우 • 분할제한면적이 너무 작은 경우 • 개발이 곤란한 지역을 매매하기 위해 분할하는 경우

보통 토지투자를 하고자 하는 사람들은 200, 300평 정도로 분할돼 있는 단독 필지를 고집하는 경우가 많다. 하지만 이런 땅은 이미 매도 가격이 매우 높기 때문에 이익이 크지 않다. 뿐만 아니라 구매하려는 사람이 많아 매도자들이 가격을 올리기 일쑤다.

하지만 보통 2천 평 이상이 넘어가는 땅은 주변 시세에 비해 25~35% 이상 가격이 떨어진다. 워낙 땅의 면적 규모가 크다 보니 매입자가 적을 수밖에 없고, 따라서 대부분 주변 시세에 비해 땅값이 떨어질 수밖에 없다.

토지투자로 고수익을 올리기 위해서는 바로 이런 토지들이 가지고 있는 약점을 극복할 수 있는 방법을 찾는 것이다. 산림이나 농지 등 규모가 큰 땅을 분할해서 매입하는 것도 하나의 방법이다.

토지분할 예시 도면 (토지 2000㎡ 이상 분할 시)

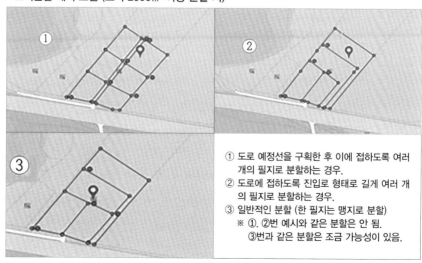

① 도로 예정선을 구획한 후 이에 접하도록 여러 개의 필지로 분할하는 경우.
② 도로에 접하도록 진입로 형태로 길게 여러 개의 필지로 분할하는 경우.
③ 일반적인 분할 (한 필지는 맹지로 분할)
 ※ ①, ②번 예시와 같은 분할은 안 됨.
 ③번과 같은 분할은 조금 가능성이 있음.

일반 투자자들은 큰 땅을 매입하면 분할이 잘 안 될까봐 애를 태우고 주저하는 경우가 많다. 하지만 분할을 인정할 사유만 있다면 머뭇거릴 필요가 없다. 분필신청을 하고 15일 이내에 지적정리까지 완결된다. 즉 토지를 분할할 때는 사유와 목적이 중요하다. 분할 방식은 매매에 의한 분할, 공유물 분할청구 소송 등에 의한 공유지분의 분할, 현황분할 등으로 나눌 수 있다.

  분필은 한 필지의 단독 소유자가 자기 토지를 분할하는 경우뿐 아니라 공동으로 지분을 소유하고 있는 경우, 즉 공유물을 분할하는 경우도 있다. 공동으로 소유한 토지는 언제든 분할이 가능하다. 소유권 문제로 분할을 신청하면 보통의 경우, 간단하게 분할을 해 준다. 매매계약을 체결하고 분할신청을 하면 그 계약서대로 필지를 분할해 준다.

기본 방향	매각 또는 개발	분할 후 순차적 매각
	현 시점에서 당 토지의 Benefit 및 문제점	현 시점에서 당 토지의 Benefit 및 문제점
세부 요청사항	① 매각 · 적정 가격 · 효율적 매각 방법 ② 개발(최소 비용) · 최적의 개발 형태 및 용도 (펜션단지, 창고용지 등) - 개발 가능 면적 - 개발시 발생 비용 및 항목별 소요기간 (인허가, 개발, 지목변경 및 필요성 등) · 도로 문제 해결 방안(구거, 국가도로, 인근 토지 매입)	① 분할 · 시 조례(택지식 & 격자식 분할 금지, 3년 내 3필지 이하 분할 가능)를 최대 활용한 **황금 분할** → 매수자가 가장 높은 값에 매 수할 수 있는 평수, 순차적 분할 방법 ※황금 분할은 시도 개발행위 부서와 협의 완료 요망 ② 매각(현 시점 적정 매도가) · 현재 시점 효율적 순차 매각 방법 ③ 개발 : 개발 아이디어 ④ 도로부문 개설촉구 방법 · 도로 신속개설 요청

  이런 토지분할은 기본적으로 국가의 지적공부(토지대장, 지적도 등)와 부동산 공시부(토지등기부)에 관련되어 공간정보관리법과 부동산등기법에 상세하게 분할 요건과 절차가 규정되어 있다. 공유물을 분할하는 것 이외에도 실제 개발현장에서 많이 활용되며, 단독으로 소유하고 있는 토지의 경우에도 여러 필

지로 쪼개 매각하고자 할 때 많이 사용된다. 예를 들면 단지를 개발할 때 분할해 매각한다든지 땅의 이용가치를 높이기 위해서다.

현실적으로 분할을 해야 할 필요가 있는 토지의 구체적인 예는 아래와 같다.

① 도로에 접하지 않은 자기 소유의 토지(맹지)에 도로를 내기 위해 도로에 붙은 타인 도지의 일부를 분할하여 매입하는 경우.
② 대규모 전원주택용 부지를 매입해 개발한 뒤에 쪼개서 분양하는 경우.
③ 농지전용허가를 받아 건물을 신축한 경우, 대지로 편입된 부분과 기타 농지로 분할하는 경우.
④ 농업진흥지역의 토지를 주말농장용으로 분양하는 경우.
⑤ 형제가 공동으로 상속받은 농지나 임야를 분할하는 경우.
⑥ 공유토지를 분할해 각기 개인 소유로 하고자 할 경우.
⑦ 준보전산지를 개발해 택지로 분할해 분양, 보전산지는 공유지분으로 묶어 공동 이용만 할 수 있게 분양하는 개발 방법 등.

토지를 분할할 수 있는 경우

토지 가공에서 가장 보편적인 예는 분할이지만 그 외에도 토지, 즉 농지나 임야를 개발하면 기존 땅값보다 가격이 오르게 되는 게 당연하다. 물론 분할 및 합병을 하기 위해서는 지목이 동일해야 하고 근저당권 설정과 같은 문제가 먼저 해결되어야 하며, 토지의 위치, 용도지역 등을 세밀하게 검토한 뒤에 추진해야 한다.

문제는 개발허가를 받기 위해서는 목적사업이 있어야 하고 반드시 건축이 따라야 한다고 생각할 수 있다는 것이다. 실제로 단순히 토지를 개발하는 것에 비해 건축 행위에 훨씬 더 큰돈이 든다.

이럴 경우에는 어떻게 해야 할까?

먼저 목적사업을 건축 자재나 기타 자재의 야적장으로 설정하고 개발행위, 농지전용, 산지전용 등을 한다면 글자 그대로 건축을 하지 않고 울타리만 설치하는 것으로 잡종지로 지목을 변경할 수 있을 것이다.

따라서 건축에 따르는 비용을 절약할 수 있으며 필요하다면 컨테이너 사무실을 하나 설치해 준공을 하는 정도로 토지 가치를 높이면서도 비용을 아낄 수 있을 것이다. 임야의 경우라면 평탄지를 만들면서 발생하는 토사를 필요로 하는 이에게 매각함으로써 오히려 수익을 내면서 지목을 바꿀 수도 있다.

임야나 농지에서 잡종지로 지목이 바뀐다면 우선 공시지가가 상승되며, 감정평가에도 가치가 상승된다. 즉 담보능력이 상승되는 것이다.

토지를 분할할 수 있는 방법은 크게 다음과 같은 4가지로 분류할 수 있다.

매매에 의한 분할

토지소유자가 토지 중 일부를 매매하고자 할 때, 토지소유자가 분할신청을 하여 토지분할을 진행하는 것이다.

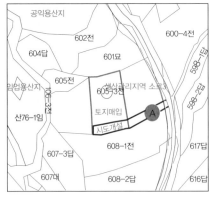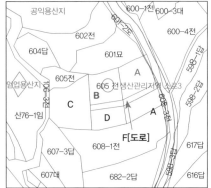

공유물에 의한 분할

여러 사람이 지분을 가지고 하나의 토지를 소유하고 있을 때 각자의 위치에 대한 동의와 합의에 의해 분할을 진행하는 것이다. 매매에 의한 분할과 다른 점은 소유권 이전이 완료된 이후에 상호 동의를 받아 분할한다는 점이다. 지분을 가지고 있는 사람 중에서 하나라도 동의하지 않는다면 공유물에 의한 분할은 이루어질 수 없다.

보통 개발행위제한구역의 토지를 공동으로 매입한 후 개발행위제한구역이 해제되었을 때 각자의 위치와 지분만큼 분할하는 경우가 많다.

예를 들어 한 필지로 된 100평짜리 토지를 3명이 공유지분으로 매입해 각 지분에 따라 3등분으로 쪼개 분할신청을 한 다음 각자 등기한다.(이때 농림지역 농업진흥지역의 경지정리가 된 농지는 분할할 수 없다. 비도시지역의 농림지역 농지로서 분할 최소면적이 2,000㎡ 이하라도 분할이 불가능한 땅이다. 공유지분에 대하여 법원에 공유물분할을 원인으로 재판을 신청하여 확정판결이 난 경우에도 농업기반 정비사업이 시행된 농지는 각 필지의 면적이 농지법 제22조 제2항의 제약에 따라 2,000㎡ 이하로의 분할은 불가능하다. 즉 판결이 있다 해도 농지법의 규정에 맞지 않으면 분할이 불가능하다는 것이다.)

소송에 의한 분할

위에 이야기했던 공유물에 의한 분할에서 지분 소유자들 중 2/3가 분할에 동의했음에도 1/3이 동의를 하지 않을 경우, 소송을 제기해 분할하는 경우다. 또는 개발행위제한구역의 분할 금지로 인해 공증이나 확약서를 통해 분할 위치와 분할 도면을 정한 뒤 매수를 하였는데, 추후 개발행위제한구역이 해제돼 분할을 하고자 할 때 상대방이 변심하여 동의를 하지 않게 되면 공증이나 확약서로 작성된 문서를 가지고 소송에 의한 분할을 진행하기도 한다.

개발행위에 의한 분할

한 필지로 된 토지 일부를 형질변경 등으로 용도를 다르게 하여 분할신청을 할 수 있다. 한 필지 1,000평짜리 농지를 200평 정도로 농지전용허가를 낸 다음 건축을 하고, 지목을 대지로 변경하여 2필지로 분할신청을 하는 방법이다.

분할이 가능한 토지의 법적 기준

토지분할의 매력은 평당 가격이 낮을 수밖에 없는 덩어리가 큰 필지의 땅을 수요자가 많이 찾는 크기로 쪼개기를 함으로써 평당 단가가 높아져 투자수익으로 연결된다는 데 있다. 예를 들면, 평당 20만 원인 땅 5,000평을 사면 10억 원이 되는 것이 일반적인 셈법이지만 땅도 콩나물과 같은 실물상품이므로 흥정이 가능하고, 덩어리가 커서 평단가가 낮아 20% 정도 싸게 매입할 수 있다. 즉 10억 원짜리를 8억 원으로 매수할 수 있는 것이 보통이다.

이러한 땅을 수요가 많은 주말농장을 목적으로 하는 500평 혹은 300평 이하의 크기로 쪼개 매도할 때는 다시 평당 20만 원 선인 10억 원으로 매도할 수 있고 따라서 2억 원이라는 단순차익이 가능하다는 점에서 분할을 타진하게 된다.

이러한 토지분할은 광역적인 개발 호재가 없더라도 합법적인 노력을 통해 얻는 수익이라고 할 수 있으므로 변수와 실패가 없는 투자법이라고 할 수 있다. 한마디로 안전하게 수익을 얻을 수 있는 블루칩이다.

하지만 무분별한 난개발을 방지하기 위해 법적으로 분할이 가능한 대상토지를 명확하게 분류하고 있고, 각종 제한을 두고 있으므로 꼼꼼한 분석을 통해 접근해야만 한다.

분할이 가능한 토지는 다음과 같다.

① 1필지의 일부가 지목이 다르게 된 때.

② 소유권이 공유로 되어 있는 토지의 소유자가 분할에 합의하거나, 토지거래허가구역에서 토지거래계약허가가 된 경우, 또는 토지의 일부를 매수하기 위하여 매매계약 체결 등으로 인하여 1필지의 일부가 소유자가 다르게 된 때.

③ 분할이 주된 지목의 사용 목적에 적합하게 토지소유자가 매매 등을 위하여 필요로 하는 때.

④ 토지이용을 위한 불합리한 지상경계를 시정하기 위한 때.

일반적인 토지분할 절차를 정리하면, 개발행위허가신청서와 분할측량신청에 따른 분할측량성과도와 함께 토지이동신고서를 도시계획과에 제출한다.

분할을 하기 위해서는 분할측량을 실시하고, 소관청에서 정확한지 여부를 검사한 후에 발급한 측량성과도 및 신청서를 바탕으로 하여 토지표시사항을 정리한다. 소유권 표시사항은 분할 전의 대장에 등록된 사항을 새로이 작성하는 대장에 옮겨 등록한다.

등록을 완료하면 관할 등기소에 토지표시변경등기를 촉탁하고 등기필증을 토지소유자에게 통지하는 것으로 분할 절차는 종료된다.

분할이 가능한 토지라고 하여도 무조건적으로 가능한 것은 아니다. 건축법, 그린벨트, 농지, 토지거래허가구역 내에서의 분할 제한 같은 것들이 있다. 따라서 각종 분할제한에 대해 정확하게 알고 있어야 박스로 산 사과를 하나하나 순도 높게 다시 포장하여 더 좋은 값으로 팔 수 있는 것이다.

토지를 분할하기 위한 행정 절차

토지분할이란 지적공부에 등록된 1필지를 2필지 이상으로 나누어 등록하는 것을 말하고, 지적공부란 지적대장, 지적도면, 경계점좌표등록부를 말한다. 지적대장에는 토지대장, 임야대장, 공유지연명부, 대지권등록부가 있고, 지적도면에는 지적도와 임야도가 있다.

토지를 분할할 수 있는 자는 원칙적으로 토지소유자에 한한다. 공간정보의 구축 및 관리에 관한 법률에 따르면 지적분할을 신청할 수 있는 경우는 토지소유자가 소유권 이전, 매매 등을 위해 필요한 경우와 토지 이용에 있어 불합리한 지상경계를 시정하기 위한 경우, 그리고 관계 법령에 따라 토지분할이 포함된 개발행위허가 등을 받은 경우에 한한다.

토지소유자가 토지분할을 하고자 하는 때에는 지적소관청, 즉 지적공부를 관리하는 특별자치시장, 시장(제주특별자치도 설치 및 국제자유도시 조성을 위한 특별법에 따른 행정시의 시장을 포함하며, 자치구가 아닌 구를 두는 시의 시장은 제외한다.) · 군수 또는 구청장(자치구가 아닌 구의 구청장을 포함한다.)에게 토지분할신청서와 분할허가서 사본(해당 서류를 지적소관청이 관리하는 경우 지적소관청의 확인으로 서류 제출을 갈음할 수 있다.) 및 지적측량성과도를 제출하고, 그 외에 토지분할의 합리적인 사유를 소명하여야 한다.

또한 지적공부에 등록된 1필지의 일부가 형질변경 등으로 용도가 변경되어 분할을 신청할 때에는 지목변경신청서를 첨부하여 60일 이내에 의무적으로 지적소관청에 토지의 분할을 신청하여야 한다.

분할신청은 다음과 같은 절차로 진행된다.
① 개발행위허가(분할허가) 신청(지적과)
② 분할측량(한국국토정보공사)
③ 분할신청서 제출(시 · 군 · 구청)

토지를 분할하기 위한 대략적인 절차를 보면 다음과 같이 정리할 수 있다.

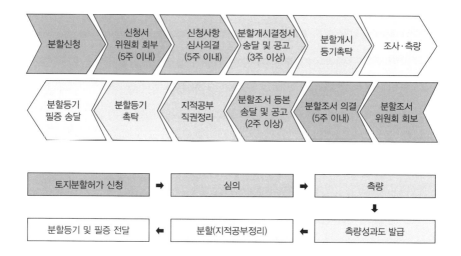

분할사유를 기재한 서류와 함께 분할측량성과도, 분할허가대상인 토지의 경우에는 허가서 사본, 법원의 확정판결에 의하여 분할하는 경우에는 확정판결서 정본 및 사본을 첨부하여 제출한다.

토지를 분할하고자 하는 경우는 공간정보의 구축 및 관리 등에 관한 법률에도 나와 있는 것처럼 ① 토지의 일부를 소유권 이전하고자 하거나 ② 불합리한 지상경계를 바로잡으려고 하거나 ③ 토지분할이 포함된 건축허가 및 개발행위허가 등을 받은 경우에 분할신청을 할 수 있다.

토지분할 절차를 시행할 때의 실무적인 부분을 알아보면 다음과 같다.

① 행정기관 민원실(또는 지적공사 출장소)에 분할신청서를 제출한다.
• 일부 시·군에서는 분할을 개발행위허가신청을 받기도 하고, 어느 지역은 단순히 분할만 신청을 받기도 한다.
• 분할신청서는 각 시·군의 지적공사 출장소에 가면 양식이 있다.
• 각 시·군의 민원실에 지적공사에서 직원이 출장을 나와 코너를 개설하여 자리를 잡고 있으므로 도움을 받을 수 있다.

- 분할을 하고자 하는 토지소유자라면 직접 신청이 가능하며, 대리인은 위임장을 첨부하여야 하고, 위임장은 접수창구에 비치되어 있다.
- 위임장의 날인은 인감도장이 아닌 일반도장으로도 가능하다.
- 위임장의 인감증명서 첨부는 각 시·군마다 다르므로 준비하는 게 좋다.
- 분할허가(개발행위허가)를 받아야 하는 시·군은 일반인이 작성하기 힘들기 때문에 토목측량설계회사에 위탁하는 게 좋다.
- 구비서류
  - 매매는 매매계약서(인감도장이 날인된 계약서: 시·군마다 다름), 인감증명서, 지적도(분할선 표기: 분할 면적 지정)
  - 공유물 분할 : 지적도, 등기부등본, 공유자 분할동의서(인감첨부)

② 분할허가 득(허가증 수령) : 분할신청에 개발행위허가를 필요로 하지 않는 시·군은 분할허가를 받을 필요 없이 즉시 분할 신청을 한다.

③ 지적공사출장소에 허가증을 첨부하여 분할 신청

- 분할신청은 분할을 하고자 하는 필지의 지적도에 분할구역을 표기하여 신청한다.
- 분할을 해야 하는 사유를 입증할 서류 일체. (매매의 경우 계약서, 공유물 분할의 경우 등기부등본, 허가를 받은 경우 허가증과 구적도) 여기서 구적도라 함은 지적도와 지적도 내에서 허가를 받은 면적을 표기한 도면을 말한다.

④ 분할측량 실시 일자 고지

분할측량 비용을 납부하면 접수창구에서 즉시 측량일자를 알려준다.

⑤ 분할측량 실시

분할측량을 실시하는 날자는 접수를 할 때 알려주지만 측량 시간은 측량 전일 오후에 전화로 연락이 온다.

⑥ 분할측량 성과도 발급

분할측량을 실시한 측량 도면을 지적공사에서 발급하여 준다.(성과도 수령은 보통 문자로 또는 전화로 알려준다.)

⑦ 지적정리신청

    - 시·군의 지적과에 신청.

    - 측량 신청시에 지적정리까지 함께 신청하면 성과도를 수령하여 지적정
리를 하러 직접 다닐 필요가 없다.

⑧ 지적정리 - 분할측량 업무완료

지적도에 분할선이 표기되이 개별 지빈이 생성된다.

분할측량에서 지적정리까지는 일반적으로 20일 정도가 소요된다.

분할 최소면적

   매매와 공유지분 분할을 위한 분할측량을 신청하려고 할 경우, 용도지역에
따라 분할을 할 수 있는 최소면적이 있다. 관리지역의 경우에는 60㎡ 이상이
며, 이하는 분할이 안 되며 개발행위허가를 받아 분할하여야 한다.

분할을 하여 일부 토지를 구입 시

   분할은 절차와 시간적인 부담만 있을 뿐 어려운 사항은 전혀 아니다. 신청
요건이 되고, 신청만 하면 분할은 쉽게 해 준다. 큰 토지의 경우 일부를 분할하
여 매입하고자 한다면 어렵게 생각하지 말고 실행해보기 바란다.

   토지를 매입할 때 계약서에 특약사항을 ① 분할로 인한 지적정리 완료 시 중
도금 또는 잔금을 지급한다는 내용을 표기하고, ② 분할을 하려는 위치가 표시
된 도면을 첨부하여 계약하면 된다.

   주의할 점은, 토지를 분할하여 매입할 경우에는 도로와 접하여야 하므로 도

로개설에 대하여 꼼꼼히 특약사항을 기재하여야 한다. 나중에 도로를 개설하여 매입한 토지에 붙여 주겠다는 계약은 주의해야 한다. 단순한 사항임에도 이런 경우로 인해 문제가 생겨 상담을 요청하는 투자자들이 매우 많다.

큰 토지의 상단부(도로와 거리가 있는 부분)를 매입할 경우, 분할 지적정리 완료 시에 중도금 지급, 도로개설 완료 시에 잔금을 지급하는 방법을 택하면 어려움이 없을 것이다. 도로개설의 부담자도 필히 명시하고, 개설 시기와 공사에 대한 구체적인 방법까지 계약서 특약사항에 명시하여야 한다.

큰 토지의 분할 판매

큰 토지를 보유하고 있다면 분할하여 판매하는 것이 더 비싼 가격으로, 쉽게 매매할 수 있다는 것은 앞에서도 이야기하였다.

이때 염려하는 이들의 얘기를 들어 보면, 분할해서 판매할 경우 좋은 자리만 팔리고 자투리땅이 남아 팔리지 않을까봐 걱정이 되어 머뭇거리는 토지소유자들이 의외로 많다는 것이다. 즉 부동산중개업소에서 좋은 자리만 팔고 안 팔아준다는 얘기다. 중개업소에서 그렇게 나오는 이유는 대개 토지소유자의 유불리에 상관없이 모든 필지를 같은 가격으로 매도하려고 하기 때문이다.

이런 경우, 전체를 분할해 매도하는 대신 1만 평 토지를 2~4개 구역으로 나누어 일부 1개 구역(약 2,000평) 정도만 먼저 분할 판매에 들어가면 된다. 분할 판매의 경우 2,000평을 10개로 분할하여 판매한다면 각 필지 위치에 따라 좋고 나쁨을 감안하여 가격에 차등을 둬 판매하여 전체 가격을 맞추면 쉽게 매매된다.

땅은 좋지 않아서 팔리지 않는 않는 것이 아니다. 가격에 차등을 두지 않았기 때문이다. 안 좋은 토지라고 해도 조금만 공사하면 다 쓸 수 있는 땅이기 때문에 가격을 조금만 낮추면 매입을 원하는 수요자는 충분히 있다. 안 팔린다면 그건 판매 가격이 높아서다. 그 이유 말고는 없다고 보아도 된다. 항상 토지를 처분할 때는 욕심을 버려야 한다.

수요자의 경우에도 토지가 좋지 않다고 포기하는 것보다는 저렴하게 구입해 개발을 하면 저렴하게 좋은 토지를 만들 수 있다. 현명한 선택이 필요하다.

토지분할에 있어서의 상황에 따른 분할 과정을 보면 나음과 같다.

건축허가 등 인·허가를 받은 경우

허가사항에 따라 토지분할을 하면 된다.
 ① 지적측량 접수창구에 허가공문(허가증)과 관련 도면(계획평면도, 구적도 등)을 첨부하여 분할측량을 의뢰한다.
② 며칠 뒤 교부된 분할성과도를 첨부하여 토지분할을 신청한다.

건축물이 없는 토지를 분할하는 경우

① 개발행위허가 내상인시 섬도를 해서 대상인 경우 개발행위허가를 신청.
② 개발행위허가서를 첨부하여 지적측량접수창구에 분할측량을 의뢰.
③ 측량 후 분할성과도를 첨부하여 토지분할을 신청.

건축물이 있는 경우

① 건축물대장을 관리하는 부서(건축과)에 분할하고자 하는 계획이 건축법에 저촉되는지 여부를 검토한 후 저촉되지 않는다고 하면 지적측량접수

창구에 분할측량을 의뢰.

② 측량 후 분할성과도를 첨부하여 토지분할을 신청.

개발행위허가신청을 위한 구비 서류

① 개발행위허가신청서

② 사업계획서(분할을 위한 구체적인 계획의 개요)

③ 매매, 교환계약서(매매, 교환의 경우) : 계약서에 날인하는 도장은 필히 '인
  감도장'으로 날인해야 하며, 인감증명서를 첨부해야 한다.

④ 토지이용계획확인원

⑤ 등기부등본

⑥ 구적도

⑦ 인·허가를 득하여 허가에 의한 분할 경우 → 허가증과 허가도면

인감증명서가 추가된 것은 기획부동산들이 노리는 수법들 또는 토지 판매
만을 위한 분할을 막기 위한 목적 때문이다. 검인까지 받은 계약서를 제출하
도록 변경할 것이라는 말도 있다.

분할을 위한 인감증명서를 설계사무소나 중개업소 또는 대리인에게 전달
할 때는 꼭 용도란에 '토지분할용'이라는 글자를 적은 뒤 전달하도록 한다. 인
감증명서를 공란으로 전달하는 것은 위험한 일이다.

분할을 위한 개발행위허가신청에서 구비 서류 서식은 다음과 같다.

				처리기간

토지분할허가신청서

처리기간: 3일

신고인	①성명	한글		②주민등록번호	
		한자			
	③주소				

신청내용

④토지소재지				
기존토지	⑤면적		⑥지역	지역
분할토지	⑦지번		⑧면적	m²
⑨분할사유				

도시계획법 제4조 제1항의 규정에 의하여 위와 같이 신청합니다.

년   월   일

신청인   (서명 또는 인)

구청장 귀하

구비서류	수수료
	없음

구비서류

1. 토지합병 신청(각) 1부
2. 지목변경 신청서(각) 1부

사무명	토지분할허가신청 안내		관련부서	처리기관	지도감독	주무부서
				구1지적과	제1지적과	국토교통부

사무내용	토지분할허가를 받고자 신청하는 민원 사무					

	접수처	민원봉사과	접수처		처분장	구청장
처리과정	대조공부	지적관련갑부	비치대장	토지분할허가대장	처리기간	3일
	최종결과	과장	수수료	없음	면허세	없음
	환경조사사항					
	처리요건					
	후속민원					
	처리흐름	접수 → 검토, 조사 → 관계부서 협의 → 처리				

근거법규	도시시행법 제4조 1항 3호

구비서류	1. 토지분할허가신청서(측량성과도 첨부) 2. 토지분할신청서 3. 토지분할허가 조건 이행에 따른 토지합병 및 지목변경신청서

처리요청 및 유의사항	1. 건축법상 저촉 여부 2. 도시계획법상 저촉 여부 3. 지적법상 저촉 여부 4. 기타 관련 법규 저촉 여부

개발행위허가신청서

□공작물설치 □토지형질변경 □토석채취
■토지분할 □물건적치

	처리기간
	15일

신청인	성명 (법인인 경우 그 명칭 및 대표자 성명)			주민등록번호 (법인등록번호)	
	주소	우) 전화)			

허가신청사항

위치 (지번)				지목		
용도지역				용도지구		
신 청 내 용	공작물 설치	신청 면적			중량	
		공작물구조			부피	
	토지형질 변경	토지현황	경사도		토질	
			토석매장량			
		입목식재 현황	주요 수종			
			입목자		무입 목지	
		신청 면적				
		입목벌채	수종		나무 수	그루
	토석채취	신청 면적			부피	
	토지분할	종전 면적			분할면적	
	물건적치	중량			부피	
		품명			평균적치량	
		적치기간	년 월 일부터 년 월 일까지(개월간)			
개발행위 목적						
사업기간		착공	년 월 일	준공	년 월 월	

제○○조 제○○항의 규정에 의하여 위와 같이 허가를 신청합니다. (국토의 계획 및 이용에 관한 법률 제56조
및 제57조 제1항 관련)

년   월   일

신청인 (서명 또는 인)

서울특별시장, 도지사, 광역시장 귀하

구비서류 : 뒤쪽 참조	수수료
	없음

구비서류

1. 토지의 소유권 또는 사용권 등 신청인이 당해 토지에 개발행위를 할 수 있음을 증명하는 서류(토지등기부 등본의 경우 행정정보 공동이용 가능시 제출 생략)
2. 배치도 등 공사 또는 사업 관련 도서(토지의 형질변경 및 토석채취인 경우에 한함)
3. 설계도서(공작물의 설치인 경우에 한함)
4. 당해 건축물의 용도 및 규모를 기재한 서류(건축물의 건축을 목적으로 하는 토지의 형질변경인 경우에 한함)
5. 개발행위의 시행으로 폐지되거나 대체 또는 새로이 설치할 공공시설의 종류·세목·소유자 등의 조서 및 도면과 예산내역서(토지의 형질변경 및 토석채취인 경우에 한함)
6. 토의 계획 및 이용에 관한 법률 제57조 제1항의 규정에 의한 위해방지·환경오염방지·경관·조경 등을 위한 설계도서 및 그 예산내역서(토지분할인 경우를 제외한다). 다만, 건설산업기본법 시행령 제8조 제1항의 규정에 의한 경미한 건설공사를 시행하거나 옹벽 등 구조물의 설치 등을 수반하지 아니하는 단순한 토지형질변경의 경우에는 개략설계서로 설계도서에 견적서 등 개략적인 내역서로 예산내역서에 갈음할 수 있다.
7. 국토의 계획 및 이용에 관한 법률 제61조 제3항의 규정에 의한 관계 행정기관의 장과의 협의에 필요한 서류

이 신청서는 다음과 같이 처리됩니다.

신청인	처리기관	협의기관
	시·도(문화담당부서)	개발행위허가 담당부서

신청서 작성 ➡ 접수 ➡ 협의

협의 ⬇ 검토

검토 ⬇ 동의

신청인에 통지 ⬅ 결재 ⬅ 동의

접수번호	□토지(임야) 신규등록　■토지(임야) 분할 □토지(임야) 지목변경　□등록전환　□토지(임야) 합병 □토지(임야)등록사항 정정　□기타(　　　　)	**신청서**						처리기간
								뒤쪽참조

소유자	성명				주민등록번호		
	주소				전화번호		

토시소새		이농 전			이동 후			토지 이동 결의 일자	토지 이동의 사유
시읍·면	동·리	지번	지목	면적(㎡)	지번	지목	면적(㎡)	토지 이동 결의 일자	토지의 이동 사유

위와 같이 관계증빙서류를 첨부하여 신청합니다. 　　　　년　　　　월　　　　일 　　　시장 귀하 　　　　신청인　　　　　　(성명 또는 인)	수입증지 첨부란
	지적법 시행규칙 제68조에 따른 수수료 (뒤쪽 참조)

사례를 통해서 보는 토지분할 절차

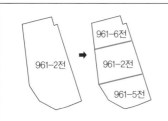

지적공부에 등록된 1필지의 토지를 2필지 이상으로 나누어 등록하기 위한 측량이다.
토지 일부의 매매 또는 소유권 이전이나 토지 일부에 건축허가를 받고자 할 때 주로 실시한다.

- -

측량을 실시하게 되는 경우
• 건축물 인허가에 따른 분할
• 도로확보 및 도시계획선 분할
• 농지전용, 산지전용, 개발행위허가에 따른 분할(허가, 신고 등)
• 표지 허가, 설치, 준공 등에 따른 분할
• 토지 일부의 매매, 소유권 이전으로 인한 분할
• 인접지번과 합병 조건에 의한 분할
• 법원 확정판결에 의한 분할
• 공유토지 분할 (공유지분 분할)
• 국유재산 분할 (분할, 매입, 용도폐지 등)

지번	지목	면적 (m²)
961-2	전	336
961-5	전	271
961-6	전	218
961.2		825

1. 군청(시청)에 설치된 지적공사 창구에 토지분할 목적의 "현황측량" 신청.

내 경우는 전체 1,100평 토지 중 약 260평을 분할 매수하려 한다며 매수인 자격으로 현황측량 신청. 측량신청은 직접 가거나 전화 혹은 인터넷으로도 가능하다. 신청 접수를 하면 비용을 알려준다. 약 35만 원 정도 지불했다.

2. 지적공사에서 측량 가능한 날짜를 잡아 연락이 온다. 날짜는 절충이 가능하다. 측량을 하는 날 이해관계인이 모두 입회하는 게 좋다.

3. 분할을 위한 현황측량은 현장에서 이해 관계인이 가리키는 대로 선을 그어주는 게 전부다.

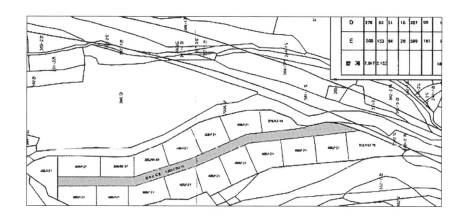

4. 며칠 후 분할측량 성과도가 나온다. (지적공사에서 알려줌. 직접 가서 받아도 되고, 우편으로 받을 수도 있다.) 성과도에는 가분할선이 표시되고 분할되는 토지의 정확한 면적이 표시된다.

분할측량성과도				
토지소재	화순군 ○○면 ○○리 ○○○번지	축척 = 1/1200	용도지역	
측량자	2017년 1월 6일	검사자	2017년 1월 12일	
	최○○		김○○	

○○○-4전

○○○-3전

현황측량 후, 후일 '분할측량'을 별도로 하는데, 현황측량의 가분할 결과를 그대로 이용하면 분할측량 시에는 비용의 10%만 더 내면 되고, 현황측량 결과를 변경하면 처음부터 다시 현황측량을 하게 되므로 비용이 이중으로 소요된다.

5. 현황측량 결과를 이용해 "개발행위허가신청"을 낸다.

허가신청 서류는 군청(시청) 민원접수창구에 제출하고, 업무처리는 허가과에서 처리한다.

이 경우에는 서류를 만들어 허가과에 가서 담당자를 만나 서류가 잘 되었는지 검토를 요청했다. 비용은 없다.

토지매매계약 →개발행위허가신청서 작성 →개발행위허가 신청 →토지분할측량 →측량성과검사, 측량성과도 교부 →토지분할신청 →지적공부정리, 등기촉탁

6. 약 1주일 정도 기다리면 허가가 완료되었으므로 찾아가라고 연락이 온다.

내 경우에는 찾아오는 대신 다시 지적공사(군청 창구)에 전화해 다음 절차를 묻는 한편 허가과에서 서류를 찾아 분할신청을 접수해 달라고 부탁했다.

7. 개발행위_토지분할 허가가 나면 아까 얘기한 대로 지적공사에 "분할측량"을 신청한다. 비용은 10% 가량이다. (현황측량+분할측량 비용이 100이라면, 현황측량을 할 때 90, 분할측량을 할 때 10이라고 보면 된다.)

8. 분할측량은 약 2주 소요된다.

분할측량 결과가 나오면, 이것을 가지고 지적민원창구에 가서 지적공부정리 신청을 하면 지적도와 토지대장이 정리된다.

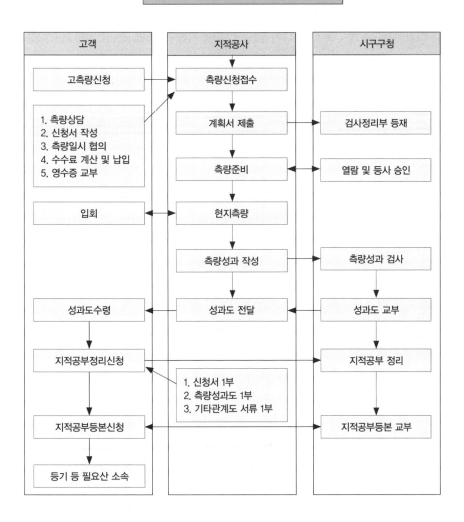

지적측량신청과정

고객	지적공사	시구구청
고측량신청	측량신청접수	
1. 측량상담 2. 신청서 작성 3. 측량일시 협의 4. 수수료 계산 및 납입 5. 영수증 교부	계획서 제출	검사정리부 등재
	측량준비	열람 및 등사 승인
입회	현지측량	
	측량성과 작성	측량성과 검사
성과도수령	성과도 전달	성과도 교부
지적공부정리신청	1. 신청서 1부 2. 측량성과도 1부 3. 기타관계도 서류 1부	지적공부 정리
지적공부등본신청		지적공부등본 교부
등기 등 필요산 소속		

신청인 (서명 또는 인)

서울특별시장 · 광역시장 · 특별자치시장 · 특별자치도지사 · 시장 · 군수 귀하

첨부서류	뒤쪽참조		수수료 없음

9. 군청(시청) 토지공부가 정리되면 이것을 가지고 등기부등본 분필등기신청을 하면 된다.

소유권이전 절차가 수반되지 않는 분필등기는 약 6만 원 정도가 든다. (등록·교육세 +법무사 서기료, 필지가 많으면 추가될 것임.)

토지분할의 금지 또는 제한 사항

토지분할과 합병의 기초는 지적과 등기다. 분할과 합병은 하나의 필지를 전제로 하며 지적법상 필지의 개념에서 출발한다. 따라서 먼저 지적공부를 정리해야 한다.

그러나 동시에 분할과 합병 대상토지의 소유권과 이용권한 등 중대한 물권변동을 가져오기 때문에 반드시 부동산등기에 의해 공시되어야 하며, 부동산등기법에 의하여 분필과 합필이라는 엄격한 절차상 규제를 받는다. 때로는 토지의 분할과 합병이 토지이용의 비효율을 일으키고, 토지 행정의 번잡함을 초래하며, 투기 수단으로 악용될 수 있으므로 토지소유자의 자유의사에만 맡길 수는 없기 때문이다.

따라서 토지분할과 합병은 모두 허가를 받아야 하는 개발행위에 포함되어 있다. 특히 토지분할의 경우에는 필요 이상으로 잘게 쪼개는 것을 금하는 건축법이 있고, 개발제한구역의 토지와 농업진흥지역 내의 농지에 대하여는 분할면적의 하한선을 따로 두고 있다. 토지분할의 허가심사기준은 국토계획법 등에서 구체적으로 상세히 규정하고 있다.

2006년 3월 7일까지 도시지역에서는 토지분할허가제가 시행되고 있었지만 그 외의 비도시지역인 관리지역, 농림지역과 자연환경보전지역에서는 분할에 제한을 받지 않았다. 그러다가 지방 토지에 대한 기획부동산업자들의 투기 조장과 거래의 위험성에 따른 영세 투자자의 피해를 방지하기 위하여 2005년 12월 7일 국토계획법을 개정하여 2006년 3월 8일부터는 전국의 모든 토지에 대하여 토지분할허가제가 시행되게 되었던 것이다. 즉 이제는 전국의 어떤 토지라고 하더라도 분할하고자 할 때에는 토지소재지 시·군·구에서 토지분할허가를 받아야 한다.

토지분할을 신청할 때 제출하는 분할허가시를 심사하는 과정에서는 우선 관련법이 정한 분할금지와 제한 규정에 위배되는지 여부를 심사하게 된다. 현행 국토계획법상 토지분할이 금지되는 경우를 보면 녹지지역·관리지역·농림지역 및 자연환경보전지역 안에서 관계법령에 따른 인·허가 등을 받지 아니하고 토지를 분할하는 경우와 건축법 및 각 지방자치단체의 조례가 정하는 분할제한면적에 미달한 경우 또는 토지에 대한 투기가 성행하거나 성행할 우려가 있다고 판단되는 지역(투기지역)으로서 국토교통부장관이 지정·고시하는 지역에서는 토지분할이 금지된다.

그 외에 토지분할의 목적이 건축물의 건축 또는 공작물의 설치, 토지의 형질변경인 경우에 그 개발행위가 관계법령에 따라 제한되는 경우에는 분할허가가 나지 않는다. 예컨대 산림형질변경, 농지전용 등이 불가능하여 개발 자체가 곤란한 지역, 경사도가 심한 공익용 산지 등에서는 단순 매매를 위한 토지분할이 금지된다.

그러나 국토교통부장관이 분할금지지역으로 특별히 지정한 지역은 아직 없고, 그 이외의 구체적인 분할금지 혹은 제한에 관한 세부심사기준 또한 지금까지도 아직 나와 있지 않다.

여기에 각 지방자치단체는 분할필 지수, 분할 횟수, 연속분할 기간, 분할 목적의 타당성 등에 대하여 각기 나름대로의 분할심사기준을 마련하여 운용하고는 있으나, 전국적으로 명문화되고 통일된 심사규정이 없는 관계로, 토지소유자나 토지매입자 사이에 분쟁이 적지 않다. 이에 관한 합리적인 지침이나 예규가 있어야 할 것이다.

토지분할 제한 사유 및 절차에 관한 법 규정

분할사유 제한

공간정보의 구축 및 관리에 관한 법률(제79조) 및 동 시행령(제65조)에 따라 토지분할은 다음의 세 가지 경우에 국한하여 허용된다.

1. 소유권이전, 매매 등을 위하여 필요한 경우.

2. 토지이용상 불합리한 지상 경계를 시정하기 위한 경우.

3. 관계 법령에 따라 토지분할이 포함된 개발행위허가 등을 받은 경우.

분할절차 제한

① 지적소관청에 신청

토지소유자는 토지를 분할하려면 대통령령으로 정하는 바에 따라 지적소관청에 분할을 신청하여야 한다. (공간정보의 구축 및 관리에 관한 법률 제79조) 토지소유자는 법 제79조에 따라 토지의 분할을 신청할 때에는 분할사유를 적은 신청서에 국토교통부령으로 정하는 서류를 첨부하여 지적소관청에 제출하여야 한다. (공간정보의 구축 및 관리에 관한 법률 시행령 제65조)

② 심사 및 허가

③ 분필등기

토지분할은 부동산등기법에 따라 분필등기를 완료하여야 부동산물권변동의 효력이 생긴다.

부동산등기 규칙 제75조(토지분필등기)

갑 토지를 분할하여 그 일부를 을 토지로 한 경우에 등기관이 분필등기를 할 때에는 을 토지에 관하여 등기기록을 개설하고, 그 등기기록 중 표제부에 토지의 표시와 분할로 인하여 갑 토지의 등기기록에서 옮겨 기록한 뜻을 기록하여야 한다.

절차를 마치면 갑 토지의 등기기록 중 표제부에 남은 부분의 표시를 하고, 분할로 인하여 다른 부분을 을 토지의 등기기록에 옮겨 기록한 뜻을 기록하며, 종전의 표시에 관한 등기를 말소하는 표시를 하여야 한다

토지분할은 개발행위 허가사항

토지분할은 개발행위 허가대상으로서, 도시지역과 비도시지역을 막론하고 전국 어디서나 지적소관청의 허가사항이다. (예외 있음)

토지분할에 관련된 개발행위허가 심사기준에 관하여는 국토계획법 시행령 별표에 다음과 같이 나와 있으며, 더 구체적으로는 국토교통부 훈령인 개발행위허가 운영지침이 있다.

▶ 용도지역 상향(종상향)을 위한 토지분할 방지
2 이상의 용도지역이 인접하고 있는 경우 용도지역 상향을 목적으로 행위제한이 강한 지역의 토지를 분할하는 행위를 제한할 수 있다.

▶ 개발행위허가를 받지 않아도 되는 토지분할
① 사도법에 의한 사도개설허가를 받은 토지의 분할.
② 토지의 일부를 공공용지 또는 공용지로 하기 위한 토지의 분할.
③ 행정재산 중 용도폐지되는 부분의 분할 또는 일반재산을 매각교환 또는 양여하기 위한 분할.
④ 토지의 일부가 도시군계획시설로 지형도면고시가 된 당해 토지의 분할.
⑤ 너비 5미터 이하로 이미 분할된 토지의 건축법 제57조 제1항의 규정에

의한 분할제한 면적 이상으로의 분할.

▶ 시행령 별표 개발행위(토지분할)허가 심사기준

(1) 녹지지역·관리지역·농림지역 및 자연환경보전지역 안에서 관계 법령에 따른 허가·인가 등을 받지 아니하고 토지를 분할하는 경우에는 다음의 요건을 모두 갖출 것.

(가) 건축법 제57조 제1항에 따른 분할제한면적(이하 이 칸에서 "분할제한면적"이라 한다) 이상으로서 도시·군계획조례가 정하는 면적 이상으로 분할할 것.

(나) 소득세법 시행령 제168조의3 제1항 각호의 어느 하나에 해당하는 지역 중 토지에 대한 투기가 성행하거나 성행할 우려가 있다고 판단되는 지역으로서 국토교통부장관이 지정·고시하는 지역 안에서의 토지분할이 아닐 것.

다만, 다음의 어느 하나에 해당되는 토지의 경우는 예외로 한다.

① 다른 토지와의 합병을 위하여 분할하는 토지.

② 2006년 3월 8일 전에 토지소유권이 공유로 된 토지를 공유지분에 따라 분할하는 토지.

③ 그밖에 토지의 분할이 불가피한 경우로서 국토교통부령으로 정하는 경우에 해당되는 토지.

(다) 토지분할의 목적이 건축물의 건축 또는 공작물의 설치, 토지의 형질변경인 경우 그 개발행위가 관계법령에 따라 제한되지 아니할 것.

(라) 이 법 또는 다른 법령에 따른 인가·허가 등을 받지 않거나 기반시설이 갖추어지지 않아 토지의 개발이 불가능한 토지의 분할에 관한 사항은 해당 특별시·광역시·특별자치시·특별자치도·시 또는 군의 도시·군계획조례로 정한 기준에 적합할 것.

(2) 분할제한면적 미만으로 분할하는 경우에는 다음의 어느 하나에 해당할 것.

(가) 녹지지역·관리지역·농림지역 및 자연환경보전지역 안에서의 기존묘지의 분할.

(나) 사설도로를 개설하기 위한 분할. (사도법에 의한 사도개설허가를 받아 분할하는 경우를 제외한다.)

(다) 사설도로로 사용되고 있는 토지 중 도로로서의 용도가 폐지되는 부분을 인접토지와 합병하기 위하여 하는 분할.

(라) 〈삭제〉

(마) 토지이용상 불합리한 토지경계선을 시정하여 당해 토지의 효용을 증진시키기 위하여 분할 후 인접토지와 합필하고자 하는 경우에는 다음의 1에 해당할 것. 이 경우 허가신청인은 분할 후 합필되는 토지의 소유권 또는 공유지분을 보유하고 있거나 그 토지를 매수하기 위한 매매계약을 체결하여야 한다.

① 분할 후 남는 토지의 면적 및 분할된 토지와 인접토지가 합필된 후의 면적이 분할제한면적에 미달되지 아니할 것.

② 분할 전후의 토지면적에 증감이 없을 것.

③ 분할하고자 하는 기존토지의 면적이 분할제한면적에 미달되고, 분할된 토지 중 하나를 제외한 나머지 분할된 토지와 인접토지를 합필한 후의 면적이 분할제한면적에 미달되지 아니할 것.

(3) 너비 5미터 이하로 분할하는 경우로서 토지의 합리적인 이용에 지장이 없을 것.

(4) 면적제한 (분할 최소면적 규제)
토지분할의 최소면적제한은 농지법상 경지정리된 농지(농업진흥구역)인 경우에 2,000㎡(600평) 이하로의 분할이 금지되며, 그린벨트의 경우 200㎡(60평) 이하로의 분할이 금지된다. 다만 국토계획법상 묘지, 사도, 분·합필, 수용보상, 도시계획시설의 경우 최소면적 제한을 받지 않는다는 예외규정이 있다.

참고로 건축법과 조례에는 건축물이 현존하는 대지의 분할에 관해 최소면적 제한규정이 있다.

적용 법률	용도지역	도시지역(면적/이하)	비도시지역(면적/이하)
국계법	주거지역	180㎡	
	상업지역	200㎡	
	공업지역	660㎡	
	녹지지역	220㎡	
농지법	농림지역		농업진흥구역 2,000㎡
건축법	주거지역	60㎡	
	상업지역	150㎡	
	공업지역	150㎡	
	녹지지역	200㎡	
	기타		60㎡
개특법(GB)	일반		200㎡
	주택 및 근생 신축		330㎡
기타	용도지역×		180㎡
	농지		1,000㎡
	임야		2,000㎡
	기타		500㎡

(5) 분할 개수 및 횟수 제한

조례에는 지역에 따라 기획부동산의 바둑판식 분할을 금지하거나, 1회 분할에 5개 이상의 분할을 금지하거나, 혹은 1년 이내에 다시 분할하는 것을 금지하는 취지의 조례 규정 혹은 별도 조례 혹은 업무지침이 있는 곳이 있다.(제주도, 용인, 안성 등)

건축법에 따른 최소면적 토지분할 제한

건축법 제57조에 의해 건축물이 있는 대지는 시행령이 정하는 범위 안에서 당해 지방자치단체의 조례가 정하는 기준(2미터 이상 도로, 건폐율 제한, 용적률 제한, 높이 제한 등)에 미달하게 분할할 수 없다.

건축법 시행령 제80조에 의해 도시계획지역 안에서 건축물이 있는 토지의 분할은 주거지역, 상업지역, 공업지역, 녹지지역, 기타 지역으로 최소면적을 규정하고 있다. 여기서 투자 포인트로서의 핵심은 도시계획 이외의 지역과 건축물이 없는 토지는 적용대상이 아니라는 점이다.

하지만 최소 면적보다 작아도 분할이 가능한 경우가 있다.

① 합병, 매수 등의 다른 조건이 있는 경우. 단, 합병 조건(지목 동일)이 맞아야 한다.
② 공유지의 잡종재산 중 매각, 교환 또는 증여하고자 하는 부분의 분할.
③ 사설도로로 사용하기 위해 분할하는 경우.
④ 사설도로로 그 기능이 폐기된 경우 인접 토지와 합병하기 위해 분할하는 경우.
⑤ 기타 수송이나 개발에 의한 분할은 지방자치단체와 협의.

그린벨트 내의 토지분할 제한

개발제한구역에 관한 지정 및 관리에 관한 특별조치법 시행령 제16조 토지의 분할에 의하면, 그린벨트 내에서 일반필지는 200㎡, 지목이 대지인 토지를 주택 또는 근린생활시설을 건축하기 위하여 분할할 때는 330㎡ 미만으로는 분할할 수 없다. (원칙)

농지의 분할 제한

농지 소유의 세분화 방지 (농지법 제22조)

① 국가와 지방자치단체는 농업인이나 농업법인의 농지 소유가 세분화되는 것을 막기 위하여 농지를 어느 한 농업인 또는 하나의 농업법인이 일괄적으로 상속·증여 또는 양도받도록 필요한 지원을 할 수 있다.

② 농어촌정비법에 따른 농업생산기반정비사업이 시행된 농지는 다음 각 호의 어느 하나에 해당하는 경우 외에는 분할할 수 없다.

1. 도시지역의 주거지역·상업지역·공업지역 또는 도시계획시설부지에 포함되어 있는 농지를 분할하는 경우.
2. 농지전용허가를 받거나 농지전용신고를 하고 전용한 농지를 분할하는 경우.
3. 분할 후의 각 필지의 면적이 2,000㎡를 넘도록 분할하는 경우.
4. 농지의 개량, 농지의 교환·분합 등의 사유로 분할하는 경우.

토지거래계약허가 면제 대상토지의 면적 등(부동산거래신고 등에 관한 법률 시행령 제9조) 토지거래허가구역 내에서의 매매에 있어서 직접적인 분할 제한의 규정은 없으나, 허가구역 지정 후 최초의 분할은 분할 전의 면적으로 허가 여부를 판단하기 때문에 실질적인 분할 제한의 효과가 있다.

① 토지거래계약의 허가를 요하지 아니하는 토지의 면적은 용도지역별로 주거지역은 180㎡ 이하, 상업지역은 200㎡ 이하, 공업지역은 660㎡ 이하, 녹지지역은 100㎡ 이하, 도시지역 안에서 용도지역의 지정이 없는 구역에서는 90㎡ 이하, 도시지역 이외의 지역에서는 250㎡ 이하이지만, 농지는 500㎡ 이

하, 임야는 1,000㎡ 이하로 규정하고 있다.

② 일단의 토지이용을 위하여 토지거래 계약을 체결한 후 1년 이내에 일단의 토지 일부에 대하여 토지거래 계약을 체결한 경우에는 그 일단의 토지 전체에 대한 거래로 본다.

③ 허가구역을 지정할 당시 규정된 면적을 초과하는 토지는 허가구역의 지정 후 당해 토지가 분할된 경우에도 그 분할된 토지에 대한 토지거래 계약을 체결함에 있어서는 분할 후 최초의 거래에 한하여 규정된 면적을 초과하는 토지거래 계약을 체결하는 것으로 본다. 허가구역의 지정 후 당해 토지가 공유지분으로 거래되는 경우 역시 같다.

분할할 수 없는 농지(농지분할, 경지정리가 된 농지의 토지분할) 사례

가. 농어촌정비법에 따른 농업생산기반정비사업이 시행된 농지는 다음 각 항의 어느 하나에 해당하는 경우를 제외하고는 분할할 수 없다.

1. 도시지역 안의 주거, 상업, 공업지역 또는 도시·군계획시설부지에 포함 되어 있는 농지를 분할하는 경우.
2. 농지전용허가(협의, 신고)를 받고 전용한 농지를 분할하는 경우.
3. 분할 후의 각 필지의 면적이 2,000㎡를 초과하도록 분할하는 경우.
4. 농지를 개량하거나 인접 농지와 분합(分合)하는 경우.
5. 농지의 효율적인 이용을 저해하는 인접 토지와의 불합리한 경계를 시정 하는 경우.
6. 농어촌정비법 제43조에 따른 농지의 교환, 분합을 시행하는 경우.
7. 농지법 제15조에 따른 농지이용증진사업을 시행하는 경우.

8. 농어촌정비법에 따른 농업생산기반 정비사업을 시행하는 경우.

나. 농어촌정비법에 따른 농업생산기반정비사업의 종류

1. 농어촌 지역의 농업용수 등 농어촌용수 개발사업.

2. 경지정리, 배수개선, 농업생산기반시설의 개수, 보수와 준설 등 농업생
    산기반 개량사업.

3. 농수산업을 주목적으로 간척, 매립, 개간 등을 하는 농지확대 개발사업

4. 농업 주산단지主産團地 조성과 영농시설 확충사업.

5. 저수지, 담수호 등 호수와 늪의 수질오염 방지사업과 수질개선사업

6. 농지의 토양개선사업.

7. 그 밖에 농지를 개발하거나 이용하는 데 필요한 사업.

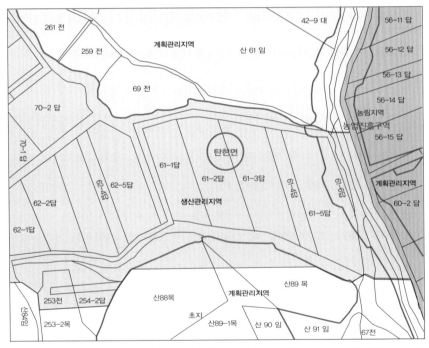

↑ 경지정리, 배수개선, 농업생산기반시설의 개수, 보수와 준설 등 농업생산기반 개량사업으로
인한 농지의 분할 불허가 사유가 된다.

농지로서 분할이 가능하기 위해서는 농지전용허가를 얻어 그 목적에 따라 분할을 신청할 때는 가능하다. 만약, 농림지역의 농업진흥구역의 땅이라면 농지전용허가를 어떤 목적으로 받아야 할 것인지를 고민해야 할 것이다.

외지에 거주하는 개인투자자라면 분할등기를 하기 위해 쓸데없는 공을 들이는 대신 미리 포기하는 것도 그리 나쁘지는 않을 것 같다. 경매낙찰의 경우는 보통 매매 쪽으로 몰고 가는 경우를 염두에 두고 진행하는 것도 괜찮을 것 같다.

농지는 단순히 지목이 전인지 답인지보다 용도구역상 도시지역인지 비도시지역인지, 또는 경지정리가 된 밭인지에 따라서 지자체에 따라서 분할 최소면적이 세분화 되어 정해져 있는 경우가 대부분이다. 따라서 소재지 지자체 농산과 등에 문의해봐야 한다.

농지의 분할절차

1. 농지를 교환하기 위해 서로간의 농지를 분할측량 실시.
   - 군청에 농지분할을 위한 측량 요청.(한국국토정보공사에서 측량하러 나오면 두 필지의 자르고자 하는 부분을 알려주고 측량 실시)
   - 2주 정도 후에 분할측량성과도 수령.(A, B농지의 자른 부분을 선으로 그어주고 각각의 면적을 표시)
2. 군청 지적과에 지적분할신청.(측량성과도 첨부)
3. 군청 산업과에 개발행위허가신청.(농지 분할도 허가대상)
4. 14일 후에 지적분할이 되고 등기가 분리되어 있음.(군청에서 등기소에 촉탁 처리)
5. 각각 분리된 토지를 교환하는 소유권 이전등기(교환) 신청 : 법무사에 의뢰하지 않고 두 사람이 같이 신청.

① 부동산 교환 계약서 2장 작성 :

  • 일반 부동산 교환계약서 활용

  • 갑과 을의 토지소재지, 지목, 면적을 기재하고, 갑과 을의 이름, 주소, 주민등록번호를 기재 후 날인.

② 군청 지적과에서 교환계약서 2장에 대한 검인 받고, 여분으로 2장 복사해서 수령.

③ 군청 등록세 담당 창구에서 교환계약서 사본을 제출하고 각각 토지별 등록세, 취득세 고지서 수령.

④ 은행에서 등록세를 납부하고 영수증 수령.

⑤ 교환 금액이 500만 원 미만이면 채권을 사지 않음.

⑥ 면사무소에서 각각의 농지취득증명서 발급.

⑦ 소유권 이전등기 신청서(교환) 작성 :

  • 등기소에서 양식을 2부 받아서 소유권 이전을 받는 상대방의 토지를 기준으로 각각 작성.

  • a-1, b-1로 분리된 토지를 교환하는 것이므로 각각 소유권 이전등기 신청을 하여야 함.

  • 첨부서류

   * 주민등록 등본 : A, B 소유주 1통씩

   * 토지대장 : 취득하는 토지대장(군청에서 발급)

   * 인감증명(부동산거래용 : 상대방의 인적사항 기재) : 소유권을 이전하는 상대방의 것 첨부(군청에서 발급)

   * 농지취득증명서(새로 취득하는 농지)

   * 등기필증(취득하는 토지의 분할되기 전의 등기필증) : 분할된 토지에 의해서는 등기필증이 새로 발급되지 않음

⑧ 등기필증 수령.(새로 취득하는 지번과 분할되기 전의 지번에 대한 등기필증 각각 1부씩)

농지의 분할 절차 흐름

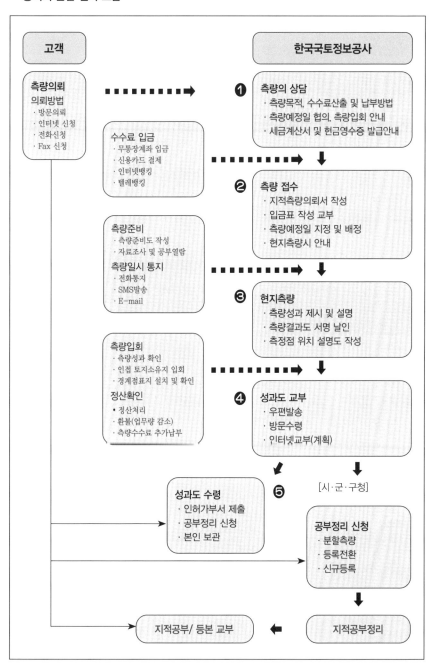

고객 | 한국국토정보공사

측량의뢰
의뢰방법
· 방문의뢰
· 인터넷 신청
· 전화신청
· Fax 신청

❶ 측량의 상담
· 측량목적, 수수료산출 및 납부방법
· 측량예정일 협의, 측량입회 안내
· 세금계산서 및 현금영수증 발급안내

수수료 입금
· 무통장계좌 입금
· 신용카드 결제
· 인터넷뱅킹
· 텔레뱅킹

❷ 측량 접수
· 지적측량의뢰서 작성
· 입금표 작성 교부
· 측량예정일 지정 및 배정
· 현지측량시 안내

측량준비
· 측량준비도 작성
· 자료조사 및 공부열람
측량일시 통지
· 전화통지
· SMS발송
· E-mail

❸ 현지측량
· 측량성과 제시 및 설명
· 측량결과도 서명 날인
· 측정점 위치 설명도 작성

측량입회
· 측량성과 확인
· 인접 토지소유지 입회
· 경계점표지 설치 및 확인
정산확인
· 정산처리
· 환불(업무량 감소)
· 측량수수료 추가납부

❹ 성과도 교부
· 우편발송
· 방문수령
· 인터넷교부(계획)

❺ 성과도 수령
· 인허가부서 제출
· 공부정리 신청
· 본인 보관

[시·군·구청]

공부정리 신청
· 분할측량
· 등록전환
· 신규등록

지적공부/ 등본 교부 ◄ 지적공부정리

인감증명서가 추가된 것은 기획부동산 또는 토지 판매만을 위한 분할을 막기 위한 목적 때문이다. 검인까지 받은 계약서를 제출하도록 변경할 것이라는 말도 있다.

분할을 위한 인감증명서를 설계사무소나 중개업소 또는 대리인에게 전달할 때는 꼭 용도란에 '토지분할용'이라는 글자를 적은 뒤 전달하도록 한다. 인감증명서를 공란으로 전달하는 것은 위험한 일이다.

토지거래허가구역에서 시장·군수 또는 구청장의 허가가 필요 없는 면적 기준은 다음 표와 같다. (다만, 해당 기준면적의 10퍼센트 이상 300퍼센트 이하의 범위에서 따로 정하여 공고한 경우에는 그에 따른다.)

분할이 가능한 최소면적

국토계획법상 도시지역 내 토지분할 면적 제한	**도시지역** 가. 주거지역 : 180㎡ 나. 상업지역 : 200㎡ 다. 공업지역 : 660㎡ 라. 녹지지역 : 100㎡ 마. 가목부터 라목까지의 구분에 따른 용도지역의 지정이 없는 구역: 90㎡ **도시지역 외의 지역** 가. 임야 1000㎡ 나. 농지법에 따른 농지 : 500㎡ 다. 그 외 : 250㎡
건축법상 토지분할 면적 제한	주거지역 : 60㎡ 이하 상업지역 : 150㎡ 이하 공업지역 : 150㎡ 이하 녹지지역 : 200㎡ 이하 기타지역 : 60㎡ 미만으로 분할할 수 없음
농지법상 토지분할 면적 제한	농업진흥구역 : 2000㎡ 이하
그린벨트 내 토지분할 면적 제한	일반필지 : 200㎡ 이하 주택 근린시설 건축시 : 330㎡ 이하

사례로 살펴보는 토지 분할과 합병

분할과 합병은 토지 리모델링의 대표적인 기법이다. 가장 흔한 예를 살펴보도록 한다.

전원주택단지를 개발할 때에는 통상 하나로 된 넓은 필지의 임야에 산지전용허가를 받아 대단지 토목공사를 한다. 이때 기초설계 단계에서부터 진입도로와 단지 내 도로를 뽑고, 660㎡(200평)에서 1,650㎡(500평) 넓이의 크고 작은 여러 필지로 나눈 단지 배치도를 작성한다.

단지를 완공한 후에는 출입하는 진입도로와 단지 내 도로 그리고 전원주택지로 분양 예정인 각 필지들로 나누게 된다. 공사 전에는 한 필지였던 임야가 여러 필지로 나뉘어져, 대부분은 대지로 분할되고 일부는 도로로 바뀐다. 토지의 분할이 이루어지는 것이다.

전원주택을 짓기 위해 500평짜리 관리지역 밭을 사서 집을 짓는 경우를 보자.

밭 500평 중에서 주택을 지을 대지로 사용할 200평에 대해 농지전용을 받아 농가주택을 지으면, 그 부지는 집을 건축한 후 대지로 바뀌고, 나머지 300평은 그대로 농지로 남아 텃밭으로 사용한다. 농지 500평이 대지와 농지로 분할되는 것이다.

또 하나의 예를 보자.

토지도 여러 명이 공유 지분으로 소유하는 경우가 있다. 형제들이 공동으로 상속을 받은 임야나 농지가 대표적이다. 또 2인 이상이 공동으로 투자해 하나의 필지로 된 토지를 구입하면 공유자가 된다. 이와 같은 공유토지인 경우, 그 상태로 다시 매도할 수도 있으나 필요하다면 소유주들이 합의해 각각 자기 지분으로 땅을 쪼개 나누어 가질 수도 있다. 이때 이것을 공유물의 분할이라고 하며, 토지분할의 한 유형이 된다.

반대로 토지의 합병을 예로 들어보자.

토지합병은 분할보다는 적지만 재개발이나 재건축에 있어서 아파트단지나 작은 택지들을 묶어 새로운 필지를 편성하는 경우 혹은 대규모 택지를 개발하거나 도시구획정리는 하는 경우에도 발생한다.

토지의 분할과 합병이 동시에 일어나는 경우도 있다. 이웃한 토지소유자가 서로 조금씩 땅을 내놔 중간에 통행도로를 만들 때에는 각기 도로에 대한 부분만큼 쪼개서 분할한 후에 다시 한 필지로 합쳐서 도로를 만든다.

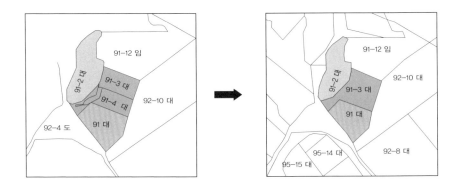

실제 사례를 예로 들어보자.

강원도 홍천군 서면의 임야 약 15,000평을 소유하고 있던 A 씨는(보유기간 12년) 부재지주 중과세 유예기간의 만료가 다가오자 토지를 처리하는 문제로 고민에 빠지게 되었다. 홍천강과 가까운 곳에 위치한 토지로 대명비발디와도 멀지 않아 최고의 입지를 가지고 있었지만 필지 면적이 크다는 게 발목을 잡았다.

A 씨는 일단 평당 20만 원에 인근 중개업소에 토지매매를 위촉했다. 하지만 주변의 땅값 시세가 대략 40~50만 원 정도였음에도 매매는 여의치 않았다. 그는 전문가를 찾았다. 그리고 '지주 공동사업방식 개발'이라는 극약처방을 택했다. 먼저 땅의 소유권을 일종의 에스크로우 제도를 통해 신탁하고 세금절감·개발·광고·매매 등을 약정한 개발업자에게 위임하는 방식이다. 개발업

자가 개발행위허가를 얻으면 이를 분할해 판매함으로써 수익을 얻는 것이다.

최근에 유행하고 있는 세컨드하우스 부지들도 이와 같은 과정을 통해 시장에 나온 곳이 꽤 있는데, 일단 매매가 되면 공인기관에서 매수자에게 소유권을 넘겨주고, 잔금을 지주에게 입금하면 지주는 그 중 일부를 개발업자에게 지불한다.

결국 A 씨는 이와 같은 방법을 통해 평당 45만 원을 받고 땅을 처분했다. 팔고 남은 잔여 토지가 있기는 했지만 합병과 분할이란 절차를 통해 절세도 하고 부재지주 중과세에 대한 걱정도 덜게 된 셈이다.

이에 자극을 받은 A 씨는 자극을 받아 요즘 양평, 가평, 홍천 등지에 소재하는 5,000~1만 평 정도의 토지를 찾아 부지런히 발품을 팔고 있다.

다른 사례를 보자.

성북구에 사는 J 씨는 5년 전 경기도 가평에 1,000평 규모의 토지를 구입했다. 그러던 중 최근 몇 년 사이에 땅값이 치솟자 팔기로 결심하고 매물로 내놨다. 그러나 덩어리가 크다는 이유로 선뜻 나서는 매수자를 찾기가 힘든데다, 간혹 땅을 사겠다는 사람도 시세보다 헐값을 요구할 때가 많아 번번이 계약을 포기해야 했다.

1년째 매물로 나와 있는 상태가 지속되자 J 씨가 생각해 낸 것은 토지를 분할하여 매물로 내놓기로 한 것. J 씨는 1,000평의 땅을 200평씩 다섯 필지로 분필하고, 전원주택을 지을 최적의 부지로 홍보에 나서 3개월 만에 모두 처분할 수 있었다.

토지분할 투자에 숨어 있는 위험 사례

과거 토지분할은 평수가 큰 땅을 싼 값에 매입해 분할한 뒤 시세에 비해 터

무니없이 비싼 10배 이상의 가격에 팔거나 개발호재를 부풀려 파는 기획부동산들로 인해 말도 많고 탈도 많았다. 이런 이유로 인해 투자자들은 분할된 땅을 잡기가 어려운 것이 현실이고, 현지 중개업자나 전문가들 또한 선뜻 권유하기 어렵다.

그러나 개별등기가 가능하고 도로와 인접해 개발이 가능하다면 소액투자로서 접근이 용이한 투자처가 바로 분할된 땅이다.

그런데 여전히 많은 사람들이 잘 모르는 사실이 있다.

2005년 12월 7일 일부 개정된 국토계획법 시행령 제51조에 따르면 그 이전에는 도시지역에서의 토지를 분할할 때만 개발행위허가를 받아야 했지만, 2006년 3월 8일부터는 도시지역이 아닌 지역에서도 토지를 분할할 때 개발행위허가를 받도록 한 것이다. 즉 녹지지역을 비롯한 관리지역, 농림지역, 자연환경보전지역 안에서 관계법령에 따른 허가·인가 등을 받지 아니하고 행하는 토지의 분할, '건축법' 제57조 제1항에 따른 분할제한면적 미만으로의 토지의 분할, 관계법령에 의한 허가·인가 등을 받지 아니하고 행하는 너비 5미터 이하로의 토지의 분할은 모두 개발행위허가를 받아야 가능하다.

기획부동산업체들이 현재 분할등기를 해 준다면서 팔고 있는 땅들은 모두 이 법에 의해 개발행위허가를 받아야 가능한 것들이라는 것이다.

따라서 분할등기를 해 준다며 팔고 있는 땅의 진위 여부를 확인하기 위해 개발행위허가를 받았는지 시·군에 문의하는 게 중요하다.

개발행위허가를 받으려면 대상 토지가 모두 회사 소유여야 하며, 개발 목적이 정확하게 명시돼 있어야 한다. 또한 농지인 경우는 농지보전부담금을, 산림인 경우는 대체산림조성비를 납부해야만 한다.

그러나 엉터리 기획부동산업체들은 개발은 뒷전이고 땅을 팔아 엄청난 이익을 거두는 것이 목적이므로 개발행위허가를 받지 않는다. 그렇게 해서는 큰 이익을 남기기 어렵기 때문이다. 따라서 기획부동산업체들 중에는 원래 땅 주인에게 계약금만 주고 땅을 팔아주기로 약정을 맺는 경우가 많고, 가분할(지적도상의 분할이 아니라 분할 예상도)만 해놓고는 마치 분할을 한 것처럼 속이는 경우도 많다. 이런 업체들에게 땅을 산 사람들 중에는 나중에 도로가 없는 맹지를 매입했다는 사실을 알게 돼 낭패를 보기도 하고, 지적도와 분할도가 달라 본인 소유의 땅이 어디인지 정확하게 알 수 없어 곤욕을 치르는 사람들도 있다.

요즘에는 분할 절차가 엄격하기 때문에 주의를 기울여야 한다. 검인계약서, 검인계약의 부동산 매매에 대한 취득세를 납부한 고지서 등 서류를 첨부해야만 지적정리를 해 준다.

부동산 매매에 의한 분할신청을 한 경우는 소유권을 넘겨받기 위한 것이므로 큰 문제없이 해결이 가능하다. 토지투자에 관심이 많으나 토지의 이용방법 등 절차를 모르는 사람들은 큰 땅을 공동으로 저렴하게 구입해 분필하는 것이 토지투자를 통한 재테크 방법이다.

용인에 사는 K씨는 10명이 공동으로 처인구의 임야(자연녹지) 7,000평을 평당 12만 원에 구입했다. 인근 관리지역은 평당 40~50만 원에 거래되고 있었다. 도로 일부 등은 구거를 이용해 8미터 도로를 포장한 뒤 이 땅은 토목공사 등 부대비용을 감안하고도 2배 이상 가격이 상승했다.

참고로 임야 등에 투자할 때는 주의해야 할 사항이 있다. 공영개발은 일괄적이기 때문에 절차가 까다롭지 않은 반면 일반 임야 등은 제한이 있으므로 주의해야 한다. 매매를 하기 전에 서류를 참조해 지자체의 담당부서에 서류를 제출하고 분할해서 개발할 수 있는지를 확인한 뒤 매매계약을 하도록 해야 한다.

가분할도(토지분할계획)에 속지 말라

땅은 도로와 접해 있어야 건축 행위가 가능하다. 도로에 붙어 있지 않으면 맹지다. 개발지와의 거리가 가깝더라도 투자가치가 없는 땅이 되고, 시세도 저렴하다. 그만큼 도로의 역할은 중요하다.

지적도상의 도로가 있다고 해도 제한사항이 많아 사실상 건축이 안 된다고 판단할 수밖에 없는 토지들도 많다. 물론, 조금만 알아두면 피할 수 있다.

주변 일대의 개발호재를 이용해 토지를 지분으로 매매하여 피해를 입는 이들의 사례가 많아지면서 지분이 아닌 단필지를 매매하는 경우도 많은데, 이 부분 또한 조심해야 한다. 기획부동산들은 분할예정인 1번~10번까지 필지로 나눠진 가분할도를 보여주면서 도로에 붙은 단필지라 하여 언제든지 개발이 가능하고 매매도 지분보다 수월하다면서 유혹하는 방법을 쓴다.

투자자들은 1번~10번까지 매매를 하고, 약속대로 분할을 해 준다.

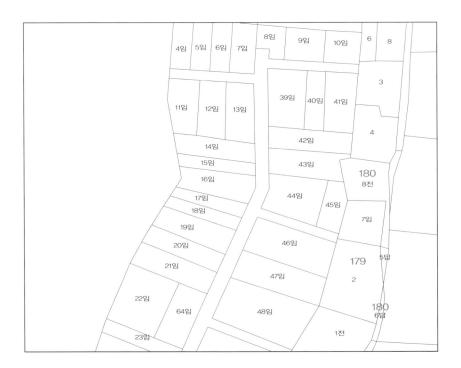

자료에서 보이는 것처럼 분할이 완료되면 한 필지씩 각각 번지를 부여받는다. 여기서 가장 큰 함정은 도로가 개설되지 않고 가분할만 되었다는 것이다. 도로의 역할을 할 수 없는 지적도상의 도로로 분할만 되어 있는 것이다.

13번지의 소유자가 건축을 하기 위해서는 적어도 자료에 보이는 번지의 모든 지주들과 협의를 통해 지적도대로 사비를 들여 도로를 포장해야 건축행위를 할 수 있으며, 임야의 경우는 더더욱 까다롭다. 지자체마다 개발행위가 가능한 기준의 경사도가 있으며 기준에 적합하더라도 임야는 개인들이 개발하기에는 현실적으로 불가능하기 때문이다.

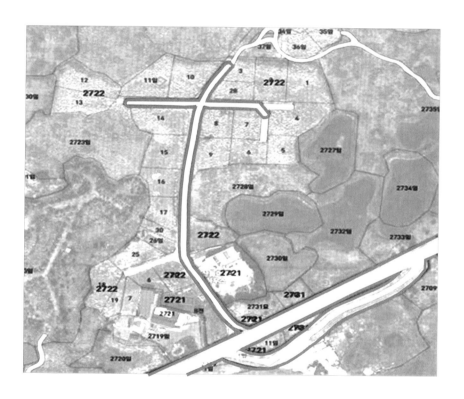

위 그림은 동일한 방법으로 분할해서 매매가 이뤄진 토지인데, 분할도처럼 지자체에 도로개설을 허가받아 모든 필지들이 건축 가능하다. 이렇게 도로개설 허가를 받으려면 한 필지는 건축을 해야 하며, 공사가 끝나고 완공되

면 도로개설이 허가된다. 투자하기에 앞서 조금만 알아 두어도 큰 피해를 피할 수가 있다.

정상적인 분할 사례 예시

2006년 3월 이전에는 분할신청만 하면 거의 모든 토지가 분할을 할 수 있었다. 하지만 토지분할허가제의 실시로 분할의 목적을 명시하지 않는 단순분할은 더 이상 허용되지 않는다.

아래 그림이 개발이 가능한 임야라고 가정하고, 우측 부분에는 기존의 도로에 접한 것으로 가정하겠다.

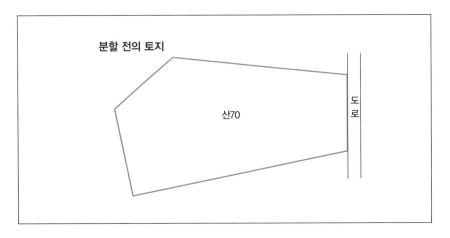

위의 그림처럼 커다란 토지를 일괄적으로 구입한 후 개발할 수 있는 사람은 소수에 불과하다. 땅이 크다 보니 매입금액이 커질 수밖에 없고, 그러다 보니 큰 자본을 소유한 사람이 아니라면 일괄 매입이 힘들다. 당연히 매수자를 찾기가 어렵다.

일반적으로 토지를 소유하고 있더라고 개발을 하기 위해서는 토지의 가격보다 3~5배 정도의 자금이 더 투자되어야 개발이 가능하다. 따라서 작은 평수로 분할하는 것은 필수적이다.

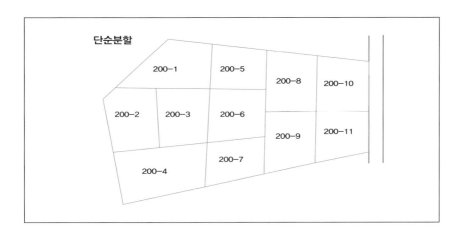

위의 그림이 바로 단순 분할(깍두기 분할)을 한 지적도이다. (*현재는 필지분할만을 목적으로 하는 분할은 엄격히 제한하고 있다.)

위의 그림에서 200-10, 200-11번지를 제외한 모든 토지는 도로가 없는 맹지로 건축허가를 받을 수 없다. 이런 땅을 매입하게 된다면 해당지역에 개발붐이 밀려들면서 자금 여력을 가진 사람이 일괄 매입해 개발하지 않는 이상토지는 효용가치가 거의 없다.

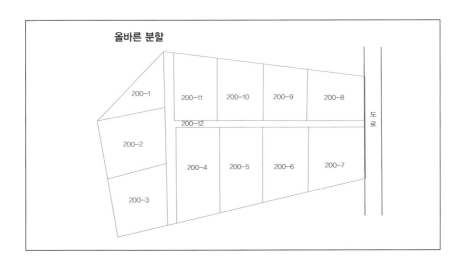

위의 그림은 모든 번지에 도로가 접해 있어 해당번지가 토지이용계획확인서에 따른 건축 제한이 없는 지역이라면 재산권행사 및 건축에 아무런 이상이 없는 지적도의 형태이다.

도로 부분에 해당하는 200-12는 위의 토지소유자 11명이 공동 소유하는 형태로 등기부등본에 기록되게 된다.

이것으로 토지의 분할과 지적도에서의 도로의 유무 등을 확인할 수 있게 되었다.

하지만 실제로는 이것만으로 부족하다. 위에서 예시한 내용은 기초 중의 기초라고 생각하면 된다.

죽은 땅을 살려내는 토지의 합병 테크닉

토지합병(합필)이란 지적공부에 등록된 2필지 이상의 토지를 1필지로 합하여 등록하는 것을 말한다. 토지합병은 토지분할과 반대되는 것으로 분할하는 경우보다는 적으나 재개발이나 재건축에 있어서 아파트단지나 작은 택지를 묶어 새로운 필지를 편성하는 경우 혹은 대규모 택지를 개발하거나 도시구획 정리를 하는 경우에도 발생한다.

토지의 합병과 분할이 동시에 일어나는 경우도 있다. 서로 이웃한 토지소유자가 서로 조금씩 땅을 내놓아 중간의 통행도로를 만들 때에는 각기 도로 부분만큼 쪼개서 분할한 후에 다시 한 필지로 합쳐서 도로를 만든다.

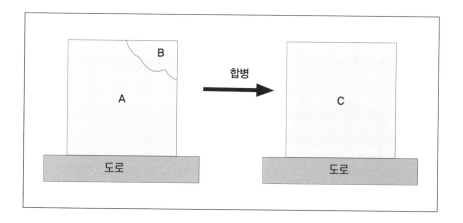

토지의 합병 절차

　토지소유자가 토지를 합병하려면 지적소관청에 합병을 신청하여야 한다. 토지를 합병해야 할 사유가 있는 경우, 토지소유자는 60일 이내에 특별자치시장, 시장(제주특별자치도 설치 및 국제자유도시 조성을 위한 특별법에 따른 행정시의 시장을 포함하며, 자치구가 아닌 구를 두는 시의 시장은 제외한다.) · 군수 또는 구청장(자치구가 아닌 구의 구청장을 포함한다.)에게 신청하면 된다.

　토지합필의 절차는 다음과 같다.

① 지적측량 의뢰
② 합병신청서 제출
③ 합병요건 심사 (토지합필의 금지사항 여부 심사)
④ 합병승인
⑤ 합병등기 신청
⑥ 합병등기 완료

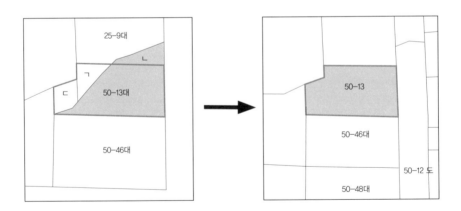

토지의 합병을 제한하는 경우

토지를 합병하게 되면 토지는 하나의 필지로 되는 것이므로 공간정보관리법상 1필지의 요건에 맞지 않거나 1필지로 하는 것이 당사자의 권리보전, 기타 이해관계상 적당하지 않은 다음의 경우에는 토지의 합병이 금지된다.

① 합병하려는 토지의 지번부여지역, 지목 또는 소유자가 서로 다른 경우. 지번부여지역이란 지번을 부여하는 단위지역으로서 동·리 또는 이에 준하는 지역을 말한다.
② 합병하려는 토지에 소유권·지상권·전세권·임차권 및 승역지에 대한 지역권의 등기 외의 등기가 있는 경우, 그리고 합병하려는 토지 전부에 대한 등기원인 및 그 연월일과 접수번호가 같은 저당권등기 외의 등기가 있는 경우.
   ※ 동일한 채권을 담보하기 위한 본래의 저당권이 설정된 토지의 추가 저당권이 설정된 토지는 합필등기를 할 수 없다.(추가적 공동저당권 합필 금지, 등기 선례)
   ※ 수 필의 토지에 등기 원인 및 그 연월일과 접수번호가 동일한 가등기·예고등기·가압류등기·가처분등기·경매등기·체납처분에 의한 압류등기 등의 등기가 있는 경우, 명문의 규정이 없으므로 합필의 대상이 될 수 없다.(등기 선례)
③ 합병하려는 토지의 지적도 및 임야도의 축척이 서로 다른 경우.
④ 합병하려는 각 필지의 지반이 연속되지 아니한 경우.
⑤ 합병하려는 토지가 등기된 토지와 등기되지 아니한 토지인 경우.
⑥ 합병하려는 각 필지의 지목은 같으나 일부 토지의 용도가 다르게 되어 분할대상 토지인 경우. 다만, 합병 신청과 동시에 토지의 용도에 따라 분할신청을 하는 경우는 제외한다.

⑦ 합병하려는 토지의 소유자 별 공유지분이 다르거나 소유자의 주소가 서로 다른 경우.

⑧ 합병하려는 토지의 구획정리, 경지정리 또는 축척 변경을 시행하고 있는 지역 안의 토지와 그 지역 밖의 토지인 경우.

사례로 보는 성공적인 토지합병 투자

경기도 광주에서 800평 남짓의 토지를 가지고 있는 L 씨는 합병으로 짭짤한 수익을 올린 케이스다. 원래 600평 규모의 맹지를 가지고 있던 L 씨는 10년 이상 방치해 두던 땅을 어떻게 하면 활용할 수 있을 것인지 고민하다가 자신의 토지와 연접해 있으면서 맹지가 아닌 토지를 매수하기로 하고, 연접한 토지 200평 남짓을 매수해 합병함으로써 무용지물이었던 자신의 토지 가치를 끌어올려 처분할 수 있었다.

L 씨는 평당 5만 원에도 팔 수 없었던 기존 토지를 평당 20만 원 넘는 가격으로 팔아 큰 이익을 올릴 수 있었는데, 옆 토지를 매수해 합병하는 것만으로도 1억 원 가까운 시세차익을 본 것이다.

위 사례는 합병을 통해 토지가치를 상승시키거나 거래를 도모한 경우다. 이처럼 토지는 간단한 가공만으로도 가치가 달라질 수 있다.

그러나 이 같은 합병과 분할에도 몇 가지 전제조건이 있다는 것을 짚고 넘어가야 한다. 우선 토지를 합병하려면 경계가 맞닿아 있어야 하며, 행정구역이 같아야 한다. 또 경계가 맞닿아 있더라도 지목이 다르면 합병이 불가능하다.

반면, 분할은 합병보다 훨씬 자유롭다. 토지소유자가 원하는 형태로 크기의 제약 없이 분할이 가능하다. 또 지목이 다르다고 해도 따로따로 분할 등기가 가능하다.

합병 후 다시 분할함으로써 토지의 가치를 높인 사례 1

대부분의 투자자는 땅을 있는 그대로 사서 가격이 오르면 시세차익을 보고 파는 방법이 땅 투자의 전부라고 생각한다. 그러나 조금만 공을 들이고 약간의 비용을 감수하면 투자한 비용의 10배 이상으로 땅의 가치를 올릴 수 있다. 그것이 바로 합병, 분할기법이다.

아래의 왼쪽 사진은 합병하기 전의 사진이다. 이곳은 도로를 따라 길게 생겼기 때문에 건축을 하기에는 적합하지 않다. 그래서 도로 뒤에 있는 토지의 지주를 설득해 땅을 매입했다. 그 땅은 맹지였기 때문에 시세보다 저렴하게 살 수 있었다. 이렇게 함으로써 도로 부지를 더 확보할 수 있게 된 것이다.

합병 전   　　　　　　　　　　**합병 후 분필한 모습**

합병에도 전제조건이 있다. 바로 합병할 예정인 토지의 지주가 동일인이어야 하며 지목도 동일해야 한다. 모두가 전이거나 답으로 구성되어 있어야 한다는 뜻이다. 섞여 있는 경우엔 형질변경을 해서 지목이 같도록 해야 하는데, 사실 합병 자체도 말처럼 쉬운 일은 아니다.

비용은 생각보다 적게 든다. 이 경우에는 토지소유자가 달랐지만 저렴하게 매입할 수 있었고 둘 다 논으로 쓰이고 있었기에 순조로운 합병이 가능했다. 전과 답이 선을 하나 그을 때마다 비용이 추가된다고 보면 되는데, 보통 적은 규모일 경우, 한 필지를 두 필지로 만들 때 50~70만 원 가량의 비용이 든다. 이 땅의 경우 총 세 필지로 분할했기 때문에 150~200만 원 가량 비용이 들었다. 합병 분할 과정은 본인이 직접 하는 것이 아니라 측량사무소에 의뢰하면 된다.

다음은 분할을 해야 할 차례다. 분할도 만만한 작업은 아니다. 우선 지적도 상 도로가 있어야만 분할을 해 준다. 몇 년 전 기획부동산이 분할하던 방식처럼 도로도 없는 1만 평이 넘는 임야를 1백 평씩 막무가내로 쪼개는 분할은 더 이상 가능하지 않다.

합병과 분할에 합병 후 필지를 분할한 상태다 3등분으로 땅 모양도 예쁘게 나왔고 세 땅 모두 도로를 끼고 있다. 이렇게 만들어 놓으면 땅의 가치는 바로 올라간다.

분할 전 땅의 시세는 평당 5만 원 선이었으나 분할 후 완벽한 땅으로 재탄생된 현재의 시세는 평당 15~20만 원대로 가치가 올랐다.

합병 후 다시 분할함으로써 토지의 가치를 높인 사례 2

이번 사례는 도시지역 내의 땅값 수준이 상당한 경우로서, 신축 부지를 매입할 때는 이미 건물이 지어져 있는 빌딩 매입보다 좀 더 세심한 체크가 필요하다.

건물을 짓고자 할 때 토지이용계획에 따른 제한사항이 없는지 규모는(충수, 연면적) 얼마까지 가능한지, 지역적으로 어떤 임차수요가 있는지 등을 파악해야 한다.

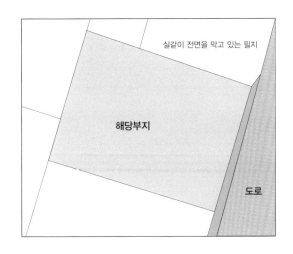

실같이 전면을 막고 있는 필지

해당부지

도로

　최근 거래한 송파구에 위치한 부지는 대로변에 위치해 있지만 제구실을 못하는 부지였다. 아래와 같이 토지가 도로에 편입되면서 일부가 효율적이지 않게 분할되면서 다른 필지가 실처럼 해당부지 전면을 전부 막아버려 맹지나 다름없어 신축이 불가능한 부지였다.

　물론 오래된 건물이 있었지만, 지상 2층에 노후도가 심해서 철거가 불가피한 상태였고, 매도인도 토지의 문제점 등을 인지하고 있었고, 나이가 많아 매각을 서두르고 있어서 시세보다 저렴한 가격에 매물을 내놓은 상태였다.

　현 상황을 보자면 투자를 해서는 안 되는 물건이 확실하다.

　하지만 경매와 마찬가지로 권리관계가 복잡하면 입찰이 꺼려지지만 그만큼 싸게 낙찰 받을 수 있는 장점도 있다. 위 부지도 앞 필지를 가져올 수 있다면 대로와 접한 반듯한 부지가 될 수 있으니 높은 시세차익을 기대할 수 있었다.

　일단 사실관계를 확인해야 했다. 다행히 바로 옆 필지 주인이 전면을 막고 있는 필지를 같이 소유하고 있다는 사실을 매도인을 통해 알게 되었고, 쉽지 않은 과정을 거쳐 협상을 마무리할 수 있었다.

　방법은 아래와 같이 전면 필지에서 가져와야 하는 필요 면적만큼 해당부지와 옆 필지가 연접해 있는 부분을 지분으로 맞교환 하여 분할한 뒤 다시 합병하는 방법이다. 표현은 쉽지만 과정은 복잡하다.

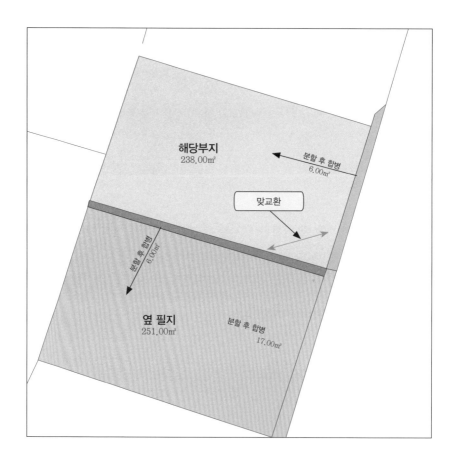

이와 같은 거래가 가능하였던 이유는 전면을 막고 있는 필지와 옆 필지 소유자가 같아서 협상이 용이했기 때문이다. 만약 전면 필지를 소유하고 있는 사람이 서로 달랐다면 알박기 형태가 되어 높은 대가를 요구했을지도 모른다.

현재 위 부지는 지분교환이 완료된 상태이며 분할과 합병절차만 마무리되면 송파구 대로변에 위치한 반듯한 토지가 될 예정이다. 고객에게는 높은 투자수익을 안겨줄 결과물이 완성되어 가고 있는 것이다. 맹지에서 대로변 부지로 성공한 사례이다.

제2장

실패 없는 토지투자 테크닉, 분할과 합병

분할과 합병은 토지의 생산

1997년 외환위기 이후 우리에게 구조조정이란 말이 익숙해졌다. 구조조정은 기업에만 있는 것이 아니라 토지에도 있다. 내 땅의 한 필지가 맹지고 길에 붙은 다른 사람의 땅과 접하고 있는 경우, 그 땅을 매입해 합병한 뒤 다시 길에 붙은 두 필지로 나누어 매각할 수 있는 것이다.(사례 1)

반대로 내가 길가의 쓸모없는 길쭉한 땅을 소유하고 있고 뒤쪽에 커다란 맹지가 붙어 있을 때에는 뒤에 있는 맹지를 구입하든지 아니면 그 땅의 지주와 협상해 합병한 후 다시 절반으로 분할할 수 있다.(사례 2)

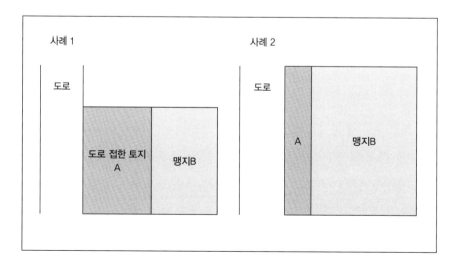

이런 경우에는 두 땅 모두 도로에 접하게 됨으로써 땅의 가치가 크게 상승하게 되고 합병 전의 매입 가격을 공제하더라도 더 높은 값을 받을 수 있게 되는데, 이처럼 연접한 땅과 합치는 것을 토지합병 혹은 합필이라고 한다.

반대로 땅을 쪼개는 것을 토지분할 또는 분필이라고 하는데, 합필과 분필은 부동산등기법상 용어로 일정한 조건을 충족할 때만 가능하다. 공간정보의 구축 및 관리 등에 관한 법률과 부동산등기법상 토지의 합필과 분필은 아래의 조건에 맞아야 한다.

① 두 토지의 지목이 같아야 한다.
② 두 토지의 경계선으로 접해 있어야 한다.
③ 두 토지의 소유자가 동일인이어야 한다.
④ 두 토지에 지상권, 저당권 등의 설정이 없어야 하지만 동일인의 저당권은 예외로 한다.

합필과 분필이 동시에 일어나는 경우도 있다. 맹지의 소유자가 도로로 쓸 이웃 땅을 일부 매입하여 자기 땅의 일부와 합쳐 새로운 도로를 신설하는 경우다. 이 경우 상대 땅 분할 → 상대 땅 매입 → 내 땅 분할 → 분할된 두 땅의 합필 → 도로개설 → 사도로 등기하게 되면 토지합병과 토지분할이 동시에 일어나게 된다. 도로개설을 위한 토지분할을 할 때는 분할 최소면적의 제한을 받지 않는다.

토지분할은 잘 팔리지 않는 땅 또는 한 덩어리로는 팔기 어려운 커다란 땅을 좋은 값에 잘 팔 수 있는 좋은 수단이 된다. 이것을 소위 쪼개서 팔기라는 말로 사용하고 있으며 일부 기획부동산에서 자주 쓰기 때문에 좋지 않은 인상을 주지만 실상 그 자체는 아주 효과적이고 좋은 매각 방법이며 토지 리모델링의 훌륭한 방법이라고 할 수 있다.

토지투자에서 분할의 매력 제대로 이해하기

토지분할을 사전적인 의미로 본다면, 지적공부에 등록된 1필지를 2필지 이상으로 나누어 등록하는 것이다. 토지분할의 매력은 덩어리가 커서 평단가가 낮은 땅을 수요가 많은 크기로 쪼갬으로써 평단가가 높아져 투자수익으로 연결된나는 데 있다.

예를 들면, 3.3㎡당 20만 원인 땅 5,000평을 사면 10억 원이 되는 것이 일반적인 셈법이지만, 콩나물과 같은 실물상품이기에 흥정도 가능하고 덩치가 커서 평단가가 낮아 20% 정도 싸게 매입할 수 있어 8억 원으로 매수할 수 있는 것이 보통이다.

이러한 땅을 수요가 많은 500평 정노의 수말농장을 목적으로 1,000㎡ 이하로 쪼개기를 하여 매도할 때는 다시 3.3㎡당 20만 원 선인 10억 원으로 매도할 수 있기 때문에 2억 원의 단순 차익이 가능하다는 점에서 투자수익을 맛본 투자자라면 분할 가능성을 타진한다.

이러한 토지분할은 광역적인 호재가 없어도 합법적으로 자신의 노력으로 얻어지는 수익이기 때문에 변수가 없는 투자법으로 주목을 하고 있는 것이다. 한마디로 안전하게 수익을 얻을 수 있는 블루칩이라 할 수 있다.

하지만 무분별한 난개발을 방지하기 위해 분할이 가능한 대상을 다음과 같이 법적으로 명확하게 분류하였고, 각종 제한을 두고 있어 꼼꼼한 접근이 필요하다.

왜 분할을 시도하는 것일까?

앞에서도 말했던 것처럼 광활한 농지와 산지의 경우, 적당한 면적으로 분할하면 수요가 늘어나 매도하기가 쉽고 평당 단가도 높일 수 있기 때문이다. 단순한 토지분할 리모델링으로 2~3배의 시세차익이 보장되는 사례가 많다.

지역에 따라 다르겠지만, 가장 많이 분할하는 면적은 1,000㎡ 크기의 주말농장으로 분할하는 '매매분할'과 지구단위계획면적 기준에 벗어나기 위해 10,000㎡ 미만, 그리고 실수요자들이 가장 많이 찾는 3,000~5,000㎡이다.

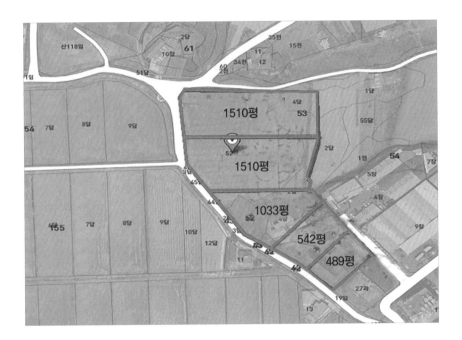

이처럼, 분할을 하는 이유는 땅의 일부를 팔기 위해서이다. 물론, 공동으로 소유하고 있는 땅을 지분에 따라 분할하는 경우나 공공의 목적을 위해 불가피하게 분할하는 경우도 있다.

그러나 분할의 매력을 최대한 발휘하여 수익을 극대화 하는 투자자는 따로 있다. 바로 한 필지의 땅에 용도지역이 중복된 경우, 보다 유리한 용도지역으로 편입시키도록 분할하는 기법을 사용하는 것이다. '1필지의 토지가 2개 이상의 용도지역, 용도지구 또는 용도구역에 걸치는 경우, 그 토지 중 용도지역, 용도지구 또는 용도구역에 있는 부분의 규모가 330㎡ 이하인 토지 부분에 대해서는 그 1필지의 토지 중 가장 넓은 면적이 속하는 용도지역, 용도지구 또는 용도구역에 관한 규정을 적용한다.'는 규정을 이용하는 것이다.

예를 들면 2,000㎡의 관리지역과 600㎡의 농림지역으로 이루어진 2,600㎡

땅이 있다면 관리지역과 농림지역을 적용하여 시세가 각각 형성되지만 관리지역과 농림지역을 두 개로 분할하면 1,000㎡의 관리지역과 300㎡의 농림지역으로 분할하여 1,300㎡, 2필지가 된다면 이 땅은 모두 관리지역이 되어 가치는 변경된 만큼 상승하는 것이다.

땅 투기를 방지하는 차원에서 무분별한 토지분할은 쉽지 않다. 도시지역에서는 분할이 어렵고, 비도시지역에서는 시장·군수의 허가를 받아야 진행할 수 있는 토지분할은 쉽지 않다.

그러나 건축법이 허용하는 범위 내 농지 및 산지 전용허가를 받을 수 있다면 농지 및 산지 분할은 투자자로서는 관심을 가져볼 만한 리모델링이다.

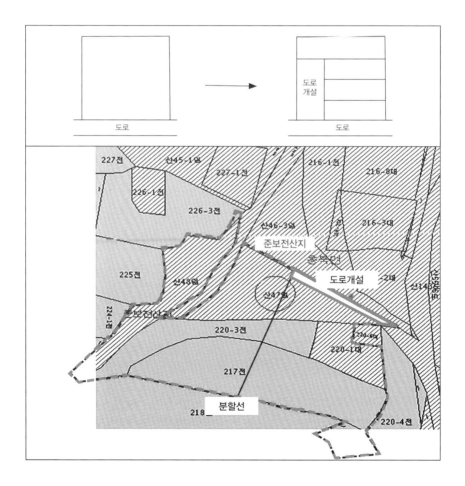

이러한 토지분할은 광역적인 호재가 없어도 합법적으로 자신의 노력으로 얻어지는 수익이기 때문에 변수가 없는 투자법이라고 할 수 있다. 한마디로 안전하게 수익을 얻을 수 있는 블루칩이다.

하지만, 무분별한 난개발을 방지하기 위해 법에 의해 분할이 가능한 대상을 다음과 같이 명확하게 분류하고 있고, 각종 제한을 두고 있어 꼼꼼하게 검토하여 접근하는 것이 필요하다.

▶▶▶ **토지분할이 불가능한 경우**

- 건축법 상 최소토지면적 분할 제한
- 조례상 최소토지면적 분할 제한
- 농지법상 605평(2,000㎡) 이하의 토지분할 제한
- 그린벨트 내의 토지분할 제한으로 일반필지 분할의 경우 60평 이하, 건축물을 위한 분할의 경우 100평 이하로 제한

분할이 가능한 토지

① 1필지의 일부가 지목이 다르게 된 때.

② 소유권이 공유로 되어 있는 토지의 소유자가 분할에 합의하거나, 토지거래허가구역에서 토지거래계약허가가 된 경우 또는 토지의 일부를 매수하기 위하여 매매계약 체결 등으로 인하여 1필지의 일부가 소유자가 다르게 된 때.

③ 분할이 주된 지목의 사용 목적에 적합하게 토지소유자가 매매등을 위하여 필요로 하는 때.

④ 토지이용상 불합리한 지상경계를 시정하기 위한 때에 한해 분할이 가능하도록 하고 있다.

▶▶▶ **토지분할이 가능한 경우**

• 지적공부에 등록된 1필지의 일부가 형질변경 등과 같은 이유로 용도변경이 된 경우
• 소유권의 이전 혹은 매매 등을 위하여 필요한 경우
• 토지지용상 불합리한 지상 경계를 시정하기 위한 경우

토지분할 검토 흐름도

분할 대상토지

| 국토계획법 사행령
제51조 | 용도지역 : 녹지지역, 관리지역, 농림지역, 자연환경보전지역 | ➡ NO | 반려 |

⬇ YES

| | 건축물 유무 | ➡ YES | 반려 |

⬇ NO

국토계획법 사행령 제50조

※분할제한면적
− 녹지 : 200㎡
− 관리, 농림, 자연환경보전 : 60㎡

국토계획법 제56조
별표 1의 2
국토계획법 시행규칙 제10조 제2

이상   미만

1. 다른 토지와 합병을 위한 분할	1. 기존묘지 분할
2. 공유지분 분할 (기준 : 2006. 3. 8일 전에 공유된 것)	2. 사설도로 개설하는 분할
3. 상속에 따른 분할	3. 사설도로로 사용되고 있는 토지 중 도로로서의 용도가 폐지되는 부분을 인접토지와 합병하기 위하여 하는 분할
4. 불한리한 지상경계를 시정하기 위한 토지분할	4. 토지이용상 불합리한 토지경계선을 시정하여 당해 토지의 효율을 증진시키기 위하여 분할 후 인접토지와 합필하고자 하는 경우 (매매계약서 첨부) − 분할 후 남은 토지의 면적 및 분할 된 토지와 인접토지가 합필된 후의 면적이 분할면적 제한면적에 미달되지 아니한 것 − 분할 전후의 토지면적에 증감이 없을 것 − 분할하고자 하는 기존토지의 면적이 분할제한면적에 미달되고 분할된 토지와 인접토지의 합필한 후의 면적이 분할제한 면적에 미달되지 아니할 것
5. 기존 묘지 분할	
6. 국공유의 잡종 재산을 매각 · 교환 또는 양여하기 위하여 교환 또는 양여하기 위한 분할	
7. 농업을 영위하기 위해 토지분할이 제한되는 지역 안의 주민 사이에 토지를 상호교환, 매각 또는 매수를 위하여 토지분할	

일반적인 토지분할 절차를 정리하면, 개발행위허가신청서와 분할측량신청에 의해 분할측량성과도와 함께 토지이동신고서를 도시계획과에 제출한다.

분할을 하기 위해서는 분할 측량을 실시하고 소관청이 정확성 여부를 검사한 후에 발급한 측량성과도 및 신청서를 바탕으로 하여 토지 표시사항을 정리하고 소유권 표시 사항은 분할 전의 대장에 등록된 사항을 새로이 작성하는 대장에 옮겨 등록한다. 등록 완료시 관할등기소에 토지표시변경등기를 촉탁하고 등기필증을 토지소유자에게 통지하는 것으로 분할 절차는 종료된다.

분할이 가능한 토지라 하여, 무조건 가능한 것이 아니다. 건축법, 그린벨트, 농지, 토지거래허가구역 내 분할 제한들이 있는 바 각종 분할 제한을 숙지하여야 한다.

건축법상의 최소토지면적 분할 제한

건축법 제49조에 의해 건축물이 있는 대지는 시행령이 정하는 범위 안에서 당해 지방자치단체의 조례가 정하는 기준(2미터 이상 도로, 건폐율 제한, 용적률 제한, 높이 제한 등)에 미달하게 분할할 수 없다.

건축법 시행령 제80조에 의해 도시계획지역 안에서 건축물이 있는 토지의 분할은 주거지역(80㎡), 상업지역(150㎡), 공업지역(150㎡), 녹지지역(200㎡), 기타 지역(60㎡)으로 최소면적을 규정하고 있다.

여기에서 투자 포인트로서의 핵심은 도시계획 이외의 지역과 건축물이 없는 토지는 적용 대상이 아니라는 점이다.

그린벨트 내의 토지분할의 제한

개발제한구역에 관한 지정 및 관리에 관한 특별조치법 제16조 토지의 분할에 의하면, 그린벨트 내에서 일반 필지는 200㎡, 지목이 대인 토지를 주택 및 근린시설 건축 시에는 330㎡ 이내로 분할할 수 없다.

농지 소유의 세분화 방지 (농지법 제22조)

① 국가와 지방자치단체는 농업인이나 농업법인의 농지 소유가 세분화 되는 것을 막기 위하여 농지를 어느 한 농업인 또는 하나의 농업법인이 일괄적으로 상속·증여 또는 양도받도록 필요한 지원을 할 수 있다.

② 농어촌정비법에 따른 농업생산기반정비사업이 시행된 농지는 다음 각 호의 어느 하나에 해당하는 경우 외에는 분할할 수 없다.

1. 도시지역의 주거지역·상업지역·공업지역 또는 도시계획시설부지에 포함되어 있는 농지를 분할하는 경우.

2. 농지전용허가를 받거나 농지전용신고를 하고 전용한 농지를 분할하는 경우.

3. 분할 후의 각 필지의 면적이 2,000㎡를 넘도록 분할하는 경우.

4. 농지의 개량, 농지의 교환·분합 등의 사유로 분할하는 경우.

토지거래계약의 허가를 요하지 아니하는 토지의 면적 등(국토의 계획 및 이용에 관한 법률 시행령 제118조) 토지거래허가구역 내에서의 매매에 있어서 직접적인 분할 제한의 규정은 없으나, 허가구역지정 후 최초의 분할은 분할 전의 면적으로 허가 여부를 판단하기 때문에 실질적인 분할 제한의 효과가 있다.

① 토지거래계약의 허가를 요하지 아니하는 토지의 면적은 용도지역별로

주거지역은 180㎡ 이하, 상업지역은 200㎡ 이하, 공업지역은 660㎡ 이하, 녹지지역은 100㎡ 이하, 도시지역 안에서 용도지역의 지정이 없는 구역에서는 90㎡ 이하, 도시지역 이외의 지역에서는 250㎡ 이하이지만 농지는 500㎡ 이하, 임야는 1,000㎡ 이하로 규정하고 있다.

② 일단의 토지이용을 위하여 토지거래계약을 체결한 후 1년 이내에 다시 같은 사람과 일단의 토지의 전부 또는 일부에 대하여 토지거래계약을 체결한 경우에는 그 일단의 토지 전체에 대한 거래로 본다.

③ 허가구역을 지정할 당시 규정된 면적을 초과하는 토지는 허가구역의 지정 후 당해 토지가 분할된 경우에도 그 분할된 토지에 대한 토지거래계약을 체결함에 있어서는 분할 후 최초의 거래에 한하여 규정된 면적을 초과하는 토지거래계약을 체결하는 것으로 본다.

허가구역의 지정 후 당해 토지가 공유지분으로 거래되는 경우 역시 같다.

과거, 큰 평수의 땅을 싼값에 매입해 시세보다 터무니없이 10배 이상 비싼 가격에 팔거나 개발 호재를 부풀려 매도하는 기획부동산들 때문에 말도 많고 탈도 많았던 토지분할, 이런 이유로 투자자들은 토지분할된 땅을 잡기가 어려운 것이 현실이다. 현지 중개업자나 전문가들이 선뜻 권유하기도 어려운 것이 분할된 땅들이다. 기획부동산의 대표적인 트릭이 토지분할이기 때문이다. 그러나, 개별등기가 가능하고 도로와 인접하여 개발이 가능하다면 소액투자로서 접근이 용이한 투자처라 할 수 있다.

공간정보관리법에 따른 토지의 분할과 합병

모든 땅은 필지 단위로 등록이 되어 있다. 보통 한 필지가 되려면 지역, 지번, 지목이 같고 소유주와 등기 여부가 같으며 지적도상의 축적이 같고 지반이 연속되어 있어야 한다. 하지만 각 필지의 모양과 면적은 다 제각각이다.

땅의 모양과 면적은 단순히 땅의 인상을 좌우하는 요소가 아니라 때로는 땅의 가치를 결정하는 중요한 요인이 되기도 한다. 네모반듯한 땅은 보기에도 좋고 이용하기도 좋아 비싼 반면, 뾰족하거나 못생긴 땅은 가치가 떨어지는 측면이 있다.

그렇다면 땅의 면적은 어떨까?

땅의 넓이도 땅의 활용도와 가치에 중요한 영향을 미친다. 땅이 무조건 넓다고 좋은 것이 아니다. 땅이 넓으면 이용하기 불편하고 처분도 힘들다. 반면에 땅이 너무 좁아도 용도가 제한되고 이용에 제약이 따른다. 이런 이유로 토지 리모델링 중에는 땅의 활용가치와 수요를 높이기 위해서 넓은 땅을 나누거나 붙어 있는 좁은 땅끼리 합쳐 새로운 필지로 만드는 방법을 쓰기도 한다.

다만 토지의 분할과 합병은 각각 그 이유가 타당해야 하고 일정한 요건과 절차를 밟아서 진행해야 한다.

먼저 토지분할의 경우를 보면, 지적법상 토지분할이 가능한 경우는 다음과 같다.

① 필지 일부가 지목변경 등으로 용도가 바뀌었을 경우.
② 소유권 이전, 매매 등을 위해 넓은 땅을 분할하는 경우.
③ 토지 이용에 있어 불합리한 지상경계를 시정하기 위해 분할하는 경우.

이러한 분할규정을 잘 활용하면 땅의 가치를 높일 수 있다. 예를 들어 한 필지에 두 개의 용도지역이 중복돼 있는 경우, 보다 투자가치가 좋은 용도지역으로 분할할 수 있는 방법이 있다.

가령, 800평의 임야가 600평은 관리지역, 나머지 200평은 농림지역일 경우에는 두 개의 용도지역이 적용된다. 하지만 한 쪽 용도지역이 100평 미만일 경우는 면적이 큰 쪽의 용도지역으로 편입되도록 되어 있다.

그러면 앞에서 말한 800평짜리 필지를 400평짜리 두 개의 땅으로 나눈 후,

각각 300평의 관리지역과 100평의 농림지역이 되는 결과가 나온다. 관리지역은 농림지역에 비해 용도지역상 가격이 훨씬 비싸다.

이와 같은 경우 분할 만으로 관리지역의 두 필지가 됐으니 땅값은 그만큼 상승한 셈이다.

관리지역 600평	농림지역 200평

분할 ↓

관리지역 300평	농림지역 100평
관리지역 300평	농림지역 100평

결과 ↓

관리지역 400평
관리지역 400평

한편 덩치가 큰 땅은 부담이 크기 때문에 잘 팔리지 않는다. 이런 토지는 적당한 넓이로 분할하면 수요가 높아져 매매가 용이해진다.

예를 들어, 면적이 넓은 산지나 농지의 경우, 도시인들이 주말농장이나 전원주택을 짓기에 알맞은 규모의 크기로 분할해 매각하는 방법을 종종 쓴다. 이를 '매매에 의한 분할'이라고 하는데, 흔히 기획부동산들이 시골의 넓은 땅을 사들여 이러한 분할기법을 통해 토지를 쪼개서 파는 일이 많다.

또한 토지의 전체 모양이 불균형할 때, 분할에 따라 모양이 예뻐지고 이용도가 더 높아진다면 역시 땅을 분할하는 것이 좋다. 토지분할과 함께 토지합병 기법 역시 땅 모양을 교정해 가치를 상승시키는 효과가 있다.

땅의 활용도가 높아지려면 합당한 건폐율과 용적률을 확보해야 하는데, 땅이 너무 좁으면 이러한 일이 불가능하다. 땅은 그 땅에 세울 수 있는 건물 용도가 많아야 활용도가 높다. 그래서 필지를 확장하는 방법으로 '합병제도'를 이용하는 것이다.

또, 내 땅의 모양이 기형적일 때 옆 땅의 주인과 의견이 맞는다면 서로 필요한 만큼 맞교환 또는 분할과 합병기법으로 서로의 단점을 보완할 수도 있을 것이다.

그러나 모든 토지가 합병을 할 수 있는 건 아니다. 서로 붙어 있는 땅이라도 행정구역이 다르거나, 지적의 축척이 다르고, 지반이 연속되어 있지 않은 경우라면 합병할 수 없다.

▶▶▶ 공간정보관리법 시행령

제52조 (1필지로 정할 수 있는 기준)
① 지번부여 지역 안의 토지로서 소유자와 용도가 동일하고 지반이 연속된 토지는 1필지로 할 수 있다.
② 제1항에도 불구하고 다음 각호의 어느 하나에 해당하는 토지는 주된 용도의 토지에 편입하여 1필지로 할 수 있다. 다만, 종된 용도의 토지의 지목이 "대"인 경우와 종된 용도의 토지면적이 주된 용도의 토지면적의 10퍼센트를 초과하거나 330㎡를 초과하는 경우에는 그러하지 아니하다.
1. 주된 용도의 토지의 편의를 위하여 설치된 도로·구거 등의 부지.
2. 주된 용도의 토지에 접속되거나 주된 용도의 토지로 둘러싸인 토지로서 다른 용도로 사용되고 있는 토지.

개발호재 없이 분할과 합병만으로 가치 높이기

토지 경계가 지그재그로 복잡한 형태를 띠고 있는 것보다 직선으로 되어 있는 토지의 가치가 높을 수밖에 없다. 이런 토지의 형태를 시정하고자 한다면 어떤 방법이 있을까? 일단 다음과 같은 과정을 거치게 된다.

① 양쪽에서 지적도를 통해 새로운 경계를 정한다. 주로 동일한 면적으로 교환되는 것이 합리적이지만 실제로는 절박한 입장에 있는 토지소유자가 양보를 하게 되는 것이 일반적이다. 측량 비용과 같은 비용 문제에서도 합의를 잘 이끌어내는 것이 중요하다.

② 먼저 도시계획과를 방문해 필요한 서류를 파악하도록 하고 토지측량성과도, 교환계약서도 필요하다.

③ 원 토지와 분할 후 합병이므로 일단 원 토지와 분할을 해야 한다. 따라서 양측 토지소유자가 입회해 합의된 내용을 근거로 한국국토정보공사에서 현황측량을 한다. 이 비용이 만만치 않으므로 양측 토지 전체를 하지 않음에도 비용은 전체 면적으로 계산한다. 개선할 필요가 있는 사안이라고 할 수 있다.

④ 측량성과도가 나오면 시청에 신청서를 제출한다. 토지분할은 개발행위라 하여 개발행위신청서를 낸다. 양쪽 토지소유자 중에서 한 사람이 위임장과 인감증명서를 받아 신청서를 제출하면 된다. 이후 지적상 분할을 하고(여기서는 측량비용에 10% 정도의 비용이 추가로 발생한다.) 다시 받은 토지를 소유하고 있는 토지와 합병한다.

보통 일반인들은 토지분할을 하는 이유가 99퍼센트 순수하게 땅을 자른다고 생각을 할 것이다. 당연히 토지분할을 하여 내가 원하는 금액에 맞춰 위치가 좋은 곳의 땅을 매입할 수도 있고. 보기에 나쁜 땅을 분할을 통해 좋은 땅으로 만들 수도 있다.

우선 형태가 좋지 않은 땅을 토지분할을 통해 잘생긴 땅으로 만드는 부분을 살펴보도록 한다.

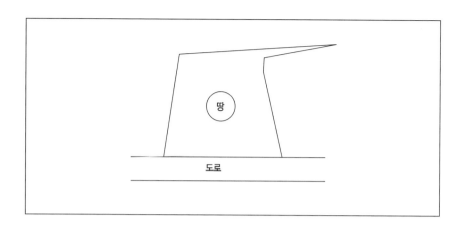

아무리 토지에 대해 문외한이라고 해도 위와 같은 땅을 보고 좋은 형태를를 가진 땅이라고 할 사람은 없을 것이다. 이런 모양을 가진 땅이 전체 면적에 대해 좋은 가치를 인정받기는 어렵다. 자투리땅은 당연히 쓸모가 없기 때문이다.

그렇다면 이런 토지를 어떻게 평가해야 할까? 중급 투자자라면 자투리땅을 그냥 토지분할을 해서 잘라내고, 그 잘라낸 부분만큼 가격에서 **빼면** 정상적인 땅을 산 것과 똑같이 된다. 못 쓰는 부분은 그냥 덤으로 가져왔다 생각하는 것이다.

다음과 같은 그림이다.

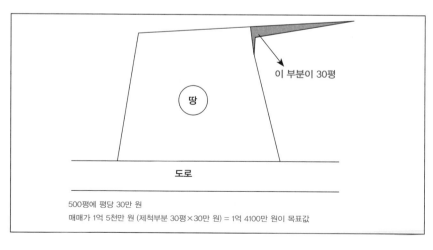

500평에 평당 30만 원
매매가 1억 5천만 원 (제척부분 30평×30만 원) = 1억 4100만 원이 목표값

다음과 같은 땅을 보자.

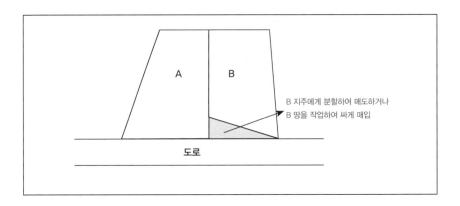

이런 경우에도 A 땅은 모양이 좋지 않다. 하지만 앞에서 살펴본 땅과는 자투리땅 부분의 위치가 다르다. A 땅이 훨씬 좋은 땅이라 볼 수 있다. 왜냐하면 앞에서 본 땅은 자투리땅 부분을 헐값에 팔거나 어쩔 수 없이 버리는 땅으로 받아들여야 하는 반면, A 땅은 B를 맹지로 만들어 갑의 입장에 놓여 있기 때문이다. B로서는 A 땅의 소유주에게 대가를 치를 수밖에 없게 된다.

위에서 보았던 것처럼 못생긴 땅도 분할하고 다시 합병해 예쁜 형태의 땅으로 만들면 훌륭한 투자가 된다. 초보자가 보기에는 삐죽이 튀어나와 눈에 거슬리는 쓸모없는 자투리땅이 붙은 나쁜 형태의 땅이지만 현명한 투자자는 즉각 알아차린다. 성형을 하면 예쁜 얼굴로 다시 태어날 수 있는 땅이라는 것을. 분할과 합병에 대해 잘 알고 있어야만 볼 수 있는 투자의 맥이다.

일반 투자자들이 잘 모르고 있는 사실이지만 토지분할의 또 다른 활용 방법은 선행된 거래가격이 드러나지 않도록 할 수 있다는 점이다.

여기서 질문이 있다.

땅을 팔고자 할 때 가격이 공개되는 게 좋을까? 공개되지 않는 게 좋을까?

당연히 가격이 공개되지 않는 게 좋다. 선행된 거래 가격이 공개되면 매도자가 얼마의 이익을 남기고 파는 것인지 매수자가 알게 된다. 당연히 비싸게 매입하는 건 아닌지 의혹을 품게 된다. 예를 들어 1억 원에 사서 2억 원에 매도하는데, 등기부에 1억 원으로 기재되어 있다면 단기간에 양도차익으로 1억 원을 더 주고 사는 것으로 생각하게 된다. 이것은 거래가 깨지는 이유가 될 수 있다.

하지만 한 필지의 땅을 두 필지로 분할해 매입하면 가격이 공개되지 않게 된다. 한 필지일 때 1억 원에 샀다면 등기부에 기재되지만 두 필지로 분할해 가져오면 등기신고를 할 때 두 필지 합하여 거래가를 신고하기 때문에 각 필지마다 거래가액을 책정할 수가 없게 된다. 매매 목록으로 거래가액이 공개되게 되는데, 매매 목록은 따로 신청을 해야만 볼 수 있으므로 일반 투자자들은 잘 모른다.

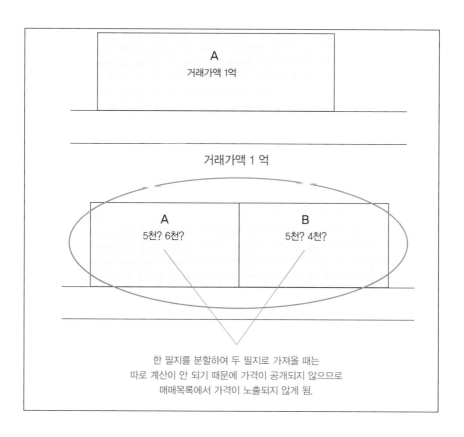

다음 지적도는 파주시 오산리 개발과 관련하여 땅의 변화를 보여준다. (67번지, 참조 66-2번지를 중심으로 보면 된다.) 2012년 4월 9일 지적도는 도로가 없는 맹지로 땅이 자연적으로 형성되어 있다.

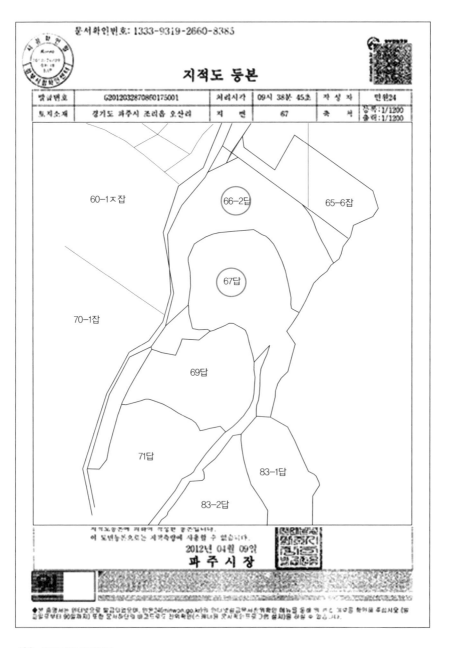

2013년 7월 5일 도면은 전체적으로 땅이 여러 지번으로 분할되었으며 땅에 중심선이 일자로 그어져 있는 것을 볼 수 있다. (분할측량을 통함)

지적 분할을 통해서 이웃한 토지와 교환 및 매매를 통한 소유권을 정리도 함께 마쳤다.

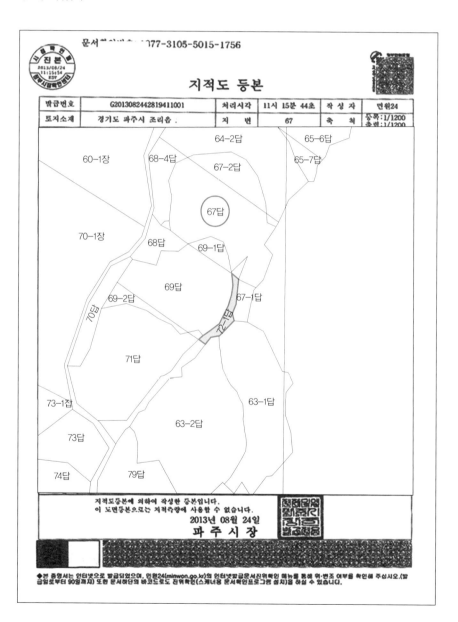

2013년 8월 24일 도면에서는 더욱 더 복잡하게 토지가 분할된 모습을 볼 수 있다. (건축허가를 통한 분할측량)

매수인의 필요에 의해서 건축허가를 받아 우측 65번지를 시작으로 69-4번지에 이르는 도로를 개설하는 모습을 볼 수 있을 것이다. 도로의 개설은 토지 소유자들의 사용승낙을 통해서 이루어졌다.

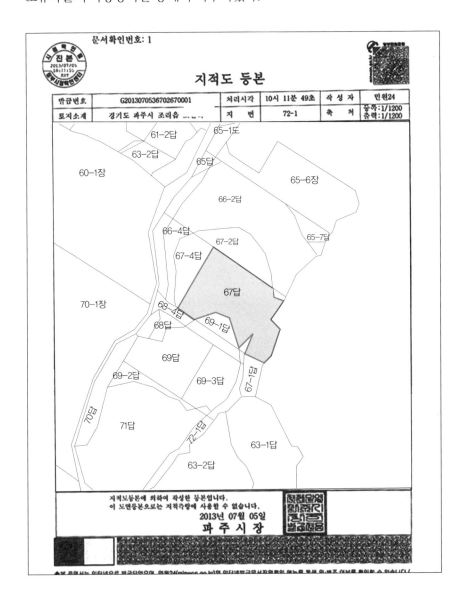

지적도 등본

열람번호	G2012032870860175001	처리시각	09시 38분 45초	작성자	민원24
토지소재	경기도 파주시 조리읍 :	지 번	67	축 척	등부:1/1200 출력:1/1200

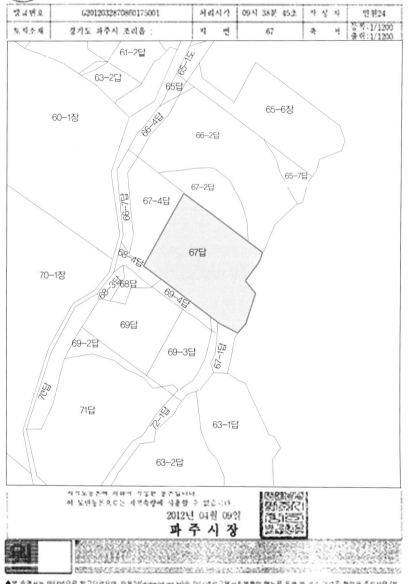

지적도등본에 의하여 작성한 것주입니다.

이 도면등본으로는 지적측량에 사용할 수 없습니다.

2012년 04월 09일

파 주 시 장

2013년 9월 21일 도면에서는 여러 번지로 나뉘어 있던 67번지의 토지가 67번지 하나로 합병되어 있다. 마찬가지로 66-2번지는 아직 합병되어 있지는 않지만 최초 66-2번지의 토지의 모습과 비교해본다면 땅의 모양이 많이 변해 있음을 볼 수 있다. (66-2, 67-2, 65-7번지의 소유자가 동일)

현재는 도로의 형태만 있을 뿐 아직은 지적도상으로 도로가 표시되지 않은 땅도 67번지에 건축이 완료되어 준공이 되면 지목이 도로로 바뀌게 된다. 또한 67번지의 지목도 건축물의 용도에 따라서 대지, 또는 공장으로 바뀌게 된다.

이런 지적의 변화 속에는 여러 사람의 수많은 노력이 숨겨져 있다. 그 노력의 결과가 지적도상의 이런 변화로 나타나는데, 이런 것을 토지개발이라고 할 수 있다.

도면에 등록하는 내용은 토지의 소재, 지번, 도면의 제명 및 축척, 도면의 색인도, 도곽선 및 도곽선의 수치, 경계, 지목, 영구표지가 설치된 지적측량기준점, 건축물 및 구조물의 위치가 등록된다.

여기에서도 복잡한 내용은 다 빼고 도면이라 함은 땅의 생김새(사람으로 말하면 얼굴)를 축척에 의해서 줄여놓은 것이라 생각하면 될 듯하다.

요즘 실무에서는 토지이용계획확인서에 도면과 함께 그 땅의 용도가 같이 나오기 때문에 거의 잘 보지 않는다. 조금 더 설명을 하자면 땅은 평면이 아니라 굴곡이 있어서 이를 입체적으로 표현해야 정확한데 그럴 수가 없다는 것이다. 그래서 위에서 내려다본 모양을 평면의 도면에 나타냈다고 이해하면 된다.

도면의 의미는 무엇일까? 사람도 잘 생겼느냐 못생겼느냐에 따라서 인기가 있듯이 땅도 용도가 똑같은 조건이라면 생김새가 좋은가 나쁜가에 따라서 가격이 결정된다고 보면 된다.

위에서 예로 들었던 곳은 파주시에서 공장부지로 분양을 하고 있는 땅이다.

현재는 68번지와 69번지의 소유주가 동일하기 때문에 땅의 모양이 좋다. 하지만 72-1번지의 땅은 생김새 때문에 전혀 쓸모가 없는 땅이다. 68, 69번지 땅은 시세가 평당 120만 원 정도다.(허가조건) 하지만 67-1번지의 땅은 맹지에 땅의 모양이 좋지 않아 사실 시세를 가늠하기도 어렵고 살 사람도 없을 것이다. 그래도 가격을 매긴다면 평당 20만 원 정도는 될까? 다만 인접한 필지의 토지소유사가 매입해서 활용한다면 의미가 있지 않을까 생각한다. 그렇게 되면 옆 땅과 가격이 같아지기 때문에 상당한 수익이 날 수 있을 것이다.

도면을 자세히 보면 땅이 여러 필지로 나뉘어져 있으며, 반듯하게 정리가 되는 모습을 볼 수 있다. 도로가 없는 맹지에 도로를 개설하면서 못생긴 땅을 교환과 매매를 통해서 징형화시키고 있는 모습이다. 지금은 건축허가를 받아서 공장부지로 분양받은 투자자들에게 소유권 이전을 준비하고 있다.

조금 옆길로 새기는 했지만 이런 일을 토지개발사업이라 하며, 지적도를 통해서 땅의 성형수술의 모습을 확인할 수 있기 때문에 독자들에게 실질적인 도움이 될 수 있을 듯해서 번지수를 공개하면서 예를 들었다. 분할과 합병이 부동산시장에 수익을 담보할 수 있는 투자의 하나의 형태가 될 수 있으리라 생각된다.

합병으로 땅 모양을 수술하기

땅 모양이 불규칙하게 생기거나, 폭이 좁고 길쭉한 땅은 건물을 짓는 데 한계가 있어 제값을 받기가 어렵다. 또한 맹지 역시 혼자서는 건축이 불가하여 도로를 접한 땅 주인의 처분을 기다리는 불쌍한 신세(?)가 된다.

이렇게 쓸모없다고 여겨지는 땅들도 '붙이는' 기술로 새롭게 탄생되어 금싸라기로 변하여 높은 수익을 안겨다 주기도 한다. 땅을 합병한다는 것은 지적공부에 등록된 2필지 이상의 토지를 1필지로 합하여 등록하는 것을 말한다.

신규등록이나 등록전환, 분할의 경우와는 달리 지적측량을 요하지 않는 합병은 못생긴 두 개의 땅을 각각 싸게 매입하여 모양을 바로잡아 땅의 가치를 높이는 방법이다. 이러한 기술로 인해 못난이 땅도 계륵鷄肋에서 쓸모 있는 땅으로 둔갑하는 것이다.

분할과는 달리 합병이 용이한 것은 사실이다. 하지만 모든 토지가 합병이 가능한 것은 아니다. 각각의 토지를 한 필지로 합병하려면 토지의 지목이 같아야 하고 지목이 다른 토지를 합병해야 한다면 다른 한 쪽의 지목을 변경해야 한다. 이때, 공부상의 지목이 같더라도 일부가 현황상 지목이 다르게 된 경우는 합병할 수 없다.

또 합병하려는 토지는 등기부등본상의 소유주, 도면의 축척, 등기 여부 등의 내용이 동일해야 한다. 각 필지의 지반이 연속돼 있어야 하며 지번이 속한 행정구역 또한 같아야 한다. 합병하고자 하는 토지에 관하여 소유권, 지상권, 전세권, 임차권 및 승역지에 관하여 하는 지역권의 등기 이외의 등기가 없어야 한다. 즉 저당권, 가등기, 가압류, 경매 등의 등기가 없어야 하는 것이다. 다만, 합병하고자 하는 토지의 전부에 대하여 등기원인 및 그 연월일과 접수번호가 동일한 저당권에 관한 등기가 있는 때에는 합병을 할 수 있다.

또한, 개발행위가 완료되어 곧 허가분할을 할 토지, 경지정리가 된 지역 안의 토지와 지역 밖의 토지는 합병이 금지돼 있다. 합병은 원칙적으로 토지소유자의 신청에 의해, 합병 사유를 기재한 신청서를 제출하기만 하면 된다.

물론, 매도하기 위해 꼭 합병할 이유는 없다. 지번이 다르더라도 소유주가 같으면 매도하고 매수자가 합병을 하면 되기 때문이다.

중요한 것은 합병이 가능한지 여부를 지자체를 통해 확인하여야 한다는 것이다. 이때 공동주택이나 공공용지 등의 토지는 사유가 있는 날로부터 60일 이내에 신청해야 하지만 역시 과태료 대상은 아니다. 언제든지 합병할 수 있는 것이다.

　지자체는 토지소유자의 신청에 의해 토지를 합병하고자 하는 때의 경계 또는 좌표는 합병 전의 각 필지의 경계 또는 좌표가 합병으로 인하여 필요 없게 된 부분을 말소하여 정하고, 면적은 합병 전의 각 필지를 합산하여 그 필지의 면적으로 한다. 따라서 면적의 측성이나 지적측량은 필요하지 않고 소관청은 토지이동조사를 실시함으로써 종료된다.

분할 실무를 위한 토지의 경계와 면적, 측량에 대한 이해

토지의 경계란 무엇인가?

경계의 의의

경계란 지적도나 임야도상에 지적측량에 의하여 필지별로 구획하여 경계점과 경계점을 직선으로 연결한 선을 말한다.

경계설정의 기준

① 연접되는 토지 사이에 고저가 없는 경우에는 그 구조물 등의 중앙.

② 연접되는 토지 사이에 고저가 있는 경우에는 그 구조물 등의 하단부.

③ 도로·구거 등의 토지에 절토된 부분이 있는 경우에는 그 경사면의 상단부.

④ 토지가 해면 또는 수면에 접하는 경우에는 최대 만조위 또는 최대 만수위가 되는 선.

⑤ 공유수면매립지의 토지 중 제방 등을 토지에 편입하여 등록하는 경우에는 바깥쪽 어깨 부분.

경계에 관한 일반 원칙

① 축척 종대의 원칙 : 동일한 경계가 축척이 다른 도면에 각각 등록되어 있는 때에는 축척이 큰 것을 따른다는 원칙.
② 경계 불가분의 원칙
  - 토지의 경계는 필지와 필지 사이에 하나밖에 없고 양 필지에 공통으로 작용한다는 원칙.
  - 경계는 도면상 분리는 되나 지상의 경계는 분리할 수 없다는 것.
③ 민법상의 경계 : 지상에 설치된 경계표·담·구거·둑·주요 지형·지물 등 지표상의 경계를 뜻함.
④ 지적법상의 경계 : 지적도 또는 임야도에 등록 공시한 구획선 또는 경계점좌표등록부에 등록된 좌표의 연결을 뜻함.(도상 경계를 의미)

토지의 면적에 대한 이해

면적의 의의

토지의 면적이란 지적측량에 의하여 지적공부에 등록된 필지의 수평면상의 넓이를 말한다.

면적의 등록 단위 및 최소면적

면적의 등록 단위는 ㎡이며, 지적도 축척별 면적의 등록 단위 및 최소면적은 다음의 표와 같다.

도면 축척	대상 지역	등록 단위	1 필지의 최소면적
1/500 1/600	경계점좌표등록부 등록 지역 (도시개발사업지역)	0.1 ㎡	0.1 ㎡
1/1200 1/2400	기타 지역	1 ㎡	1 ㎡

면적의 결정 방법 : 5사 5입의 원칙 적용

구하고자 하는 자릿수의 다음 숫자가 5를 초과하는 경우에는 올리고 5 미만인 경우에는 버린다.

토지의 면적이란 지적측량에 의하여 지적공부에 등록된 필지의 수평면상의 넓이를 말하며, 구하고자 하는 자릿수의 다음 숫자가 5인 경우에는 구하고자 하는 끝자리의 숫자가 0 또는 짝수인 경우 버리고 홀수인 경우는 올린다.

토지 이동으로 인한 면적의 결정 방법

① 신규등록, 등록전환 등의 경우 : 지적측량을 시행하여 좌표와 면적을 결정.

② 분할의 경우
- 지적측량을 시행하여 좌표와 면적을 결정.
- 분할 전의 면적에 증감이 없도록 배분하여 면적 결정.

③ 합병의 경우 : 합병 전 각 필지의 면적을 합산하여 결정.

필지란 무엇인가?

필지의 의의

하나의 지번이 붙는 토지의 등록 단위로 지적공부에 등록하는 법률적인 단위 구역을 말하며, 지적도나 임야도 등에서 선으로 연결한 범위 내의 토지이며 경계점좌표등록부에서는 좌표의 연결로 표시한다.

필지의 성립 요건

지번부여지역이 같아야 하고, 지목이 같아야 하며, 소유자가 같아야 한다. 지적공부의 축척이 같고, 지번이 연속되어야 한다.

필지 획정의 기준

동일 지번부여지역 안의 토지로서 소유자와 용도가 동일하고 지반이 연속된 토지를 1필지로 하며, 주된 용도의 토지의 편의를 위하여 설치된 도로·구거 등의 부지와 주된 용도의 토지에 접속되거나 주된 용도의 토지로 둘러싸인 토지로서 다른 용도로 사용되고 있는 토지는 주된 용도의 토지에 편입하여 1필지로 한다.

˙양입지˙란 ?

① 개념 : 공간정보관리법에서 규정하고 있는 필지의 획정 기준과 별개로 필지로 획정하지 아니하고 주된 지목에 편입하여 1필지로 획정하는 종된 지목의 토지를 "양입지"라 하며, 이것은 지목의 결정 방법에서 주 지목 추종의 원칙을 적용한 것이다.

② 요건 및 예외 : 주된 지목의 토지 편의를 위하여 설치된 도로·구거 등에 해당하는 토지 주된 지목의 토지에 접속되거나 둘러싸인 다른 지목의 협소한 토지를 말한다. 그러나 종전 토지의 지목이 "대"이거나 종전 토지의 면적이 주된 토지 면적의 10%를 초과하는 경우 그리고 종전 토지의 면적이 330㎡(약 100평)를 초과하는 경우에는 양입하지 않는다.

지번이란 무엇인가?

지번의 의의

지번이란 토지에 붙이는 번호를 말하며 1필지 1지번 원칙에 따라 소관청은 지번부여지역마다 각 필지에 지번을 부여하고 지적공부에 등록하여야 한다.

지번부여의 원칙

지번은 지적국정주의에 따라 소관청이 부여하며, 지번은 지번부여지역을 단위로 하여 북서에서 남동으로 순차적으로 부여한다.

지번의 구성 및 표기

① 지번의 구성 : 지번은 본번과 부번으로 구성되어 있으며, 본번과 부번 사이에 " ― " 표시로 연결하고 "의"라고 읽는다.

② 지번의 표기 : 지번은 아라비아숫자로 표기하고, 임야대장 및 임야도에 등록하는 토지의 지번은 숫자 앞에 '산' 자를 붙인다.

③ 토지대장 등록지의 경우
- 7   -   3("칠의 삼"으로 읽음)
  ∟, 본번   ∟, 부번

④ 임야대장 등록지의 경우
- 7   -   3("칠의 삼"으로 읽음)
  ∟, 본번   ∟, 부번

지번의 부여 방법

① 일반적 방법 : 소관청이 지번부여지역별로 북서에서 남동쪽으로 순차적으로 부여.(북서기번법) 지번부여 진행 방향에 따라 사행식, 기우식, 절충식, 단지식 등으로 부여. 지번부여 단위에 따라 지역단위법, 도엽단위법, 단지단위법 등에 의거 부여.

② 토지이동에 따른 지번부여 방법.

③ 신규등록 및 등록전환 시의 지번.
- 인접 토지의 본번에 부번을 붙여서 지번부여.
- 대상토지가 그 지번부여지역 안의 최종 지번의 토지에 인접되어 있는 경우와 대상 토지가 이미 등록된 토지와 멀리 떨어져 있어서 등록된 토지의 본번에 부번을 부여하는 것이 불합리한 경우 또는 대상토지가

여러 필지로 되어 있는 경우에는 그 지번부여지역의 최종 본번의 다음 순번부터 본번으로 하여 순차적으로 지번을 부여한다.

④ 분할 시의 지번

- 분할 후의 필지 중 1필지의 지번은 분할 전의 지번으로 하고 나머지 필지의 지번은 본번의 최종 부번의 다음 순번으로 부번을 부여.
- 주거·사무실 등의 건축물이 있는 필지에 대해서는 분할 전의 지번을 우선하여 부여.

필지 분할 시 지번부여 방법				
100		➡	100	100-3
100-1	100-2		100-1	100-2

⑤ 합병 시의 지번

- 합병대상 지번 중 선 순위의 지번으로 하되, 본번으로 된 지번이 있는 때에는 본번 중 선 순위의 지번을 합병 후의 지번으로 부여.
- 토지소유자가 합병 전의 필지에 주거·사무실 등의 건축물이 있어서 그 건축물이 위치한 지번을 합병 후의 지번으로 신청하는 경우에는 그 지번을 합병 후의 지번으로 부여.

⑥ 지적확정 측량을 실시한 지역에서의 지번

- 종전의 지번 중 본번만으로 된 지번 부여.
- 종전의 지번 수가 새로이 부여할 지번의 수보다 적을 경우에는 블록단위로 하나의 본번을 부여한 후 필지별로 부번을 부여하거나 지번부여지역의 최종 본번에 다음 순번부터 본번으로 부여.

토지분할을 위한 측량 이해하기

땅을 사는 것은 정육점에서 쇠고기를 사는 것과 다르다. 쇠고기를 살 때는 저울을 이용해 1그램까지도 정확히 알 수 있기 때문에 정확한 값을 알수 있다.

하지만 땅의 크기는 다르다. 서류에 기재된 면적과 실제 면적이 정확하게 일치하는 것이 현실적으로 어렵고, 이 때문에 손해를 보고 땅을 사는 경우도 비일비재하다. 이를 방지하기 위해 사전작업으로 선택하는 것이 바로 측량이다.

측량의 종류는 여러 가지다. 경계측량, 분할측량, 현황측량이 그것이다.

현황측량

가장 많이 이용하고 인·허가를 받을 때 첨부되는 측량의 성과, 해당부지에 건축물이나 구조물(배수, 전주, 도로나 도랑 등)을 모두 표기한 측량도를 말한다. 현황측량은 현장에서 측량한 자료를 지적도와 지형도를 맞추어 도면화한 것으로 성과도는 도면으로 나타낸다. 통상적으로 설계사무실에서 하는 측량이 현황측량이라 이해하면 된다.

현황측량은 경계측량으로 확정된 대지 위에 건축물이 어떻게 들어섰는지를 확인할 때 쓰는 방법이다. 즉 지상구조물 또는 지형·지물이 점유하는 위치현황을 지적도나 임야도에 등록된 경우와 대비해 그 관계 위치를 표시하기 위한 측량이다. 건축물을 새로 짓고 준공검사를 신청할 때 제출할 서류작성을 위해서도 해야 하는 측량이다. 건축물이 앉혀진 모습과 인접 대지 경계선과의 관계를 볼 수 있기 때문이다.

이 현황측량은 혹시 건축물이 이웃하는 대지 경계선을 넘었는지를 확인하는 것도 가능하다. 따라서 '건축면적'에서 뜻하는 부분인 지상 위로 돌출된 건축구조물에 대해서도 고려를 해 두는 것이 좋다. 간혹 실수로 땅 위에 접해져서 설치된 건축물만 생각하다가 남의 대지 위에 건축구조물이 지어지는 경우가 있어 건축물 신축에는 꼭 필요한 측량이기도 하다.

이처럼 각종 측량은 우리나라의 땅이 대부분 실제 면적과 서류상 면적에서 차이가 크다는 이유에서 필요하다. 현재 우리나라에서 사용하는 지적도는 일제강점기에 도쿄를 원점으로 측량해 작성한 것으로 실제 크기와 차이가 발생할 수밖에 없다. 때문에 불분명한 토지경계가 생겼고 이로 인한 분쟁은 수없이 발생하고 있다.

지적측량 (경계측량)

지상의 구조물이나 현재 위치한 지형지물이 위치를 고려 임야도와 지적도상의 등록된 경계와 대비(혹은 좌표점)하여 도상의 점을 실제 토지에 표기하는 측량을 말한다. 해당 토지의 경계를 알기 위한 측량, 신축이나 준공 시 혹은 면적산출 시 주로 이용하는 측량이다.

경계측량이란 토지경계에 대한 분쟁이 일어날 경우 내 땅이 어디까지인지를 파악할 때 이용하는 측량으로 대부분 경계측량의 방식이 사용된다. 경계측량은 한국국토정보공사에 신청하며, 측량을 원하는 도면과 사업장등록증, 신분증 정도를 준비하면 된다. 먼저 측량접수창구 직원에게 해당 서류를 제출한 뒤 측량의 목적이 합당하다고 판명되면 측량비를 산정한다.

측량 비용은 토지의 크기에 따라 다르다. 보통 300평 정도 되는 토지의 경우 약 50만 원 정도의 비용이 든다. 부가세는 별도다. 지역마다 다르기 때문에 해당 관청에서 알아봐야 한다.

측량비는 땅을 파는 사람이 내는 것이 일반적이지만 간혹 이를 지불할 수 없다고 버티는 땅 주인이 있을 수도 있다. 그럴 때는 서로 타협을 함으로써 해결하는 것이 좋다. 서로 비용을 떠넘기려고 하다가 감정이 격해져 계약이 깨지거나 심지어 손해배상 청구소송까지 가게 되는 일이 생기면 피차간에 손해다.

어쨌든 직원이 알려주는 측량비를 내면 측량을 할 날짜와 시간을 통보 받게 되고 해당 날짜에 측량 장소로 가면 된다. 측량을 할 때는 꼭 장소에 가서 제대로 측량을 하는지를 살펴보는 것이 좋다. 자신의 토지와 다른 사람의 토지 경계 부분에 빨간 못 등을 박아 표시를 하는데, 만약 현장에 가지 않으면 어디가 자신의 땅인지를 모를 수도 있다.

분할측량

분할측량은 1필지의 토지를 여러 개로 나누는 측량으로 주로 1필지의 토지 일부에 건축을 하거나 나누어 매각하는 경우, 혹은 1필지에 다양한 건축을 하여 따로 매매하는 경우 등 토지를 나눌 때 사용하는 측량이다.

분할측량은 1필지의 땅을 2필지 이상으로 나눌 때 실시하는 측량이다. 분할측량을 신청할 때는 한 가지 과정이 더 필요하다. 해당 시·군·구청 도시과에 분할을 위한 개발행위허가신청을 해 허가증을 발급받아야 하는 것이다. 허가를 받는 데는 약 7~15일이 걸린다. 이 과정을 통해 분할측량 허가를 받으면 한국국토정보공사의 측량접수창구로 가야 한다. 이때 필요한 서류는 토지대장, 토지이용계획확인서, 지적도, 신분증 정도다.

제출할 지적도에는 분할 예정선을 표시해 두는 것이 좋다. 만약 매매를 목적으로 분할신청을 할 경우에는 그 증거가 될 매매계약서 사본도 제출해야 한다.

기타 측량

등록전환(임야를 일반번지로 전환)측량, 신규등록측량(공부상 등록되지 않은 토지를 등록할 때), 도근측량, 삼각측량 등이 있다.

지적측량 프로세스

① 지적측량을 신청하고자 하는 자는 측량 사유를 기재한 지적측량신청서를 대행법인에게 제출.

② 대행법인이 지적측량신청을 받은 때에는 지적측량 수수료를 징수하고, 측량예정일시가 기재된 영수증을 측량신청인에게 교부하여야 하며 측량기간·측량일시 및 수수료 등을 기재한 지적측량대행계획서를 측량신청 그 다음날까지 소관청에 제출.

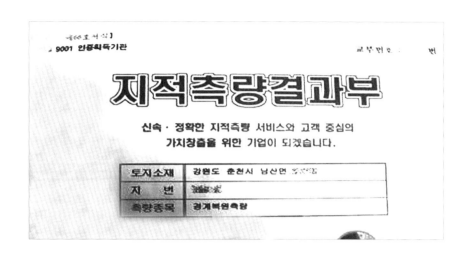

③ 대행법인은 지적공부정리를 하여야 하는 지적측량신청을 접수한 때에는 신청자에게 지적공부정리 및 지적공부등본교부신청을 위임할 수 있다는 설명을 하고, 신청인으로부터 위임을 받았을 때에는 신청의 모든 절차를 대행인 경우, 신청서 여백에 "신청위임"이라고 붉은색으로 기재하고, 소유자의 서명 또는 날인을 받아야 한다.

④ 임야대장에 등록된 지목으로 등록전환측량을 신청하는 경우, 토지소유자의 필요에 의하여 분할신청을 하는 경우 또는 분할이 주된 지목의 사용목직에 적합한 경우에는 위 항복에도 불구하고 첨부서류가 없음에 유의한다.

지적측량 및 측량검사 기간

측량기간	측량검사 기간
5일	4일
지적기준점을 설치해 측량 또는 측량검사를 하는 경우 지적기준점이 15점 이하인 경우 4일, 15점 초과하는 경우 4일에 15점을 초과하는 4점마다 1일을 가산	

지적측량신청 과정

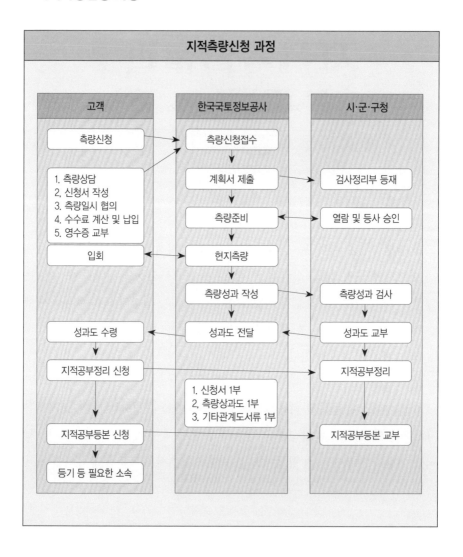

지적측량신청 과정

고객	한국국토정보공사	시·군·구청
측량신청	측량신청접수	
1. 측량상담 2. 신청서 작성 3. 측량일시 협의 4. 수수료 계산 및 납입 5. 영수증 교부	계획서 제출	검사정리부 등재
	측량준비	열람 및 등사 승인
입회	현지측량	
	측량성과 작성	측량성과 검사
성과도 수령	성과도 전달	성과도 교부
지적공부정리 신청		지적공부정리
	1. 신청서 1부 2. 측량상과도 1부 3. 기타관계도서류 1부	
지적공부등본 신청		지적공부등본 교부
등기 등 필요한 소속		

지적측량 성과도 예시(1)

분할측량성과도

○ 교부번호 1번

토자소재	시　　읍　　동 군　　448-1 1필지 구　　면　　리		축적= 1/600	용도	지역 외
측량자	2000년 6월 30일	검사자	2019년 7월 3일		
	지적기사　홍 길 동 (인)		지적기사　　　　　　(인)		

지번	지목	면적(㎡)	분할측량결과도에 의하여 작성하였습니다.
448-1	대	325.1	2019년 7월 3일
448-5	대	325.1	시장
계		621.2	군수 구청장
비고			필지 수가 많은 경우에는 지번·지목 및 면적을 조서로 작성하여 첨부할 수 있습니다.

지적측량성과도 예시(1)

구분 종목별	기준			토지 개별공시지가별						
	토지 구분	단위	면적별 (㎡)	5,000원 이하	5,001~ 1,000원	15,001~ 30,000원	30,001~ 100,000원	100,001~ 1,000,000원	1,000,001~ 5,000,000원	5,000,001~ 10,000,000원
분할 측량	토지 (도해)	1필지 (분할 후)	1,500	181,000	220,000	259,000	337,000	388,000	414,000	440,000
	임야 (도해)	1필지 (분할 후)	5,000	228,000	277,000	326,000	424,000	489,000	522,000	554,000
	수치	1필지 (분할 후)	1,500	176,000	213,000	251,000	326,000	376,000	402,000	427,000
경계 복원 측량	토지 (도해)	1필지	300	277,000	337,000	396,000	515,000	594,000	634,000	673,000
	임야 (도해)	1필지	3,000	346,000	420,000	494,000	642,000	741,000	790,000	840,000
	수치	1필지	300	239,000	290,000	341,000	443,000	511,000	546,000	580,000
지적 현황 측량	토지 (도해)	1필지 (분할 후)	1,500	163,000	198,000	233,000	303,000	349,000	373,000	396,000
	임야 (도해)	1필지 (분할 후)	5,000	206,000	250,000	294,000	382,000	441,000	470,000	500,000
	수치)	1필지 (분할 후)	1,500	157,000	191,000	225,000	292,000	337,000	360,000	382,000
도시 계획선 명시 측량	토지 (도해)	1필지	300	277,000	337,000	396,000	515,000	594,000	634,000	673,000
	임야 (도해)	1필지	3000	346,000	420,000	494,000	642,000	741,000	790,000	840,000
	수치	1필지	300	239,000	290,000	341,000	443,000	511,000	546,000	580,000

• 분할측량, 경계복원측량, 지적현황측량, 도시계획선명시측량의 기본 단가는 토지개별공시지가 기본구간(15,001원
~30,000원)의 단가를 말한다. (금액단위 :   원)

구분 종목별	기분				지역별		
	토지구분		단위	면적(㎡)	군 지역	시 지역	구 지역
심규등록측량	도해	토지	1필지	1,500	396,000	558,000	627,000
		임야	1필지	5,000	498,000	662,000	741,000
	수치		1필지	1,500	380,000	534,000	604,000

등록전환측량	도해	토지	1필지	1,500	474,000	668,000	755,000
	수치		1필지	1,500	492,000	692,000	780,000
축척변경측량	도해	토지	1필지	1,500	341,000	483,000	544,000
		임야	1필지	5,000	430,000	570,000	636,000
	수치		1필지	1,500	363,000	517,000	581,000
지적불부합지 조합측량	도해	토지	1필지 (분할 후)	1,500	240,000	318,000	358,000
		임야	1필지 (분할 후)	5,000	304,000	377,000	420,000

(금액단위 : 원)

토지분할과 토지거래에서 경계측량이 반드시 필요한 이유

윤 씨는 소유하고 있는 단독주택(서울 종로구 연지동 소재)을 팔기 위해 매매계약서를 썼다가 되레 위약금을 물게 될 처지가 됐다. 문제는 매수자인 정 씨가 이 집의 일부가 옆집 땅을 침범했다는 사실을 알고 법원에 소송을 제기하면서 불거졌다.

정 씨는 '주택 일부가 옆집 토지를 침범한 사실을 알려주지 않았으므로 계약 위반'이라며 윤 씨를 상대로 법원에 손해배상 청구소송을 냈고, 법원에서는 "윤 씨는 위약금으로 1억 원을 지급하라."며 정씨의 손을 들어줬다.

법원은 "윤 씨가 옆집 소유자와 협의해 경계분쟁을 해결하거나 매매대금을 감해 주려는 노력을 해야 하지만 침범 사실조차 부정하는 등 신의원칙상 협력의무를 위반한 책임이 인정된다."고 밝혔다.

지적도상 땅 경계와 실제 땅 경계가 일치하지 않는 지역에서 '이웃의 담장이 내 땅을 침범했다.'는 식의 분쟁이 끊이지 않는다. 이는 현행 지적도(땅의 경계를 공시하는 서류)가 일제강점기에 도쿄를 기준으로 측량을 해서 작성된 것으로 실제와 차이가 크기 때문에 발생한다. 지적도상 한반도 위치 자체가 실제와 494미터나 다르다는 것이다. 이로 인해 땅 주인 간에 분쟁도 잇따른다.

최 씨도 같은 이런 경우다.

2003년 그는 인천시 강화군 장화리 소재 임야 5,000평을 평당 35만 원에 매입했다. 정면으로 낙조를 조망할 수 있는 땅으로 친지들과 동호인 주택을 지을 요량이었다.

그런데 2004년 7월 최 씨 앞으로 난데없이 '토지인도청구소송장'이 날아들었다. 최 씨의 땅과 경계를 맞대고 있는 토지소유자가 "자신의 땅(11평)을 침범 당했다."며 소송을 제기한 것이다.

이런 토지경계 분쟁은 주택이 빽빽하게 들어선 도심 주거지역에서 더 빈발하는 편이다.

서울 노원구 공릉동에 사는 강 씨는 앞집에 사는 서 씨가 자기 땅이라며 담장을 허물고 윤 씨 마당 일부에 차고를 지으면서 졸지에 금싸라기 땅 5평을 내주게 되면서 골치를 썩게 되었다. 강 씨는 앞집에 내준 면적만큼 뒷집으로부터 땅을 되찾을 생각이다.

이런 경우 땅 경계만 달라질 뿐이지 면적은 크게 달라지지 않아 당장 손해를 보는 것은 아니다. 하지만 언제든지 분쟁이 일어날 수 있는 만큼 주의가 필요하다. 도심지역에서 집을 살 때는 먼저 서류상 땅 면적과 실제 면적이 일치하는지 확인해야 한다. 가장 확실한 방법은 한국국토정보공사에 의뢰해 측량을 해보는 것이다.

측량의 종류에는 경계측량, 분할측량, 현황측량 등이 있다. 이 중에서 경계측량은 내 땅이 어디까지인지 파악해볼 수 있다. 하지만 경계측량은 수수료가 만만치 않아 정식 매매계약을 체결하기 전까지는 매도·매수자 모두 측량 신청을 꺼리는 편이다. 때문에 부동산 매매계약을 체결할 때 계약서에 '매매대금의 지급은 실측면적기준'이라는 약정을 단서조항으로 명기하는 것이 좋다. 이 경우 계약을 체결한 후 땅 면적을 확인하기 위한 측량비용은 대개 매수인 부담으로 한다.

경계측량을 할 땐 땅의 전후좌우로 경계를 맞댄 땅 주인들에게 사전에 측량 예정일을 통보해 입회시키는 게 좋다. 이때 인접 토지소유자의 입회 장면을 사진으로 찍어두고 확인서까지 받아두는 게 더 좋다.

개발행위허가기준에 따른 토지 리모델링 검토

개발행위허가기준이란 무엇인가?

토지이용과 관련된 개발행위 중 도시계획 차원에서 검토가 필요하거나 관리하는 것이 타당하다고 판단되는 경우에는 특별시장·광역시장·시장 또는 군수의 허가를 받도록 하고 있는 '개발행위허가제도'를 말한다.

이 개발행위허가제는 계획의 적정성, 기반시설의 확보 여부, 주변 환경과의 조화 등을 고려하여 개발행위에 대한 허가 여부를 결정함으로써 난개발을 방지하고자 2000년 도시계획법 전면개정 시 법률에 명시하여 도시지역에 한하여 처음 도입되었으며 2002년 국토계획법 제정에 따라 전 국토로 확대하여 선계획-후개발 체계를 확립하였다.

법규에서 규정하고 있는 개발행위는 아래와 같은 5가지 유형이 있다.

① 건축물의 건축 또는 공작물의 설치	② 토지의 형질 변경 　(경작을 위한 토지의 형질변경은 제외)
③ 토석의 채취 　(토지의 형질변경을 목적으로 하는 것은 제외)	④ 토지 분할
⑤ 녹지지역·관리지역 또는 자연환경보전지역에 물건을 1개월 이상 쌓아 놓는 행위 　(이를 제외한 지역에서는 물건을 1개월 이상 쌓아도 허가를 거치지 않음)	

개발행위허가의 이해

공공시설이 아직 정비되지 않는 상태에서 좁은 도로를 따라 공장이나 부대시설의 난립 가능성이 있다.
이로 인해 산발적인 건립으로 토지가 비효율적으로 이용되거나 반대로 지나치게 밀집되어 교통안전과 방재 등이 불안해질 가능성이 높다. 또한 열악한 노동환경이 생산성 향상을 저해할 수 있다.

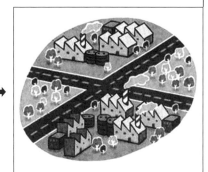

계획적인 개발로 난개발을 방지하고 도로, 공원 등 공공 시설을 정비함으로써 안전하고 쾌적한 환경이 조성되도록 유도할 수 있다.

▶ 절토 · 성토 · 정지 · 포장 등의 방법으로 토지의 형상을 변경하는 행위와 공유수면의 매립
(경작을 위한 토지의 형질변경은 제외)

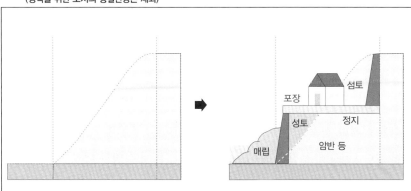

▶ 절토 : 평지나 평면을 만들기 위하여 흙을 깍아 내는 일
▶ 성토 : 종전의 지반 위에 다시 흙을 돋구어 쌓는 것
▶ 매집 : 연안의 겉은 수역에 토사를 운반하여 지반을 높이고 새로운 육지를 만드는 것
▶ 정지 : 흙을 이동시켜 수평 또는 균일 경사의 지표면을 조성하는 것
▶ 포장 : 길바닥에 아스팔트, 돌, 콘크리트 등을 깔아 단단하게 다져 꾸미는 일

지목변경

관계법령에 의해 인·허가를 받은 사업의 수행으로 형질변경이 되거나 건축물의 공사가 완료된 토지가 그 대상이며 또한 건축물 용도가 다른 용도, 목적으로 변경되어지는 경우도 지목변경의 대상이다. 변경신청은 60일 이내에 해야 한다.

준공절차가 없는 형질변경인 때는 그 원인을 증명하는 서류를, 준공절차가 있는 형질변경인 때는 완료 상태의 모습을 증명하는 서류를 각기 첨부한다.

지목변경을 하기 위해서는 소정의 비용이 발생한다. 일종의 토지이동을 신고(등록전환 및 지목변경) 하는 데 드는 비용이다. 예컨대 아파트 등 지상물을 이전할 때 생기는 '이사비용'과 같다고 할 수 있다.

지목변경은 형질변경 등의 공사가 준공되어 있을 때 작업이 가능하며, 시·군·구청 지적과에 지목변경신청서를 제출하면 된다.

지목변경 자체는 돈이 들지 않지만 건축행위와 등록전환을 위한 측량비로 수십만 원의 비용이 필요하다. 지자체마다 비용의 차이가 심해, 관할 토목측량설계사무소에 들러 문의해야 한다.

집을 짓거나 건축을 하려면 '대'로 되어 있어야 수월하지만 다른 지목으로 되어 있다 해도 영영 집을 못 짓는 건 아니다. 위에 설명한 대로 지목을 변경하면 된다.

해당 토지의 전체적인 성격을 전하는 용도지역을 바꾸는 것이 어려울 뿐 지목변경은 사실상 특수한 경우를 제외하고는 비교적 수월하다.

소로개설

고속국도, 일반국도, 특별시도, 광역시도, 지방도, 시도, 군도, 구도 등 도로법과 상관없는 비법정도로를 말한다. 즉 이면도로나 마을 안길, 농로 등을 말하며, 이를 통해 맹지도 개발할 수 있다. 길 없는 상태의 도로를 맹지라고는 하시만 설망직인 상태가 아니라면 희망은 있다. 인근 주변의 모습을 자세히 보고 나서 판단하도록 한다.

인근에 공단이 건설 중이거나 계획이 되어 있다면 맹지에 관한 도로계획을 세울 수가 있다. 소로개설을 통한 분할 시 반드시 도로가 접하게 분할해야 한다.

건축물이 있는 대지를 구입하여 몇 개의 작은 필지로 분할하고자 할 경우 공간정보관리법과 건축법에서 정하는 규모 이하로 분할이 불가능하다. 분할되는 토지는 일정한 너비의 도로에 접하도록 분할해야 한다.

모든 대지는 건축법에서 정하는 너비의 도로에 2미터 이상은 반드시 접해야 한다. 이때 통과도로일 때는 최소 4미터 이상의 너비가 되어야 하며, 막다른 도로일 경우에는 그 막다른 도로 길이에 따라 2~6미터 너비의 도로가 확보되어야 한다.

큰 토지를 분할하여 여러 개의 작은 필지로 만들기 위해서는 막다른 도로가 생기는 경우가 많다. 이때에도 모든 대지는 도로에 2미터 이상씩 접하도록 분할되어야 한다.

분할된 대지는 매매로 소유권의 변경이 있었으나 사도는 대부분 매매를 하지 않고 당초 소유자 명의로 되어 있는 경우가 많다. 이 경우 사도 부분에 대하여 소유권을 주장하거나 통행을 방해할 수는 없다. 이의 사용에 대한 보상금 등을 요구할 수 없도록 민법 제 220조 규정에서 정하고 있다. 왜냐하면 대형 대지를 분할할 때 그 사도를 사용할 권리까지 분할된 대지에 함께 내포되어 있기 때문이다.

개발행위허가기준에 따른 토지분할 허용 여부

   토지분할은 지적공부에 등록된 1필지를 2필지 이상으로 나누어 등록하는 것으로서, 소유권 이전, 매매 등을 위하여 필요한 경우거나 토지이용에 있어 불합리한 지상경계를 시정하기 위한 경우에는 지적소관청에 토지분할을 신청하여 이루어진다.

   과거에는 법원의 확정판결에 따라 토지분할을 신청할 수 있었으나, 편법적인 토지분할을 막기 위하여 법원의 확정판결을 받은 경우라도 관계법령상 분할허가를 받아야 분할신청이 가능하도록 하였다.

   국토계획법에서는 다음에 해당하는 토지를 분할할 수 있으며, 건축물이 있는 대지는 제외하고 있다. 토지분할은 국토계획법에 의한 개발행위에 해당된다.

   첫째, 녹지지역·관리지역·농림지역 및 자연환경보전지역 안에서 관계 법령에 따른 허가·인가 등을 받지 아니하고 행하는 토지의 분할은 개발행위허가 대상이다.

   관계 법령에 토지분할에 관해 허가·인가 등을 받도록 규정되어 있는 경우 이러한 허가·인가 등을 받지 않은 때에는 용도지역에 관계없이 토지분할이 불가능할 것이다. '관계 법령에 토지분할에 관한 허가·인가 등이 규정되어 있는 경우, 이러한 허가·인가 등을 받지 않고 행하는 개발행위로 토지분할'을 하는 것은 아무런 의미가 없다. 따라서 개발행위로서의 토지분할은 '관계 법령에 토지분할에 관한 허가·인가 등이 규정되어 있지 않은 경우'의 토지분할을 가리킨다.

   둘째, 건축법 제57조 제1항에 따른 분할제한면적 미만으로의 토지의 분할은 개발행위허가 대상이 된다.

또한 건축물이 있는 대지는 대지와 도로의 관계(건축법 제44조), 건축물의 건폐율(건축법 제55조), 건축물의 용적률(건축법 제56조), 대지 안의 공지(건축법 제58조), 건축물의 높이 제한(건축법 제60조) 및 일조 등의 확보를 위한 건축물의 높이 제한(건축법 제61조)에 따른 기준에 못 미치게 분할할 수 없다.(건축법 제57조)

이 경우 "건축물이 있는 대지"에는 이미 건축물이 완공되어 있는 경우뿐만 아니라 분할 당시 건축허가를 받아 건축물이 세워질 것이 확실시 되는 대지도 포함된다.(대법원 1978.3.28. 선고 77 누 249 판결)

이는 도시 내 필지가 소규모로 분할되는 경우, 소규모 건축물이 밀집하게 되어 소방·일조·통풍 등 안전·위생·환경에 문제가 생길 뿐만 아니라, 토지를 효율적으로 이용하는 데도 장애가 되므로, 이를 막고자 한 것이다.

국토계획법에서는 이러한 건축법의 취지와 일관성을 유지하기 위하여 토지분할에 대하여 개발행위허가를 받도록 하고 있다. 다만, 그 대상은 건축법 제57조의 규정에 의한 건축물이 있는 대지의 분할에 대하여는 건축법에 일임하고, 건축법 제57조의 적용대상에서 제외되는 건축물이 없는 대지로 한정하고 있다.

대지는 궁극적으로 건축물의 건축이 전제되므로, 나대지일지라도 이를 분할할 때에는 일정 규모 이상으로 하자는 취지이다.

셋째, 관계 법령에 의한 허가·인가 등을 받지 아니하고 행하는 너비 5미터 이하로의 토지의 분할은 개발행위허가 대상이다. 다만 개발행위 자체가 소규모여서 주변에 미치는 영향이 크지 않은 경우에는 허가를 받지 않는다. 이들 소규모 사항에 대하여 허가를 받도록 하는 것은 국민의 토지이용에 불편을 초래할 뿐 아니라, 행정의 비용 편익 차원에서도 편익보다는 비용이 많다고 보는 것이다.

개발행위허가 대상에서 제외하고 있는 경미한 토지분할 행위는 다음과 같

다. 다만 도시계획조례로 따로 정하는 경우에는 그에 따르도록 하고 있다.(국 토계획법 시행령 제53조)

① 사도법에 의한 사도개설허가를 받은 토지의 분할.
② 토지의 일부를 공공용지 또는 공용지로 하기 위한 토지의 분할.
③ 행정재산 중 용도폐지 되는 부분의 분할 또는 잡종 재산을 매각·교환 또는 양여하기 위한 분할.
④ 토지의 일부가 도시계획시설로 지형도면고시가 된 당해 토지의 분할.
⑤ 너비 5미터 이하로 이미 분할된 토지의 건축법 제57조 제1항의 규정에 의한 분할제한면적 이상으로의 분할.

토지분할을 위한 개발행위허가의 기준에 대해서는 다음과 같이 정하고 있다.

첫째, 용도지역 상향 등을 위한 토지분할은 제한할 수 있다. 즉 2 이상의 용도지역이 인접하고 있는 경우, 용도지역 상향을 목적으로 행위제한이 강한 지역의 토지를 분할하는 행위를 제한할 수 있다.

둘째, 녹지지역·관리지역·농림지역 및 자연환경보전지역 안에서 관계법령에 따른 허가·인가 등을 받지 아니하고 토지를 분할하는 경우에는 다음의 요건을 모두 갖추어야 한다.

① 건축법 제 57조 제1항에 따른 분할제한면적 이상으로서 도시계획조례가 정하는 면적 이상으로 분할할 것.
② 소득세법 시행령 제168조의 3 제1항 각호의 어느 하나에 해당하는 지역 중 토지에 대한 투기가 성행하거나 성행할 우려가 있다고 판단되는 지역으로

서 국토교통부장관이 지정·고시하는 지역 안에서의 토지분할이 아닐 것. 다만, 다음의 어느 하나에 해당되는 토지의 경우는 예외로 한다.

　가. 다른 토지와의 합병을 위하여 분할하는 토지.

　나. 2006년 3월 8일 전에 토지소유권이 공유로 된 토지를 공유지분에 따라 분할하는 토지.

　디. 그 밖에 토시의 분힐이 불가픠한 경우로서 다음에 해당되는 토지.

　가) 상속자 사이에 상속에 따른 토지를 분할하는 경우.

　나) 수로측량·수로조사 및 지적에 관한 법률 시행령 제65조 제1항 제2호에 따라 토지이용 상 불합리한 지상경계를 시정하기 위하여 토지를 분할하는 경우.

　다) 기존 묘지를 분할하는 경우.

　라) 국·공유의 잡종재산을 매각·교환 또는 양여하기 위하여 토지를 분할하는 경우.

　마) 농업·축산업·임업 또는 수산업을 영위하기 위한 경우로서 토지분할이 제한되는 지역 안의 주민 사이에 토지를 상호 교환·매각 또는 매수를 위하여 토지를 분할하는 경우.

③ 토지분할의 목적이 건축물의 건축 또는 공작물의 설치, 토지의 형질변경인 경우 그 개발행위가 관계법령에 따라 제한되지 아니할 것.

셋째, 건축법 제57조 제1항에 따른 분할제한면적 미만으로 분할하는 경우에는 다음 기준에 해당하여야 한다.

① 녹지지역·관리지역·농림지역 및 자연환경보전지역 안에서의 기존 묘지의 분할.

② 사설도로를 개설하기 위한 분할.(사도법에 의한 사도개설허가를 받아 분할하는 경우를 제외한다.)

③ 사설도로로 사용되고 있는 토지 중 도로로서의 용도가 폐지되는 부분을 인접 토지와 합병하기 위하여 하는 분할.

④ 토지이용에 있어 불합리한 토지경계선을 시정하여 당해 토지의 효용을 증진시키기 위하여 분할 후 인접 토지와 합필하고자 하는 경우에는 다음에 해당할 것. 이 경우 허가신청인은 분할 후 합필이 되는 토지의 소유권 또는 공유지분을 보유하고 있거나 그 토지를 매수하기 위한 매매계약을 체결하여야 한다.

> 가. 분할 후 남는 토지의 면적 및 분할된 토지와 인접 토지가 합필된 후의 면적이 분할제한면적에 미달되지 아니할 것.
> 나. 분할 전후의 토지면적에 증감이 없을 것.
> 다. 분할하고자 하는 기존토지의 면적이 분할제한면적에 미달되고, 분할된 토지와 인접 토지를 합필한 후의 면적이 분할제한면적에 미달되지 아니할 것.

넷째, 주변 토지이용 및 도로조건과의 조화가 이루어져야 한다.

건축물을 건축하기 위하여 토지를 분할하는 경우, 주변 토지이용 및 도로조건을 종합적으로 검토하여 주변 지역과 현저한 부조화를 이룰 수 있는 과소·과대 필지가 되지 않도록 한다. 또한 너비 5미터 이하로의 토지분할은 주변 토지의 이용 현황과 분할되는 토지의 용도 등을 감안하여 토지의 합리적인 이용을 저해하지 않는 범위에서 허용한다.

실무로 보는 토지분할 과정 따라가기

토지의 분할 절차 분석

측량의뢰	토지분할측량 (5일 이내)	측량성과검사 및 성과도교부 (4일 이내)	토지분할신청 (3일 이내)	지적공부정리 및 등기촉탁
토지소유자 (전화, 팩스 등 신청 가능)	한국국토정보공사 및 측량업자에게 신청	• 측량성과 적정성 여부 검토 • 관련부서 협의	토지소유자	• 토지대장 및 지적도 정리 • 등기완료 후 등기 완료의 통지서 송부

① 군청(시청)에 설치된 한국국토정보공사 창구에 토지분할 목적의 현황측량을 신청한다. 측량신청은 직접 방문을 해도 되고, 전화나 인터넷으로도 가능하다. 신청 접수를 하면 비용을 알려준다.

② 한국국토정보공사에서 측량 가능한 날짜를 알려준다. 날짜는 절충이 가능하며, 이해관계인이 모두 입회하는 것이 좋다.

③ 분할을 위한 현황 측량은 현장에서 이해관계인이 가리키는 대로 선을 그어주는 게 전부다.

④ 수 일 후 분할측량성과도가 나온다.

직접 한국국토정보공사에 방문해서 받거나 우편으로 받을 수도 있다. 성과도에는 가분할 선이 표시되고 분할되는 토지의 정확한 면적이 표시된다.

현황측량 후 후일 '분할측량'을 별도로 하는데, 현황측량의 가분할 결과를
그대로 이용하면 분할측량 시에는 비용의 10%만 더 내면 되고, 현황측량 결
과를 변경하면 처음부터 다시 현황측량을 하게 되므로 비용이 이중으로 소요
된다.

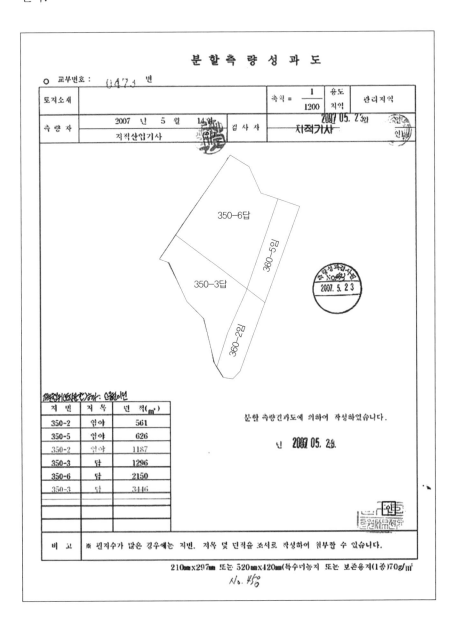

⑤ 현황측량 결과를 이용해 개발행위허가신청을 한다.

허가신청 서류는 군청(시청) 민원접수창구에 제출하고, 업무처리는 허가과에서 처리한다. 비용은 없다.

⑥ 약 일주일 정도 기다리면 허가가 완료되었으므로 찾아가라는 연락이 온다.

⑦ 개발행위 토지분할 허가가 나면 앞에서 설명한 대로 한국국토정보공사에 분할측량을 신청한다. 비용은 10% 가량이다. (현황측량+분할측량 비용이 100이라면, 현황측량을 할 때 90, 분할측량을 할 때 10 정도로 보면 된다.)

⑧ 분할측량은 약 2주 정도 소요된다.

분할측량결과가 나오면, 이를 가지고 지적민원 창구에 가서 지적 공부정리 신청을 하면 지적도와 도지대장이 정리된다.

⑨ 군청(시청) 토지공부가 정리되면 이를 가지고 등기부등본 분필등기 신청을 한다. 소유권 이전절차가 수반되지 않는 분필등기는 약 6만 원 정도의 비용이 든다.(등록. 교육세+법무사 서기비용, 필지가 많으면 추가됨.)

사례로 보는 토지분할 가계획도 작성의 이해

단일 필지의 토지를 여러 명이 공동으로 사용하기 위해서 토지분할은 필수 과정이다. 사실 토지분할은 토지활용 면에서도 필수적이며 개발에 필연적인 과정이다

아래에 사례로 든 토지는 3,000평짜리 단일 필지였는데 약 8개월에 걸쳐 15개 필지로 분할되었고 9개의 주택부지가 만들어졌다. 지금부터 그 과정을 살펴보자.

① 토지이용 가계획도 작성.

② 일부 필지 대분할.(가계획도의 도로예정선을 적용하여 일부 분할)

③ 도로개설을 위한 인·허가 접수.

④ 인·허가에 의한 도로분할.

⑤ 도로분할을 종료 한 후 도로와 접한 미분할 필지 분할.

토지분할은 매매에 의한 분할과 인·허가를 득한 후 허가증과 허가도면을 첨부하여 분할접수를 하면 분할 허가를 받을 수 있다. 목적사업이 분명하고 법적이며 실현 가능하다고 판단되면 제한이 없다. 어려운 것이 아니고 쉽다고 보아도 된다.

토지이용 가계획도 작성

토지분할 계획도

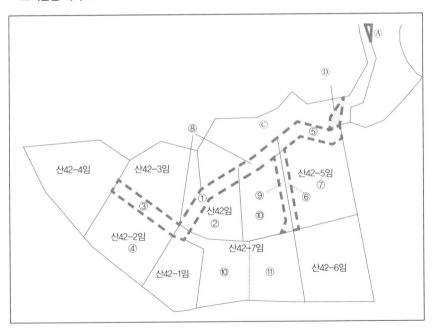

① 분할 전 단일필지 상태

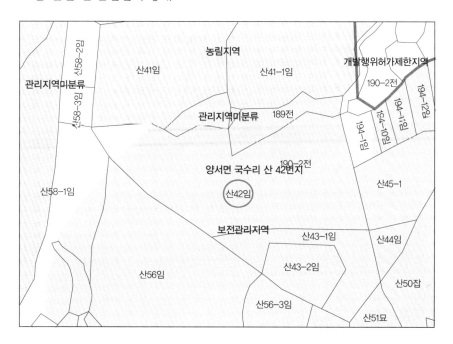

② 가계획에 의한 도로선을 중심으로 일부 필지 매매에 의한 분할신청.

③ 189-3번지 및 189-5번지로 인허가 신청을 하여 도로분할 실시.

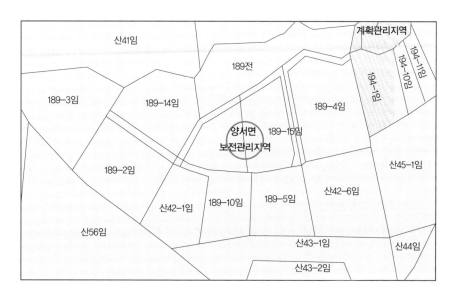

④ 하단 최종 분할 정리된 도면

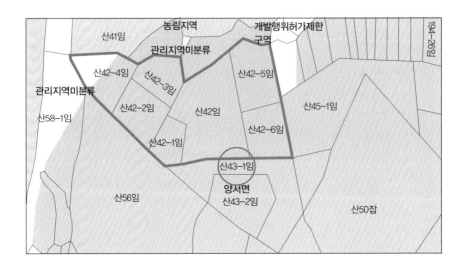

토지분할 절차 정리 요약

① 분할을 위한 개발행위허가신청 : (개발행위허가서 첨부파일 참고)

- 개발행위(분할목적)신청서
- 토지이용계획도(분할계획도)
- 토지등기부등본

② 개발행위허가 득(분할목적)

③ 개발행위허가증을 첨부하여 한국국토정보공사에 분할신청 : 신청 후 약 7-10 일 소요

④ 분할측량 실시(현장에 분할지점 말목표시)

⑤ 분할성과도 발급(분할측량 실시 후 약 7일 정도 소요)

⑥ 분할성과도 발급(직접 수령 또는 우편수령)

⑦ 분할성과도를 첨부하여 군청민원실에 지적정리 접수: (신청서 첨부파일 참고)

⑧ 지적정리 통보(문자 또는 우편으로)

⑨ 지적정리는 토지(임야)대장 정리 → 지적도 정리 → 등기부등본 변경 순
  으로 정리

　토지(임야)대장에는 정리가 되었으나 정리 사항을 해당 군에서 등기소로 촉
탁등기 하는 시일이 보통 15일 정도 소요되므로 등기부등본 발급은 대장 발
급보다 늦어진다. 급히 등기부등본이 필요하다면 약간의 비용으로 즉시 처리
도 가능하다.

개발행위(토지분할)허가 구비서류

① 개발행위(토지분할)허가신청서 1부 : 해당 서식 있음.

② 토지분할사업계획서 1부 (해당 서식 있음)

③ 매매의 경우 : 매매계약서 원본 (특히, 매도인은 반드시 인감도장확인), 인감증
명서(매도인-부동산매도용 인감증명서, 매수인-일반 인감증명서)

　공유지분 분할의 경우 : 분할동의서 (인감도장으로 날인) 인감증명서 (공유자 전
원 필요)

④ 가분할 도면(공유지 분할의 경우 도면에 인감도장으로 본인 토지에 확인 필요)

⑤ 등기부등본, 토지(임야)대장, 지적도(임야도), 토지이용계획확인원

인·허가 업무처리 흐름 한눈에 보기

분할 개발행위신청 인허가 업무처리도

처리기간	5일

민원 신청서 및 구비서류	① 신청서 1부. ② 사업계획서 및 도서(토지의 종.횡 단면도) 1부. ③ 토지의 소유권 신청인이 당해 토지를 사용할 수 있음을 증명하는 서류 1부. ④ 토지의 형질변경으로 건축물을 건축하는 경우에는 당해 건축물의 용도 및 규모를 기재한 서류 1부.

심사기준
(현장조사 후)
도시개발과
	1. 국토의 계획 및 이용에 관한 법률 시행령 제 56조
	  1) 공통분야
	    • 조수류·수목 등의 집단서식지가 아니고, 우량농지 등에 해당하지 아니하여 보전의 필요가 없을 것
	    • 역사적·문화적·향토적 가치, 국방상 목적 등에 따른 원형보전의 필요가 없을 것
	    • 토지의 형질변경 또는 토석채취의 경우에는 표고·경사도·임상 및 인근 도로의 높이, 배수 등을 참작하여 도시계획조례가 정하는 기준에 적합할 것
	  2) 도시관리계획
	    • 용도지역별 개발행위의 규모 및 건축제한 기준에 적합할 것
	    • 개발행위허가제한지역에 해당하지 아니할 것
	  3) 도시계획사업
	    • 도시계획사업부지에 해당하지 아니할 것(제 61 조의 규정에 의하여 허용되는 개발행위 제외)
	    • 개발시기와 가설시설의 설치 등이 도시계획사업에 지장을 초래 하지 아니할 것

심사기준
(현장조사 후)
도시개발과
	4) 주변지역과의 관계
	    • 개발행위로 건축 또는 설치하는 건축물 또는 공작물이 주변의 자연경관 및 미관을 훼손하지 아니하고, 그 높이·형태 및 색채가 주변건축물과 조화를 이루어야 하며, 도시계획으로 경관계획이 수립되어 있는 경우에는 그에 적합할 것
	    • 개발행위로 인하여 당해 지역 및 그 주변지역에 대기오염·수질 오염·토질오염·소음·진동·분진 등에 의한 환경오염·생태계 파괴·위해발생 등이 발생할 우려가 없을 것. 다만, 환경오염· 생태계파괴·위해발생 등의 방지가 가능하여 환경오염의 방지, 위해의 방지, 조경, 녹지의 조성, 완충지대의 설치 등을 허가조건으로 붙이는 경우에는 그러하지 아니하다.
	    • 개발행위로 인하여 녹지축이 절단되지 아니하고, 개발행위로 배수가 변경되어 하천·호소·습지로의 유수를 막지 아니할 것
	  5) 기반시설
	    • 대지와 도로의 관계는 건축법에 적합할 것
	  6) 그 밖의 사항
	    • 공유수면매립의 경우 매립목적이 도시계획에 적합할 것
	    • 토지의 분할 및 물건을 쌓아놓는 행위에 입목의 벌채가 수반되지 아니할 것

처리주무부서	토지/지적

민원과 업무명	토지분할	신청방법	

민원설명	분할은 지적공부상에 1필지로 등록된 토지를 2필지 이상으로 나누어 등록하는 것을 말합니다. 분할신청대상 – 소유권 이전.매매 등을 위하여 필요한 경우 – 토지이용상 불합리한 지상경계를 시정하기 위한 경우 – 1필지의 일부가 용도가 다르게 된 경우 토지소유자는 60일 이내에 관할 구.군청에 분할신청을 하여야 합니다.

근거법령	측량 · 수로조사 및 지적에 관한 법률 (제79조) 측량 · 수로조사 및 지적에 관한 법률 시행령 (제65조) 측량 · 수로조사 및 지적에 관한 법률 시행규칙 (제83조 별지75호)					

1. 농지법 및 산지관리법 저촉여부

구비서류	1.토지(임야)분할신청서 1부 2.분할허가 대상인 토지의 경우에는 그 허가서 사본 1부 3.법원의 확정판결에 의하여 분할하는 경우에는 확정판결서 정본 또는 사본 1부					
처리절차	접수	처리주무부서	협의경유기관	처리기관	교부	기타
	지적과	지적과		3일		
업무처리 흐름도	측량실시 → 측량성과 검사 → 측량성과도 발급 → 지적공부정리 → 등기촉탁 → 등기완료 통지서 송부					
수수료	정부수입인지	도수입증지	시수입증지	지역개발공채	면허세	기타 비용
	1400원 (1필지)					
심사기준	분할제한					
유의사항	− 지상건축물을 침범하거나 관통하게 경계설정 불가 − 토지의 효율적인 이용을 위하여 국토의 계획 및 이용에 관한 법률, 건축법, 농지법 등 관련 　법규 분할이 제한 되는 경우는 분할이 불가합니다.					
이의신청방법						
신청서식	토지이동신청서					
기타 참고사항						

2. 농지전용 및 산림형질변경 협의(의제)

3. 공장의 경우 업종관련 구분

환경보호과	1. 수질보전특별대책지역 내 입지 가능 여부 2. 오수처리시설 설치 관련
도로사업과	1. 도로점용 협의(의제) 2. 도로구역 내 행위에 대한 협의
건축과	1. 관련법 저촉 여부 처리절차 　− 처리흐름도 　　신청서작성 (민원인) → 접수 (시청 종합민원실) → 신청서 검토·조사 실과소 협의 (현지 　　확인) → 기안결재 → 허가증교부

개발행위허가신청서				처리기관	
□공작물설치 □토지형질변경 □토석채취 ■토지분할 □물건적치				15일	

신청인	성명 (법인인 경우 그 명칭 및 대표자 성명)			주민등록번호 (법인등록번호)	
	주소	우) 전화)			

허가신청사항						
위치(지번)					지목	
용도지역					용도지구	
신청내용	공작물설치	신청면적			중량	
		공작물구조			부피	
	토지형질변경	토지현황	경사도		토질	
			토석매장량			
		입목식재현황	주요 수종			
			입목지		무입목지	
		신청면적				
		입목벌채	수종		나무 수	그루
	토석채취	신청면적			부피	
	토지분할	종전면적			분할면적	
	물건적치	중량			부피	
		품명			평균적치량	
		적치기간	년 월 일부터 년 월 일까지(개월간)			

개발행위목적							
사업기간	착공		년 월 일	준공		년 월 월

국토의 계획 및 이용에 관한 법률 제57조 제1항 및 같은 법 시행규칙 제9조에 따라 위와 같이 허가를 신청합니다.

2019년   월   일

신청인(서명 또는 인)
서울특별시장, 광역시장 귀하, 도지사

구비서류 : 뒷쪽 참조	수수료
	없음

구비서류

1. 토지의 소유권 또는 사용권 등 신청인이 당해 토지에 개발행위를 할 수 있음을 증명하는 서류(토지등기부등본의 경우 행정정보 공동이용 가능시 제출 생략)
2. 배치도 등 공사 또는 사업관련 도서(토지의 형질변경 및 토석채취인 경우에 한함)
3. 설계도서(공작물의 설치인 경우에 한함)
4. 당해 건축물의 용도 및 규모를 기재한 서류(건축물의 건축을 목적으로 하는 토지이 형질변경인 경우에 한함)
5. 개발행위의 시행으로 폐지되거나 대체 또는 새로이 설치할 공공시설의 종류 · 세목 · 소유자 등의 조서 및 도면과 예산내역서(토지의 형질변경 및 토석채취인 경우에 한함)
6. 국토의 계획 및 이용에 관한 법률 제57조 제1항의 규정에 의한 위해 방지 · 환경오염방지 · 경관 · 조경 등을 위한 설계도서 및 그 예산내역서(토지분할인 경우를 제외한다). 다만, 건설산업기본법 시행령 제8조 제1항의 규정에 의한 경미한 건설공사를 시행하거나 옹벽 등 구조물의 설치 등을 수반하지 아니하는 단순한 토지형질변경의 경우에는 개략설계서로 설계도서에, 견적서 등 개략적인 내역서로 예산내역서에 갈음할 수 있다.
7. 국토의 계획 및 이용에 관한 법률 제61조 제3항의 규정에 의한 관계 행정기관의 장과의 협의에 필요한 서류

이 신청서는 다음과 같이 처리됩니다.

신청인	처리기관	협의기관
	시 · 도(문화담당부서)	개발행위허가 담당부서

신청서 작성 ➡ 접수 ➡ 협의

⬇

검토

⬇

신청인에 통지 ⬅ 결재 ⬅ 동의

측량의뢰서

접수번호	접수일	측량일시	비고

신청인	성명		주민등록번호(사업자번호)
	전화번호		소유자와의 관계 본인
	E-—mail		
	주소		

토지소재		지번	지목	원면적 (㎡)	분할 후 예정 면적	축척	측량 종목	필지수	단가	수수료	용도 지역
구읍면	동·리										
	복대	1449	대	35,000		500	경계	1	1,000,000	1,000,000	주거

축량목적 또는 요망사항 경계확인

영수증 발급구분	측량성과도 받는 방법	비고
〔 〕 혐금영수증 〔 〕 세금계산서	〔 〕 본인수령 〔 〕 우송	

위와 같이 측량을 의뢰 합니다.

년   월   일

신청인   지적측량전문회사(서명 또는 인)
접수자 ㈜ 현대지적측량 과 장   ○○○ (서명 또는 인)

㈜ 현대지적측량 대표 귀하

첨부서류	없음

1. 일반 업무
2. 계약 업무(계약에 의한 경우에는 협의 또는 계약에 의한 기간)

처리절차

신청서 작성 — 접수 — 확인 — 측량 — 측량성과 검사 — 발급

위임장

토지소유자	성명		주민등록번호		
	주소			전화번호	
	측량종류				
피위임자	성명		주민등록번호		
	주소			전화번호	

지적업무처리규정 제18조 제1항의 규정에 의하여 위 사람을 대리인으로 정하고

위 지적측량 의뢰 및 현장 입회에 관한 모든 행위를 위임합니다.

년   월   일

위 임 자   (인)

㈜현대지적측량 대표이사 귀중

※지적측량 의뢰는 토지소유자만이 의뢰가 가능합니다.
  단, 부득이 소유자분이 지적측량 의뢰가 어려울 경우 위임장을 작성 하시어 지적측량 의뢰서에
  첨부하여 의뢰하여 주시면 가능합니다.

토지의 분할실무 요점

큰 땅을 잘라서 집을 짓는 사례에서 토지의 분할과정의 간략한 과정을 정리해 보면 다음과 같다.

- 토지를 이용할 목적의 가계획도를 작성한다.
- 일부의 필지를 대木분할 한다.
- 도로개설을 위한 인·허가신청서를 접수한다.
- 인·허가에 의한 도로를 분할한다.
- 도로 분할을 종료한 후 도로와 접한 미분할지를 분할한다.

사례를 통해서 보는 농지분할 절차

도로에 접한 주말농장과 맹지인 이웃 농지를 맹지탈출과 내 농지의 모양을 좋게 하기 위해서 농지를 분할 후 교환했던 절차를 요약해서 정리해보자.

1. 농지를 교환하기 위해 서로간의 농지를 분할측량을 실시.
   - 군청에 농지 분할을 위한 측량 요청. (지적공사에서 측량하러 나오면 두 필지의 자르고자 하는 부분을 가르쳐 주고 측량 실시)
   - 2주 정도 후에 분할측량성과도 수령. (A, B 농지의 자른 부분의 선으로 그어주고 각각의 면적을 표시)
2. 군청 지적과에 지적분할 신청. (측량성과도 첨부)
3. 군청 산업과에 개발행위허가 신청. (농지분할도 허가대상이라고 함.)
4. 14일 후에 지적분할이 되고 등기가 분리되어 있음. (군청에서 등기소에 촉탁 처리)

5. 각각 분리된 토지를 교환하는 소유권이전등기(교환) 신청 : 법무사에 의뢰하지 않고 두 사람이 같이 신청.

① 부동산교환 계약서 2장 작성
  • 일반 부동산 교환계약서 활용
  • 갑과 을의 토시소재지, 지목, 면적 기재, 갑을 이름, 주소, 주민등록번호를 기재 후 날인.
② 군청 지적과에서 교환계약서 2장에 대한 검인을 받고, 여분으로 2장을 복사해서 받음.
③ 군청 등록세 담당 창구에서 교환계약서 사본을 제출하고 토지별 각각 등록세, 취득세 고지서를 받음.
④ 은행에서 등록세 납부하고 영수증을 받음.
⑤ 교환 금액이 500만 원 미만일 경우 채권을 사지 않아도 됨.
⑥ 면사무소에서 각각의 농지취득증명서 발급.
⑦ 소유권이전등기 신청서(교환) 작성 :
• 등기소에서 양식 2부 받아서 소유권 이전받는 상대방의 토지를 기준으로 각각 작성.
• a-1, b-1로 분리된 토지를 교환하는 것이므로 각각 소유권 이전등기 신청하여야 함.
• 첨부서류
  - 주민등록등본 : A, B 소유주의 것 1통씩
  - 토지대장 : 취득하는 토지대장(군청에서 발급)
  - 인감증명(부동산거래용 : 상대방의 인적사항 기재) : 소유권 이전하는 상대방의 것 첨부 (군청에서 발급)
  - 농지취득증명서 (새로 취득하는 농지)
  - 등기필증 (취득하는 토지의 분할되기 전의 등기필증) : 분할된 토지에 의해서

는 등기필증이 새로 발급되지 않는다고 함.

⑧ 등기필증 수령 (새로이 취득하는 토지 번지와 분할되기 전의 토지 번지에 대한 등기 필증 각각 1부 씩)

▶▶▶ 농지법 제22조 (농지 소유의 세분화 방지)

농업생산기반정비사업(경지정리)이 시행된 농지는 다음 각 호의 어느 하나에 해당하는 경우 외에는 분할할 수 없다.

1. 도시지역의 주거지역·상업지역·공업지역 또는 도시계획시설부지에 포함되어 있는 농지 를 분할하는 경우.
2. 농지전용허가를 받거나 농지전용신고를 하고 전용한 농지를 분할하는 경우.
3. 분할 후의 각 필지의 면적이 2,000㎡를 넘도록 분할하는 경우.
4. 농지의 개량, 농지의 교환 · 분합 등 대통령령으로 정하는 사유로 분할하는 경우.

농지법 시행령 제23조 (농지를 분할할 수 있는 사유)

1. 농지를 개량하는 경우.
2. 인접농지와 분합하는 경우.
3. 농지의 효율적인 이용을 저해하는 인접토지와의 불합리한 경계를 시정하는 경우.
4. 농업생산기반정비사업을 시행하는 경우.
5. 농지의 교환 분할을 시행하는 경우.
6. 농지이용증진사업을 시행하는 경우.

그러나 지분으로 취득한 이후 지분분할청구소송을 통하여 지분소유자간에 합의가 되면 판결 에 의하여 분할이 가능 할 수 도 있다. 분할이 가능한지 여부는 공부상 서류를 가지고 해당 지 역의 설계사와 상의해보는 것이 좋다.

토지분할 허가기준은 어떻게 바뀌었을까?

제정 목적

- 최근 농업법인이 농업경영 목적 외로 토지 쪼개기를 통한 부동산 투기사

례가 발생하고,

　• 부동산 거래가격이 대폭 상승으로 토지분할 후 시세차익을 노려 매각하는 부동산 투기사례 등이 발생함에 따라

　• 관계법령에 따른 인·허가 없이 분할하는 경우 토지분할을 제한하는 기준을 시행함으로써

　• 중산간지역 등 무분별한 난개발 및 부동산 투기를 방지하기 위함이다.

구분	용도지역	기준면적
도시지역	주거	180㎡
	상업	200㎡
	공업	660㎡
	녹지	100㎡
	미세분	90㎡
	임야	1,000㎡
도시지역 외 지역	농지	500㎡
	기타	250㎡

[별표 1] 택지 형태의 분할 제한 사례

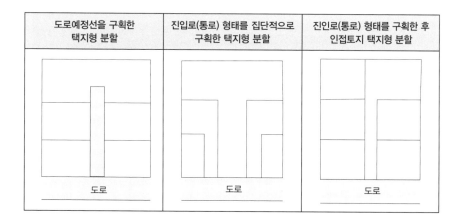

토지분할 사업계획서

1. 사업계획

가. 사업시행자 :
나. 사업시행 목적 : 매매에 의한 토지분할
다. 사업시행지 :
라. 신청 면적 :

2. 사업 설명 (분할 사유)

매매에 의한 토지 분할

3. 토지분할조서 (토지분할 내역)

▶ 분할 전

군	읍면	리	지번	지목	지적(㎡)	소유자	비고
계							

▶ 분할 후

군	읍면	리	지번	지목	지적(㎡)	소유자	비고
계							

※신청지역에 대하여 위와 같이 토지분할조서대로 분할을 하는 것에 아무런 이의도 없음을 확인하며 동의합니다.
(토지분할조서상 매매, 교환, 상속, 증여를 확인하기 위하여 인감도장을 날인하고 이를 확인하기 위하여 인감을 첨부한다.)

개발행위허가서

송 출 허 가 제　　　호

송 출 허 가 제 ▒ ▒ 호

신 청 인	성 명	▒ 외1인	생년월일	▒▒▒ ▒ ▒
	주 소	경기도 평택시 ▒▒▒ ▒ ▒ ▒		

허 가 사 항

분 할 목 적	토지분할(교환 및 합병)				
위 　 치	평택시 ▒▒▒▒▒ ▒▒▒ ▒				
분할전연적	동소 ▒ (전)	605㎡	분할후 연 적	30㎡	575㎡
	동소 ▒ (전)	2.655㎡		149㎡	2.506㎡
허 가 기 간	-		지 목	전	

허 가 조 건

가. 본 허가는 분할최소연적 미만인 바 합병조건으로 허가하오니, 신청된 분할계획도서에 의거 분
　 할 후 즉시 합병하시기 바랍니다. 다만, 서탄면 수월암리 1112번지에 근저당권의 등기가 설
　 정되어 있으므로 근저당권 등기가 말소되거나 등기원인 및 그 연월일과 접수번호가 같은
　 저당권의 등기가 있는 경우에만 합병가능 합니다. 또한 합병하려는 토지의 소유자 및 소유
　 자의 주소, 토지의 용도가 같아야 합병가능합니다.
나. 타법규 및 저촉사항에 대하여는 개별법에 의한 인·허가 협의 등의 절차를 이행하여야 하며,
　 절차이행시 허가취소 사유가 발생하여 직권취소하여도 이의를 제기할 수 없습니다.
다. 허가조건 및 설계도서에 명시되어 있지 않은 사항이라도 행정청이 필요하다고 인정하여
　 지시할 때에는 피허가자가 비용을 부담하여 이행하여야 합니다.
라. 토지분할 후 임야를 다른 목적으로 전용하고자 할 경우에는 산지전용허가 대상이며,
　 관련법 등 허가기준에 적합하여야 허가가 가능합니다.
마. 「평택시 도시계획조례」 제24조2항에 의거 기반시설이 갖추어지지 않아 토지의 개발이
　 불가능한 토지의 분할은 분할되기 전 필지를 포함하여 총 5필지를 초과할수 없음(최초
　 분할 허가일로부터 2년 이내에 분할된 토지의 재분할 또한 같다)을 알려드립니다.
바. 관련부서 협의조건
○ 토지분할은「공간정보의 구축 및 관리 등에 관한 법률」시행령 제65조 및 같은 법 시행규칙
　 제83조 규정에 의하여 분할 허가 대상인 토지의 경우 그 허가서 사본을 첨부하여 토지분할을
　 신청할 수 있으며,
○ 토지합병은 동법 제80조 및 동법시행령 제66조 규정에 의하여 토지의 소유자·소유자의 주
　 소·소유자별 공유지분·지목·토지의 용도가 같을 경우 신청 가능하며, 합병하려는 토지에
　 [소유권·지상권·전세권 또는 임차권의 등기][승역지에 대한 지역권의 등기][합병하려는
　 토지 전부에 대한 등기원인 및 그 연월일과 접수번호가 같은 저당권의 등기]외의 등기가 있
　 는 경우에는 합병신청을 할 수 없습니다.

국토의계획및이용에관한법률 제56조제1항의 규정에 의하여 위와 같이 허가함

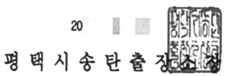

20 ▒ ▒

평택시송탄출장소장

사례로 보는 토지분할 절차 스터디

① 위 항공사진과 지적도 합성사진에 보이는 것처럼 현황도로를 기준으로 위쪽 필지를 매수하기 때문에 361번지와 270번지를 1차 합필작업을 한다. 그런데, 361번지 지목은 답, 370번지 지목은 전이므로 361번지 지목을 전으로 전환한 후 합필을 해야 한다. 이유는 합필하고자 하는 토지의 지목과 현황이 동일해야 하기 때문이다. 합필하는 토지가 지목이나 현황이 다른 경우 합필 허가는 나지 않는다.

이 토지는 현황도로를 기준으로 분할을 하기 때문에 361번지와 370번지를 한 필지로 만들어야 지적측량비를 아낄 수 있기 때문에 합필신청을 했다. 합필 수수료 1,000원으로 지적측량비를 아낄 수 있으니 당연히 해야 한다.

② 토지분할에 따른 현황측량을 한국국토정보공사를 통해 진행한다. 관공서에서 인정하는 측량은 한국국토정보공사 측량이기 때문에 개인 토목측량

업체도 현황측량을 할 수 있지만 한국국토정보공사를 통해 측량을 했다. 물론 토지분할 대행을 맡은 측량업체에서 입회하여 측량했다.

며칠 후 토지분할 기준이 된 현황도로를 확인하고 현황측량을 하여 토지분할 면적이 확정되었으며, 매매계약서에서 대략적으로 정한 약 900평보다 52평이 적은 848평이 된다.

참고로 토지분할에 따른 소유권 이진 측량 관련 비용은 한 번에 토지분할 지적측량비가 100% 라면 현황측량비는 80%이며 나중에 확정 토지분할측량비는 20%가 배분된다. 즉 현황측량을 해서 면적을 확정한 후 토지분할 지적측량을 하면 한 번에 토지분할측량을 하는 비용과 동일하다는 뜻이다.

이 방법의 장점은 토지분할매매 계약서를 작성할 때 정확한 토지분할면적을 모르는 상태에서 계약해도 현황측량을 한 후 지적 성계선을 변경하면서 원하는 모양으로 지적 분할을 할 수 있다는 것이다. 단점은 토지분할 지적측량을 한 번에 진행하는 것보다 15일 내외 시간이 더 걸린다는 점이다.

③ 현황측량성과도가 나오면 해당 지자체 토지분할허가 담당공무원에게 토지분할 성과도에서 확정된 토지분할 면적에 맞춰 매도자와 매수자가 다시 토지분할 방식 매매계약서를 작성하여 제출하면서 토지분할 허가를 받는다.

• 횡성군청은 이런 방식을 고수하고 있다. 타 지자체 토지분할허가를 받은 후 진행하기도 하는데, 현황측량 후 면적을 확정하고 토지분할허가를 받는 횡성군청 방식이 시간이 더 걸려도 확실하므로 이 방법을 애용한다.

물론, 현황측량을 신청하기 전에 해당 지자체 토지분할허가 담당자에게 매매계약서와 대략적으로 토지 분할선을 표시한 지적도를 보여준 후 토지분할에 따른 토지분할허가가 가능한지 확인한 다음에 현황측량신청을 한다.

지적현황 측량성과도

교부번호 : 변

토지소재	횡성군 강림면 □ 리			□ 번지 3 필	축 척	$\frac{1}{1200}$
측 량 자	2012 년 01 월 06 일		작 성 자		2012 년 01 월 06 일	
	지적산업기사 정희				지적산업기사 용식	

현황표시

범 례	명 칭
——	지적선
——	현황선
아 래 번 칸	

면적표시

지 번	지 목	면적(㎡)
□ ㄱ	전	1308
ㄴ	전	3176
ㄷ	전	253
□		4737
아 래 번 칸		

지적현황 측량결과도에 의하여 작성하였습니다.

2012 년 01 월 06 일

대한지적공사 강원도본부 횡성군지사장 연봉

비 고	* 이 측량성과도는 측량에 사용할 수 없읍니다.

[별지 제41호서식]

분 할 측량성과도

교부번호 :   번   오매

토지소재	횡성군 강림면 □ 리 □ 번지 3 필	축척= 1/1200	용도지역	관리지역
측 량 자	2012 년 01 월 19 일 검사자 지적산업기사		년 월 일 (인)

개발행위(토지분할)허가
소유권이전

지번	지목	면적(㎡)
	전	1308
	전	3176
	전	253
		4737
이하 여백		

분할측량결과도에 의하여 작성하였습니다.

년   월   일

횡성군수 인

비 고   * 필지수가 많은 경우에는 지번·지목 및 면적을 조서로 작성하여 첨부할 수 있습니다.

④ 해당 지자체 토지분할허가 담당자에게 토지분할허가신청을 하고 통과하면 바로 한국국토정보공사에 토지분할허가를 득했으므로 토지분할 지적측량을 신청한다. 이때 한국국토정보공사 직원은 현황측량을 한 신청부지인 것을 알고 있기 때문에 토지분할에 따른 지적측량비를 20%만 추가로 청구하고 실제 측량은 하지 않는다.

현황측량성과도를 기준으로 측량했다고 서류 처리를 하고 지번을 지적과에서 부여받아 위의 지적분할 성과도를 작성해서 신청인에게 발송해 준다. 이때 지적과에서는 지번을 부여했기에 토지대장도 만들어진다.

⑤ 여기까지 진행되면 소유권 이전에 따른 서류상의 토지분할 절차는 완료된 것이다. 지적과에서는 지번을 부여하고 토지대장 만들고, 토지이용계획확인서 변경사항을 수정하며 해당 등기소에 이 사실을 고지하며, 이제 소유권 이전에 따른 준비는 마무리되는 것이다.

○○면 ○○리 ○○○번지 분할허가수수료 내역	
1. ○○○번지 지목변경(답→전)	1,000원
2.○○○, ○○○번지 합병신청(○○○, ○○○ → ○○○)	2,000원
3. ○○○번지 현황측량 3필지(한국국토정보공사측량)	579,700원
4. ○○○번지 개발행위(토지분할) 허가신청	500,000원
5. ○○○번지 분할측량(한국국토정보공사측량)	64,900원
6. ○○○, ○○○-○, ○○○-○번지 토지 이동 신청	4,200원
합계	1,151,900원

*첨부 : 한국국토정보공사 현금영수증(소득공제용)

※ 토지이동 신청 (지목변경, 합병, 분할) 수수료(7,200원)는 공간정보의 구축 및 관리 등에 관한 법률 시행규칙 제115조 제1항에 따른 수수료이다.

매도자 부담액	575,000
매수자 부담액 : 유○○, 김○○	288,000
노○○	288,000
합계	1,151,800

※ 측량회사에서 보내 온 토지분할에 따른 비용 관련 내역서다. 토지분할에 따른 비용은 매도자,
 매수자가 1/2씩 부담하는 계약이다.

건축을 위한 토지분할 사례 스터디

토지 중의 일부를 전용해서 집을 짓는 경우 어떻게 하는 게 좋을까?

원래부터 큰 토지를 소유하고 있는 경우도 있고 매매를 하면서 여러 이유로 주택을 짓는 데 필요한 면적보다 크게 매수한 경우도 있다. 토지분할이 쉽게 보이기도 하지만 여러 가지 변수를 고려하고 장래의 쓰임새에 대해 생각하면 쉬운 것만은 아니다.

다음은 토지를 분할 하면서 고려해야 할 몇 가지 원칙이다. 대지를 분할할 때 적용하는 원칙들이기도 하다.

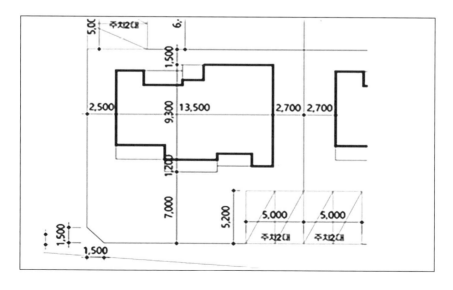

타운하우스 대지분할 사례

전·답·임야 등을 대지로 전환하려면 전환 사유가 있어야 한다. 전원주택지는 주택 건축을 목적으로 전용을 하게 되는데, 과도한 전용을 막기 위해 대부분의 지자체는 건폐율 10% 정도를 내부 지침으로 하고 있다. 법적인 강제규정이 아니라 지자체별 지침이므로 전용 전에 해당 부서에 문의를 하면 된다.

작은 집을 짓기를 원하는 경우 전체 토지를 전용하기보다는 필요한 부분만 전용하는 것도 방법이다. 물론 전용 때마다 인·허가 비용이 들기 때문에 한 번에 하는 경우도 있지만 이는 전적으로 건축주의 선택이다. 우선 당장 들어가는 전용비와 장래의 인·허가비용 부담을 따져본 뒤에 결정하면 된다.

다음은 토지분할을 하면서 고려한 사항들이다.

첫째, 남쪽 땅을 남겨두고 전체 대지의 북측 땅을 먼저 전용한다.
건물이 북측에 위치하면 남쪽에는 자연스럽게 정원이 형성되므로 차후 매매를 하거나 추가로 집을 지을 때까지는 답답함을 덜 수 있다. 이웃집이 있더라고 완충 역할도 한다. 남쪽에 있는 이웃 대지의 지대가 낮거나 하천 등 향후 건축 가능성이 없다면 남쪽에 집을 짓고 북측 대지를 매매를 위해 남겨둘 수도 있다.

둘째, 도로에 가까운 땅을 먼저 전용하고 도로에 먼 땅을 남겨둔다.
토지의 가치는 도로에 면해야 제힘을 발휘한다. 특히 건축을 하는 땅일 경우 도로와 충분히 접해야 한다. 분할을 하면서 도로와 먼 땅은 맹지가 되지 않도록 최소 도로폭으로 4m 이상을 확보해 준다. 도로의 번잡함이 싫어 도로 쪽을 남겨두고 안쪽 땅을 선호하는 경우도 있다. 물론 건축주의 선택사항이다.

셋째, 높은 쪽을 먼저 사용하고 낮은 쪽을 남겨둔다.

주택은 높은 대지에 짓는 것이 유리하므로 높은 쪽에 집을 짓고 낮은 땅을 정원으로 남겨두는 것이 유리하다.

토지를 3개로 분할한 사례 (장래 매매를 고려한 분할)

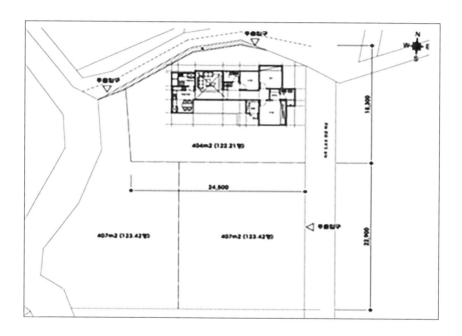

분할 시에는 건축물에 대한 규모를 어느 정도 정한 후에 하는 것이 좋다. 대지에서 건물까지의 이격거리와 거실 앞에 인접대지와 거리를 감안해 대지 크기를 정해야 한다. 건물 후면으로는 1.5m에서 2m 정도가 좋다. 시가지에서는 법에 따른 최소한만 띄우고 집을 짓지만 전원주택지에서는 주택관리를 위해 집 뒤편에 진입도 고려해야 한다. 거실 앞에는 7m에서 9m 정도가 적당하다. 더 넓으면 좋겠지만 건물에 필요한 최소면적만 전용한다고 하면 7~9m 정도가 안정감이 있다. 주택의 마당 관리도 익숙하지 않은 사람에게는 큰 일거리다. 도시에서 전원으로 이주를 생각하는 사람들이 흔히 빠지는 함정으로 욕심 때문에 너무 큰 마당을 조성하면 관리를 하기 힘들다.

종합해서 약 30평, 2층 주택으로 대지면적을 100평 내외로 보면 가로폭 18m, 세로폭 18m 내외가 된다. 건물은 가로 12~13m 세로 8m 내외다. 이 정도에 건축 규모에 따라 가감을 하면 적당한 크기가 된다.

마지막으로 토지분할은 건축사와 의논해야 한다. 토목설계사무실에서는 토지분할에 대한 법규에 대해서는 전문가지만 주택설계 전문가는 아니다. 당연히 주택설계 전문가인 건축사와 건물 규모와 형태 등에 대해서 상담을 하고 이에 맞춰서 토지를 분할해야 한다. 토지분할을 먼저 하고 토지에 맞춰 건축설계를 하면 아쉬움이 남을 때가 있다. 다음은 부정형 대지의 건축설계 후 분할한 것이다.

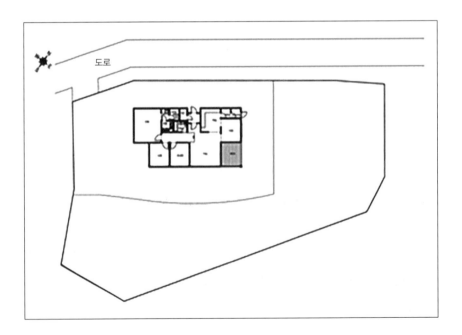

매매에 의한 토지분할 실무

현행법에서 매도자와 매수자가 토지분할을 하여 매매를 하겠다고 합의를 하고 계약했다면 토지분할 절차를 진행할 수 있다. 다만 토지거래 허가구역이나 투기지역은 분할 절차가 까다로우므로 사전에 관할 관공서에서 확인 절차를 밟아야 한다.

여기서는 비도시지역과 토지거래에 제한이 없는 곳을 기준으로 설명하도록 한다.

현행법상 토지분할은 ① 개발행위 대상의 허가 받은 필지 분할(필지의 일부를 개발행위 받는 경우 해당 면적만 토지분할 가능) ② 매매에 의한 토지분할(단, 과도한 다수의 필지 분할은 대부분의 지자체에서 허용하지 않음. 1회 3~5개 필지로 제한 또는 1~2년 내 1회만 허용)만 허용한다.

토지분할을 통한 소유권 이전 절차

1. 매도자와 매수자는 토지분할을 통한 매매계약서를 작성하고 계약금을 수수한다.

① 토지분할 면적, 위치 등 계약서 단서란에 쌍방 간의 요구사항을 기입하

고, 토지분할이 되지 않는다면 쌍방 위약에 따른 배상 없이 해약하기로 한다는 문구를 추가한다.

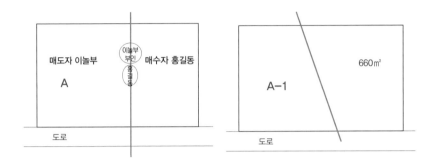

우측 그림은 매도자가 도로에 접한 면적을 넓게 해서 자신에게 유리한 토지분할을 한 것인데, 도로에 접한 면적이 유리한 부동산인 경우에는 이런 문제가 발생하지 않도록 매매계약을 할 때 토지분할선을 결정한 지적도를 첨부하는 것이 좋다.

참고로 토지분할에 따른 매매를 허가하는 담당 부서에서는 C처럼 별도 진입도로 모양 필지 분할은 허가하지 않는다.

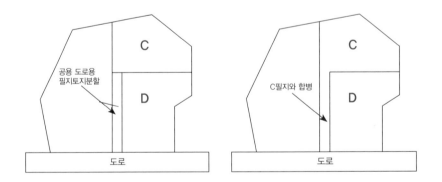

이유는 개발행위에 따른 토지분할 외에 진입도로용 필지 분할을 허용하게

되면 실제 도로는 없는데 토지 추가 분할을 시도하는, 토지분할 매매가 추가되기 때문이다. 소규모 면적 필지분할을 시도하는 기획부동산과 다름없는 행위로 간주한다. 단, D와 같은 토지분할은 허가한다. 지적도상 도로에 접한 필지 분할이기 때문이다. 진입도로 모양이 올챙이꼬리(?)처럼 길어지는 것이 싫겠지만 어쩔 수 없다. 매매에 의한 토지분할은 C는 안 되고 D만 허용하기 때문이다.

2. 계약서를 가지고 관할 지자체에 방문하여 소유권 이전에 따른 토지분할 방법을 확인하고 절차를 진행한다. (지적과가 아닌 토지분할허가 담당자가 별도로 있으므로 이 담당자에게 허가절차를 밟아야 한다.)

① 대부분의 지자체 토지분할허가 담당자는 계약서사본, 토지분할 지정 지적도 등을 참조하여 토지분할허가 여부를 결정한다.

② 횡성군청 등 일부 지자체는 토지분할허가신청 전 한국국토정보공사의 토지분할면적 현황측량 후 토지분할면적과 토지분할선이 결정된 성과도가 나오면 이 성과도를 첨부하여 토지분할허가신청을 받고 허가를 결정한다.(물론 한국국토정보공사의 토지분할 현황측량신청 전 토지분할허가 가능 여부는 담당부서에 문의하고 측량신청을 하는 것이 맞다. 토지분할허가 접수는 안 되더라도 해당 필지 토지분할허가 여부는 확인이 가능하기 때문이다.)

* 해당 지자체 토지분할 허가담당부서 담당자에게 토지분할 절차를 문의하고 안내대로 진행한다.

3. 토지분할허가가 통과되어 통보를 받으면 그 통보서를 가지고 지차체(시청, 군청) 지적과에 파견을 나와 있는 한국국토정보공사에 토지분할 지적측량을 신청한다. (면적과 나누는 방식에 따라 수수료가 다르다.)

4. 한국국토정보공사에서 약속한 날짜에 현장에 나와 측량을 하고 성과도

라는 측량결과 지적도를 작성한다. 측량신청을 하고 성과도를 받기까지 한국국토정보공사의 업무량에 따라 기간이 다소 차이가 있지만 통상적으로 한 달 정도를 예상하면 된다.(접수순서에 따라 현장 토지분할측량을 하고 다시 3~7일 이내 지적측량성과도를 받게 된다.)

5. 한국국토정보공사에서 토지분할 성과도가 나오면 이 성과도를 가지고 지적과에 가서 지적도상의 토지분할 접수를 한다. 그러면 10일(통상 일주일) 이내에 지적도와 토지대장이 분할된 지번대로 변경이 된다. 토지분할허가 담당 부서에 성과도를 보고해야 하는 지자체라면 안내 절차대로 한다.

6. 필지가 분할된 후 매도자와 매수자는 매수자가 매수 희망한 쪽 필지의 지번으로 매매 계약서를 다시 작성하고 잔금을 치른 후 소유권 이전절차를 완료한다. (이때 매매계약일은 신지번 부여된 필지라면 토지대장 신지번 부여한 날짜 이후로 변경하는 것이 좋다. 서류상 과거에 없던 지번이 생성된 것이기 때문이다.)

이 토지분할 절차에 따른 매매의 경우 보통 중도금 없이 계약금과 잔금으로 끝나게 되며 통상적으로 한 달 반에서 두 달 정도의 기간이 소요된다.

어찌 보면 일반 토지계약에서도 계약금과 중도금 그리고, 잔금이 치러지는 기간이 두 달 정도 걸리는 일이 비일비재하다. 그럼에도 불구하고 중간에 몇 번 관공서를 출입하고 측량절차를 밟는 것 때문에 귀찮아서 일정금액 이상의 손해를 감수하는 매도자가 대다수인 게 부동산시장의 현실이다. 그리고 이 매물 중 일부는 거의 실수요자가 아닌 투자자에게 넘어간다. 돈이 있는 자가 저렴한 땅을 습득할 확률이 높은 것인데 이런 땅은 투자자가 개발할 이유가 거의 없기 때문에 방치되어 묵은 밭이나 임야로 전락하는 것이 통례다.

토지 분할을 통한 매매의 장점은 매도자는 필지분할에 따른 절차와 부대비용 발생이라는 불편함을 감수하지만 팔기 힘든 큰 땅보다는 평당 가격도 조금 더 받고 남는 땅도 팔기 쉬운 작은 땅으로 변했다는 만족을 얻을 수 있다.

한편, 매수자는 큰 땅과 작은 땅의 중간의 평당 가격이지만 자기 자본 한도 내에서 작은 땅 중 마음에 드는 땅을 찾기 어렵다는 점을 해결할 수 있다는 만족을 모두 충족할 수 있다.

토시분할 제한법이 생긴 이유는 기획부동산의 부분별한 토지분할을 방지하기 위해서다. 기획부동산이 큰 땅을 팔기 쉬운 금액 단위의 작은 땅으로 쪼개 부동산에 무지한 소비자에게 감언이설로 팔아넘겨 국토의 정상적인 활용에 방해가 되기 때문에 막기 법이 생긴 것이다. 기획부동산에서 쪼개서 판 땅은 소유자만 많고 많은 소유자의 이해타산이 얽혀 결국에는 아무짝에도 쓸모없는 땅으로 전락하므로 안타까운 현실이지만 조심할 수밖에 없다.

하지만 '구더기 무서워 장 못 담근다.'는 말처럼 부동산시장의 1%도 안 되는 기획부동산 때문에 99%이 애꿎은 농민만 전체 토지를 팔지 않는 한 작게 땅을 쪼개 팔 수 없다는 폐단이 나왔고, 이에 대한 해결책으로 토지분할 허가 절차관련법이 개정되었다. 토지분할은 정부에서 제한법을 만들어 막으려고 해도 선의의 피해자인 다수의 부동산 소비자가 존재하는 한 부동산 개발 고수라면 방법은 많다.

그리고 상황에 따라서는 일단 공유지분으로 매입을 하고 차후 개발을 할 때 분할을 방법도 있는데, 이 경우는 단일필지 면적이 큰 경우는 힘들고 주택을 신축하기 위해 전용허가를 받을 때 전용면적을 구분선으로 하여 분할을 하는 경우다.

공유지분으로 매입한 토지의 분할

이런 경우는 단일필지가 보통 600평 내외일 때는 토지 모양이 가능할 경우

시도하는 방법이다. 사례에 따라 공유지분으로 매입을 해도 분할이 가능한 경우와 가능하지 않은 경우가 있다는 것을 뜻한다.

이 부분에 대해서는 약간의 공부와 조사가 필요한 부분이므로 참고사항으로 알아두자.

▶▶▶ TIP

매도자가 토지분할 매매를 원하지 않고 매수자 여러 명이 일단 공유지분으로 매수하여 소유권을 이전 받은 후 공유지분 분할로 토지를 분할하는 방법 또한 매매에 의한 토지분할로 인정한다. 단, 매수 부지 내 지적도상 도로 모양 개별 필지 분할은 역시 허용하지 않는다.
공유지분 토지분할 절차에서 추가서류는 공유지분자들의 분할 동의서(군청 양식에 모든 공유자가 인감으로 날인한다.)와 인감을 첨부해 토지분할허가 담당자에게 상담을 받고 절차에 대해 안내를 받는다. 물론, 3~5필지 이상 토지분할은 거의 허가를 내 주지 않는다는 것도 참고하자.

---

① 매도자와 매수자는 토지분할을 통한 매매계약서를 작성하고 계약금을 지불한다.(계약서 특약란에 쌍방 간의 요구사항을 기입하고, 토지분할이 안 될 경우 쌍방 위약에 따른 배상 없이 해약하기로 한다는 문구를 추가한다.)

② 계약서를 가지고 관할 군청에 방문하여 소유권 이전에 따른 토지분할 방법을 확인하고 절차를 밟는다. (지적과가 아닌 토지분할허가 담당자가 별도로 있으므로 이 담당자에게 허가절차를 밟아야 한다.)

이때 토지분할허가 담당자를 만나서 절차를 확인하고 군청 앞에 있는 토목회사나 건축회사에서 구적도(CAD로 지적도상에 면적을 계산하여 분할하고자 하는 대로 표시한 지적도)를 발급받아(비용 10~20만 원 내외) 토지분할허가 담당자에게 군청에 비치되어 있는 신청서 양식에 기입하고 구적도를 첨부하여 토지분할을 신청한다. 담당 공무원은 신청 후 15일 이내에 허가 여부를 민원인에게 통보

한다.(거의 형식적인 절차다.)

　※ 여기서 ①항과 ②항은 계약 당시의 상황에 따라 판단하고 변형해 처리하
　　는 융통성도 필요하다.

　③ 토지분할 허가가 통과되어 통보를 받으면 그 통보서를 가지고 군청지적
과에 파견 나와 있는 한국국토정보공사에 토지분할 시적측량을 신청한다.(면
적과 나누는 방식에 따라 수수료가 다르다.)

　이때 주의할 것은 대지나 전·답의 경우 측량이 어렵지 않아 문제가 없으나,
임야는 나무가 우거져 실제 측량을 할 수가 없는 경우가 많다. 따라서 낙엽이
지고 측량이 가능한 겨울철에만 측량을 한다는 점을 참고해야 한다. 선착순으
로 접수만 받는 것인데, 만일 날짜를 일찍 받았더라도 측량이 불가능한 상황
이라면 다시 다른 날짜를 잡게 된다. 물론 임야에 나무가 별로 없다면 앞에서
말한 것은 상관이 없다.

　혹시 측량을 할 수 있는 겨울철까지 매물이 팔리거나 임야 주인의 변심이
걱정된다면 일단 계약서를 작성해 계약금은 지불하고 겨울철 측량 후 소유권
이전 절차를 밟는 융통성도 필요하다.

　④ 한국국토정보공사에서 약속한 날짜에 현장에 나와 측량을 하고 성과도
라는 측량결과 지적도를 작성한다. 측량 신청을 하고 성과도를 받기까지 통상
적으로 한 달 정도를 예상하면 된다.(접수 후 15일 이내 측량하고 다시 15일 이내에 성
과도를 작성해 민원인에게 통보.)

　⑤ 한국국토정보공사에서 나온 성과도를 가지고 지적과로 가서 지적도상
의 토지분할 접수를 한다. 그러면 15일(통상 일주일) 이내에 지적도와 토지대장
이 분할된 지번대로 변경된다.

⑥ 필지가 분할되면 이때 매도자와 매수자는 잔금을 치르고 소유권 이전 절차를 끝내면 된다.

* 이 토지분할 절차에 따른 매매의 경우, 보통 중도금 없이 계약금과 잔금으로 끝나게 되며 통상적으로 한 달 반에서 두 달 정도의 기간이 소요된다.

허가번호 2014-232

개발행위(토지분할)허가증

① 신청인	주소							
	성명				주민등록번호			

② 허가내역

소재지			지번	지목	분할 전 지적(㎡)	분할 후 지적(㎡)		비고
시·군	읍·면	리·동						
양평	지평		산 22-16	임	12,205	4,266	①	
						4,595	②	
						3,344	③	
계					12,205	12,205		

③ 허가목적	매매에 의한 분할
④ 허가조건	1. 소유권 관계는 수허가자가 처리하여야 한다. 2. 허가증에 의거 토지분할을 하여야 한다. 3. 본 허가사항은 ③항 목적을 위한 토지분할에 한하며, 건축물의 건축 또는 공작물의 설치, 토지의 형질변경을 위한 인가, 허가 등을 담보하거나 증빙자료가 될 수 없다. 4. 허가 후 60일 이전에 등기상 소유권 이전 절파를 완료하여야 한다.

국토의 계획 및 이용에 관한 법률 제56조 제1항의 규정에 의하여 위와 같이 허가합니다.

2014. 03. 11

양 평 군 수

지적측량 견적서

귀하 견적번호 : 견적일자 : 2014년 03월 13일 유효기간 : 견직일로부터 1개월이 며, 발행연도에 한함.	공 급 자	등록번 호				
		상호	한국국토정보공사 양평군지사	대표 성명		(인)
		사업장 주소	경기도 양평군 양평읍			
		업태	서비스	종목	지적측량	
		전화				

합계금액 (공급가액+ 세액)	일금 : 구십 육만 삼백원 정 (₩960,300)	경감 업무	사유	
토지소재지	지평면 ○○리 산 22-16	금액	15,000	

동/리	지번	측량 종목	축척	면적 (㎡)	수 량	단가	필지체감 할인금액	소면적 경감 금액	수수료	경감전 수수료
지평면	산 22- 16	분할 측량	6000	4,266.0	1	296,000	0	0	296,000	296,000
				4,595.0	1	296,000	0	0	296,000	296,000
				3,344.0	1	296,000	−15,000	0	281,000	296,000
공급가액							−15,000	0	873,000	888,000
부가세							−1,500	0	87,300	88,800
합계					3		−16,500	0	960,300	976,800

비고	상기 지적 량수수료 산출내역은 국토교통부장관이 고시한 2014년 지적측량수수료 단 가에 의하여 산출된 것이며 연도가 변경되거나 현지측량 결과 업무량에 증감이 있을 경 우 수수료가 조정 될 수 있습니다.
담당자	거래코드번호
지적측량수수료 입금계좌번호	예금주	한국국토정보공사

대 한 지 적 공 사

공유토지 분할에 관한 법리 검토 및 질의응답

민법 제269조 제1항은 공유물에 대하여 "분할의 방법에 관하여 협의가 성립되지 아니한 때에는 공유자는 법원에 그 분할을 청구할 수 있다."라고 규정하여 공유토지의 분할을 인정한다. 즉 공유토지 소유자인 갑과 을이 협의로 우선 분할을 해보고, 협의가 성립되지 않을 경우에는 법원에 '공유물분할청구소송'을 제기할 수 있다.(법원의 분할 판결이 나더라도 다른 법령 등에 의하여 분할이 금지되는 것은 분할이 불가하다.)

이때의 분할은 A토지가 갑과 을의 지분에 대응하는 비율 만큼인 각각 2분의 1씩 물리적으로 쪼개지는 것이라고 생각하면 된다. 결국, A토지는 A-1이라는 토지와 A-2라는 토지로 쪼개지게 된다. (하나의 필지가 두 개의 필지로 나누어 짐).

민법 제269조 제2항은 "현물로 분할할 수 없거나 분할로 인하여 현저히 그 가액이 감손될 염려가 있는 때에는 법원은 물건의 경매를 명할 수 있다."고 규정한다. 즉 공유토지분할소송이 법원에 들어오면 법원에서는 우선 해당 토지를 쪼개는 방법을 강구하고, 토지를 쪼개서 분할할 경우 분할로 인하여 가치가 현저히 하락하게 된다면 경매에 부쳐 경매대금의 분할로 문제를 해결할 수도 있다.

토지를 물리적으로 쪼개는 분할 방법을 현물분할이라고 하고 경매에 부치는 분할 방법을 대금분할이라고 한다.

민법은 현물분할과 대금분할(경매분할)만을 규정하고 있지만, 법원에서는 이에 더하여 가격보상에 의한 현물분할을 인정하기도 하고, 현물분할 방법도 여러 가지 다양한 방법을 동원하여 분할하고 있다.

가격보상에 의한 현물분할은 공유자 중의 일부가 자신의 공유지분비율을 초과하여 공유물을 취득하는 대신 공유지분비율 미만으로 공유물을 취득한 다른 공유자에게 대가를 지급하는 방식이고, 법원에서 이러한 분할도 현물분할의 형태로 인정하고 있다.

정리하자면 공유토지분할은 원칙적으로 가능한데, 현물분할이 원칙이고 대금분할(경매분할)도 가능하다. 다만, 법원은 가격보상에 의한 현물분할 등 변형된 형태의 분할방법도 인정하고 있다.

Q : 형제끼리 토지를 공유하다가 일부는 큰형 소유로, 나머지는 그대로 형제의 공유로 하기로 협의가 되었습니다. 이럴 경우 어떤 등기를 신청해야 하나요?

A : 갑과 을이 공유하고 있는 토지를 100평과 900평으로 분할해, 100평은 갑의 단독소유로 하고 나머지 900평은 공유하기로 하되, 갑의 지분은 900분의 400으로, 을의 지분은 900분의 500으로 하는 공유물 분할등기신청을 하면 됩니다. 〈2001.2.20. 제정, 등기선례 6-289〉

Q : 형과 토지를 공유했는데 형의 지분에 대해 국세청에서 압류를 해 놓았습니다. 저희는 공유물 분할을 통해 각자 토지를 나누기로 했습니다. 이 경우 제 명의의 토지에도 압류가 계속되는 건가요?

A : 갑과 을이 공유하고 있는 토지에 갑의 지분에만 국세(또는 지방세)처분에 의한 압류등기가 경료된 상태에서 위 토지를 2필지로 분할해 이를 갑과 을이 각 단독으로 소유하는 공유물 분할등기를 하는 경우, 을이 단독으로 소유하게 된 토지의 등기용지에도 위 압류등기가 전사되어 그 효력이 인정되므로 그 압류등기를 말소하기 위해서는 통상의 압류등기말소절차를 거쳐야 합니다. 〈1994.11.24. 제정, 등기선례 4-644〉

Q : 공유물 분할에 반대하는 공유자가 있는 경우에는 공유물 분할을 할 수

없는 건가요?

A : 공유물 분할은 공유자 전원이 합의해야 하므로, 공유자 중 1인이 위 분할에 협력하지 않는다면 나머지 공유자들은 공유물 분할의 소를 제기해 재판상 분할한 후 공유물 분할을 원인으로 한 소유권이전등기를 신청할 수 있습니다. 〈1996.12.11. 제정, 등기선례 5-388〉

Q : 미성년자가 공유자인 토지의 공유물 분할을 하려면 친권자가 대신해서 하면 되나요?

A : 미성년자 갑·을 명의의 공유토지를 A, B 토지로 분필해 갑은 A토지, 을은 B토지를 각 단독소유로 하기로 하는 공유물분할계약에 의해 그들의 친권자가 공유물분할등기를 신청할 경우에는 그러한 공유물 분할계약이 그 친권에 복종하는 갑과 을 사이에 이해가 상반되는 행위에 해당하므로 가정법원에 갑과 을 중 어느 일방의 특별대리인선임심판청구(가사소송법 제2조 제1항 나, (1) (11))를 해야 합니다.

공유물 분할 등 청구의 소

소장

사건번호		배당순위번호	
재판부	제 부(합의)	주심	

공유물분할 등 청구의 소

원고 : ○ ○ ○

파고 : ○ ○ ○ 외 2

소가	금	3,161,100 원	
첩부한 인지액	금	15,800 원	
첩부한 인지액	금	15,800 원	
송달료	금	222,000 원	
비고			

청주지방법원 영동지원 귀중

소송물 가액 산출 내역

1. 공유물분할 청구의 소가

계산식 : 공시지가 × 50% / 3 × 원고의 지분

공시지가 : ㎡당 147,600원 × 514㎡ = 75,866,400원

물건가액 : 75,866,400 × 50% = 37,933,200원

소가 산정액 : 37,933,200 / 3 × 4분의1(원고지분) = 3,161,100원

2. 인지대

3,161,100 × 50 / 10000 = 5,800원

소장

원고

이O화 (600000-2000310)	이O화 (600000-2000310) 진주시 초북로 00, 000동 000호
송달장소	진주시 초북로 00, 000동 000호
송달영수인	법무사 유O수

피고

설O분 (560208-○○○○○○○)	충북 영동군 학산면
윤O자 (640310-○○○○○○○)	진주시 초장로14번길
최O중 (580628-○○○○○○○)	부산 연제구 중앙대로

공유물분할 등 청구의 소

청구취지

1. 충청북도 영동군 학산면 서산리 대 514㎡를 경매에 붙이고 그 대금에서 경매비용을 공제한 나머지 금액을 각 원고에게 4분의 1, 피고 설O분에게 4분의 2, 피고 윤O자에게 4분의 1 지분에 따라 각 분배하라.

2. 피고 설O분, 최O중은 공동하여 원고에게,

가. 별지 1 도면표시 1, 2, 3, 4, 5, 6, 1의 각 점을 순차로 연결한 선내 (1-1) 부분 목조 아연지붕 단층 창고 약 33.4㎡, 7, 8, 9, 10, 7의 각 점을 순차로 연결한 선내 ㉠부분 조적조 강판지붕 주택 약 90㎡, 11, 12, 13, 14, 11의 각 점을 순차로 연결한 선내 ㉡부분 벽채를 이용한 판넬마감 현관 약 8.4㎡, 7, 15, 16, 17, 8, 7의 각 점을 순차로 연결한 선내 ㉢부분 철파이프조 판넬지붕 가추 약 22㎡, 5, 4, 18, 19, 5의 각 점을 순차로 연결한 선내 ㉣부분 조적조 스레트지붕 창고 약 72㎡, 20, 21, 22, 23, 20의 각점을 순차로 연결한 선내 ㉤부분 조적조 및 목조 아연지붕 주택 약 36㎡, 24, 25, 26, 27, 24의 각 점 을 순차로 연결한 선내 ㉥부분 철파이프조 판넬지붕 가추 약 31.9㎡, 28, 29, 30, 31, 28의 각점을 순차로 연결한 선내 ㉦부분 조적조 스레트지붕 다용도실 약 4.2㎡, 32, 33, 34, 35, 32의 각 점을 순차로 연결한 선내 ㉧부분 블록조 스레트지붕 창고 약 18㎡, 32, 35, 36, 37, 32의 각 점을 순차로 연결한 선내 ㉨부분 블록조 스레트지붕 창고 약 50.4㎡, 38, 39, 40, 41, 38의 각 점을 순차로 연결한 선내 ㉩부분 조적 조 슬라브지붕 변소 약 4.2㎡, 42, 43, 44, 45, 42의 각점을 순차로 연결한 선내 ㉪부분 철파이프조 판넬지붕 가추 약 16㎡의 각 건물을 철거하고 위 1항 토지를 인도하고,

나. 2016. 7. 26.부터 위 토지인도 완료일까지 연 금3,600,000원을 지급하라.

3. 소송비용은 피고들이 부담한다.

4. 제2항은 가집행 할 수 있다.

라는 판결을 구합니다.

청구 원인

1. 토지의 공유관계

충청북도 영동군 학산면 서산리 대 514㎡(이하 '이 사건토지'라 함)는 원고가 2016. 7. 26. 강제경매로 인한 매각을 원인으로 4분의 1, 피고 실O분이 2013. 6. 22. 협의분할에 의한 상속을 원인으로 4분의 2, 피고 윤O자기 2016. 7. 26. 강세경매로 인한 매각을 원인으로 4분의 1을 각 취득하여 공유하고 있습니다. (갑 제1호증의 1호 부동산등기사항증명서 참조).

2. 분할의 필요성 및 그 방법

이사건 토지는 위와 같이 각 3인의 공동소유로 되어있어 원고와 피고들 모두가 재산권행사에 많은 제약을 받고 있는 바, 각 공유지분에 따라 분할을 할 필요가 있습니다.

그런데 이 사건 토지는 3인이 공유하고 있고, 별지 2 도면과 같이 이사건 토지의 지상에는 피고 설O분, 피고 최O중이 공유하는 건물이 존재하여 현물로 분할하는 것은 거의 불가능하다 할 것이므로, 경매에 붙여 그 대금에서 경매 비용을 차감한 나머지 금전을 가지고 각 공유자의 지분에 따라 현금으로 분할하는 것이 가장 적절한 방법입니다.

3. 건물의 소유 및 토지소유권의 침해

이 사건 토지의 지상에는 피고 설O분, 최O중의 공동소유인 건물 및 다수의 미등기 무허가 건물(이하 "이사건 건물"이라 함)이 존재합니다. (갑제1호증의 2, 3 부동산등기사항증명서 참조).

피고 설O분, 최O중은 위와 같이 이 사건 토지 지상에 건물을 소유하면서 원고의 이 사건 토지소유권(공유지분)을 침해하고 있다 할 것이므로 원고에게 이 사건 건물을 철거하고 이사건 토지를 인도할 의무가 있습니다.

4. 지료 상당의 부당이득 청구

피고 설O분, 최O중은 이 사건 건물을 소유하면서, 이사건 토지를 이용하고 있으므로 원고가 소유지분을 취득한 2016. 7. 26.부터 이사건 건물의 철거 및 이 사건 토지의 인도완료일까지 지료 상당의 부당이득을 하고 있다 할 것이므로, 원고는 경매 감정평가금액(갑제8호증 감정평가서 참조)인 원고의 지분에 해당하는 금35,980,000원의 10%에 해당하는 연 금3,600,000원을 청구합니다.

5. 결어

위와 같은 사유로 원고는 이사건 건물의 철거 및 이사건 토지의 인도 및 피고들과의 공유관계를 청산하고자 청구취지와 같은 형태의 공유물 분할 판결을 구하기에 이른 것입니다.

입증 방법

1. 갑 제1호증의 1 내지 3 부동산등기사항증명서 각 1통

1. 갑 제2호증 토지대장

1. 갑 제3호증 1, 2 건축물대장 각1통

1. 갑 제4호증 지적도등본

1. 갑 제5호증 항공사진

1. 갑 제6호증 현황조사서

1. 갑 제7호증 매각물건명세서

1. 갑 제8호증 감정평가서

첨부서류

1. 위 입증 방법 각 4통

1. 소장부본 3통

20○○. ○. ○○.

위 원고 이미화

청주지방법원 영동지원 귀중

매매를 통한 분할절차 실무 사례

이 분할절차는 매매(교환)를 목적으로, 토지현황(현황도로 경계선을 기준으로 분할함)에 맞추어 분할한 경우이므로 공유지분의 분할과 같이 분할면적이 정해진 상태에서의 분할인 경우와는 차이가 있다.

당신시의 경우 민원실 접수창구에 토지분할 절차를 안내하는 인쇄물을 비치하고 안내를 원하는 민원인에게 배포해 준다.

최우선적으로 확인할 사항은 필지분할 대상토지가 원하는 형태로 분할이 가능한지 확인하는 일이다. 개인이 판단하기 어려울 때는 토지 가분할도를 그리고 분할면적을 대략 계산한 후 시청 담당부서에 가서 확인을 받는 것이 좋다.

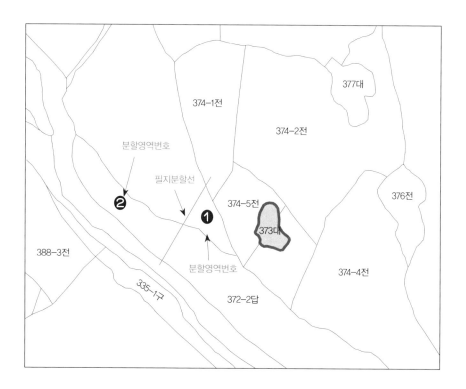

매매계약서 작성

분할을 해서 매매(또는 교환)할 필지에 대한 매매계약서(토지 가분할도를 첨부)를 2부 작성하여 매도인, 매수인이 각각 한 부씩 보관한다.

계약서의 면적란은 아직 현황측량을 하기 전이어서 분할된 조각 토지의 면적을 알 수 없으므로 빈칸으로 둔다. 그리고 매매하려고 하는 토지는 원래 한 필지의 일부분이고 분할된 조각 토지의 지번은 원래 필지의 지번과 다른 새로운 지번을 갖게 되므로 매매계약서 특약사항란에 아래와 같은 내용을 기재한다.

---

1. 매매 토지는 ○○리 ○○○번지 토지 중 첨부 #1 토지 가분할도 도면에 표시한 ① 구역으로 한다.
2. 매매 토지의 지번은 필지분할 후 새로 배정되는 지번으로 대체하는 것으로 하며, 면적은 분할측량 성과도의 분할면적으로 한다.
3. 필지분할이 늦어질 경우에는 필지분할 완료 후 10일 이내로 매도인과 매수인이 협의하여 정한 날짜에 잔금정산을 하는 것으로 한다.
4. 본 매매계약은 ○○리 ○○○번지 토지에 대한 필지분할 허가를 받을 수 없는 경우 무효로 한다.

토지 가분할도는 분할할 토지의 지적도를 발급받아서 지적도상의 분할 대상 토지에 분할선을 긋고 매매 대상인 분할영역 중앙에 기호(위의 특약사항 예시와 같이 한다면 "①")를 적는다.

참고 : 2개의 필지 일부를 서로 맞교환하는 경우는 각각의 필지에 대해 매매계약서를 작성한다.

면적 현황측량 신청

측량신청은 토지소유자만 가능하며, 앞 1.에서 작성한 토지 가분할도(분할선 윗 부분에 매도인의 인감을, 분할선 아랫 부분에 매수인의 인감을 각각 날인한다.)와 신분증 및 도장을 지참하고 시청 민원실에 있는 한국국토정보공사 측량업무 접수창구로 가서 필지분할 대상토지에 대한 면적 현황측량을 신청한다.

면적 현황측량을 하는 이유는 현장에서 원하는 분할 위치를 확정하여 경계표시를 하고, 분할 면적을 산정하기 위함이다.

> 참고 : 면적 현황측량비는 분할측량비의 90% 정도이며, 추후 분할측량을 할 때는 실제 측량은 하지 않고 현황측량 성과를 이용하므로 분할측량비의 10% 정도를 납부하면 된다.

면적 현황측량 참관

측량일자는 측량신청을 할 때 알려주며, 하루 전쯤에 대한 한국국토정보공사에서 측량 시간을 알려주므로 측량일 당일 매도인과 매수인이 함께 현장에 가서 측량 과정을 참관한다.

당일 매도인과 매수인이 함께 현장에 있어야 하는 것은 측량을 실시하여 분할경계를 어느 일방이 확정하였을 경우 추후에 분쟁이 일어날 수 있기 때문이다.

개발행위(토지분할) 허가신청

토지분할도 개발행위의 한 유형에 속하는 사항으로 간주되어 개발행위허가를 받아야 한다. 면적 현황측량을 한 후 한국국토정보공사에서 측량성과도가 나왔다는 연락을 받았거나(접수창구에서 측량성과도를 찾기로 한 경우) 또는 우편으로 측량성과도를 받으면 분할면적을 확인하고 개발행위허가신청서를 작성한다. 이때 개발행위허가신청서의 개발행위 목적란에는 '매매'로 기재한다.

그리고 매도인이 개발행위 허가신청서, 매매계약서 사본, 토지 가분할도(분할선 윗부분에 매도인의 인감을, 분할선 아랫부분에 매수인의 인감을 각각 날인한다.), 신분증, 인감도장과 인감증명서를 지참하고 시청 민원실의 개발행위허가신청 접수창구에 접수한다.

> 참고 : 당진시의 경우 개발행위허가는 처리일수가 꽤 길어서 14일로 되어 있으며, 처리가 완료되면 문자로 알려 준다.

분할측량신청

개발행위허가가 나오면 시청 도시과(당진시의 경우이며, 시·군·구에 따라 처리부서가 다를 수도 있음.)에서 허가서를 수령한다. 그리고 면적 현황측량성과도, 개발행위허가서를 지참하여 시청 민원실에 있는 한국국토정보공사 측량업무 접수창구로 가서 필지분할 대상 토지에 대한 분할측량을 신청한다.

측량업무 접수창구에서 서류를 접수할 때 면적 현황측량성과도 도면에 토지소유자의 서명을 받는데 이는 현황측량성과도의 내용(=분할선)을 그대로 분할측량성과에 반영하는 것을 인정한다는 확인을 받는 의미로 생각된다.

분할측량과 경계측량은 다르다. 분할측량은 아래와 같이 분할점만 표기해주지만 경계측량을 원하면 별도로 하여야 한다.

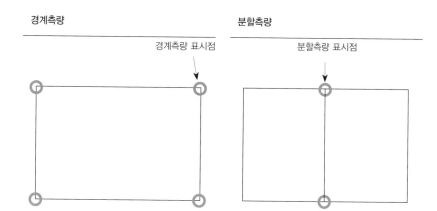

경계측량   분할측량

경계측량 표시점   분할측량 표시점

지적공부 정리신청

분할측량 신청 후 대한 한국국토정보공사에서 측량성과도가 나왔다는 연락을 받았거나(접수창구에서 측량성과도를 찾기로 한 경우) 또는 우편으로 측량성과도를 받은 후 측량성과도를 시청 민원실의 지적공부정리신청 접수창구에 제출하면 되고(당진시의 경우) 별도의 신청서 작성은 필요하지 않았다.

토지대장의 정정(원래 토지면적 변경)과 신규등록(분할된 토지)과 함께 등기촉탁까지 이루어진다.

토지소유권 이전 등기신청

분할 토지에 대한 등기가 완료되면 마지막 단계인 소유권 이전을 할 수 있다.

중개업소를 통하지 않고 개인 간에 직접 매매계약을 체결한 경우, 반드시 시청민원실 부동산거래신고 접수창고에 부동산거래계약 신고를 하여 신고필증을 받아야 소유권 이전이 가능하므로 잔금일 전에 미리 신고를 하도록 한다.

토지 매매 계약서

본 토지에 대하여 매도인과 매수인은 다음과 같이 합의하여 매매계약을 체결한다.

1. 부동산의 표시

소재지				
토 지	지 목		면 적	㎡

2. 계약내용

제1조) 위 토지의 매매에 있어 매수인은 아래와 같이 매매대금을 지불하기로 한다.

매매대금	숲		원정 (₩)		
계 약 금	숲		원정은 계약시 지불하고 영수함. 영수자		(인)
중 도 금	숲		원정은 년 월 일에 지불하며,		
	숲		원정은 년 월 일에 지불한다.		
잔 금	숲		원정은 년 월 일에 지불한다.		
융 자 금	숲		원정은 (승계, 말소, 특약사항에 별도 명시) 한다.		

제2조) 매도인은 매매대금의 잔금을 수령함과 동시에 소유권 이전등기에 필요한 모든 서류를 교부하고 등기절차에 협력하며,
위 토지를 년 월 일 인도하기로 한다.

제3조) 매도인은 소유권의 행사를 제한하는 권리나 조세공과금 기타 부담금의 미납이 있을 때에는 잔금수일 이전까지 그 권리의 하자 및
부담 등을 제거하여 완전한 소유권을 이전하여야 한다. 다만 약정을 달리한 경우에는 그러하지 아니한다.

제4조) 위 토지에 관하여 발생한 수익의 귀속과 조세공과금 등의 부담은 위 토지의 인도일을 기준으로 하여 그 이전까지는 매도인에게
그 이후의 것은 매수인에게 각각 귀속한다. 단 지방세의 납부 의무 및 납부책임은 지방세법의 규정에 따른다.

제5조) 매수인이 중도금(중도금약정이 없을 때는 잔금)를 지불하기 전까지 매도인은 계약금의 배액을 배상하고, 매수인은 계약금을 포기하고
본 계약을 해제할 수 있다.

제6조) 매도인 또는 매수인은 본 계약상의 채무불이행이 있을 경우 계약당사자 일방은 채무를 불이행한 상대방에 대하여 서면으로 이행을
최고하고, 이를 이행하지 않았을 경우 계약을 해제 할 수 있다. 이 경우 매도인과 매수인은 각각 상대방에 대하여 손해배상을 청구할
수 있으며, 손해배상에 대하여 별도 약정이 없는 한, 제5조의 기준에 따른다.

제7조) 중개업자는 계약 당사자간 채무불이행에 대해서는 책임을 지지 않는다. 또한, 중개수수료는 본 계약의 체결과 동시에 매도인과 매수인
쌍방이 각각 지불하며, 중개업자의 고의나 과실 없이 계약당사자간의 사정으로 본 계약이 해제되어도 중개수수료를 지급한다.

<특약사항>

※ 중개업자는 중개대상물 확인설명서를 작성하여 년 월 일 중개의뢰인에게 공제증서 사본을 첨부하여 교부한다.
※ 본 계약에 대하여 계약당사자는 이의 없음을 확인하고 각자 서명, 날인 후 매도인, 매수인, 중개업자가 각 1통씩 보관한다.

년 월 일

	주 소						[인]
매 도 인	주민등록번호		전 화		성 명		
	대 리 인	주민번호		전 화		성 명	[인]
	주 소						[인]
매 수 인	주민등록번호		전 화		성 명		
	대 리 인	주민번호		전 화		성 명	[인]
	사무소소재지						
중 개 업 자	사무소 명칭			대표자 성명			[인]
	등 록 번 호		전 화		소속 중개업자		

부동산거래계약 신고서

※ 뒤쪽의 유의사항, 작성방법을 읽고 작성하시기 바라며, [ ]에는 해당하는 곳에 √표를 합니다. (앞쪽)

관리번호		접수일		처리기간	즉시

① 매수인	성명(법인인 경우에는 법인의 명칭)		주민등록번호(법인등록번호)	국적	
	주소(법인인 경우에는 소재지)			거래 지분 비율 분의	
	전화번호		휴대전화번호		
	외국인의 토지 매수용도	[ ]주택용지(아파트) [ ]레저용지	[ ]주택용지(단독주택) [ ]상업용지	[ ]주택용지(그 밖의 주택) [ ]공업용지	[ ]그 밖의 용도
② 매도인	성명(법인인 경우에는 법인의 명칭)		주민등록번호(법인등록번호)	국적	
	주소(법인인 경우에는 소재지)			거래 지분 비율 분의	
	전화번호		휴대전화번호		

계약일		잔금 지급일	

거래대상	종류	③[ ]토지 [ ]건축물 ( ) [ ]토지 및 건축물 ( ) ④[ ]분양권 [ ]입주권 (분양금액: 원) [ ]신규 주택 [ ]기존 주택 [ ]임대주택 분양전환
	⑤ 소재지/지목/면적	소재지
		지목 / 토지면적 ㎡ / 토지 거래 지분 분의
		대지권비율 분의 / 건축물면적 ㎡ / 건축물 거래 지분 분의
	⑥ 계약대상 면적	토지 ㎡ 건축물 ㎡
	⑦ 거래금액	원

실제 거래가격 (전체)	계	원 중도금 지급일
	계약금	원
	중도금	원
	잔금	원

⑧ 종전 토지	소재지/지목/면적	소재지
		지목 / 토지면적 ㎡ / 대지권비율 분의
	계약대상 면적	㎡
	거래금액	계 원 권리가격 원
		계약금 원 중도금 원 잔금 원

| ⑨ 계약의 조건 또는 기한 | |

개업 공인중개사	성명(법인인 경우에는 법인의 명칭)	주민등록번호(법인등록번호)
	상호	전화번호
	사무소 소재지	

| ⑩ 참고사항 | |

「부동산 거래신고에 관한 법률」 제3조제1항·제2항 및 같은 법 시행규칙 제2조제1항부터 제3항까지의 규정에 따라 위와 같이 부동산거래계약 내용을 신고합니다.

년 월 일

신고인 매수인 (서명 또는 인)
매도인 (서명 또는 인)
개업공인중개사
(개업공인중개사가 중개한 경우) (서명 또는 인)

시장·군수·구청장 귀하

210mm×297mm[백상지 80g/㎡(재활용품)]

매매에 의한 실제 분할투자 사례

최초 토지분할을 통한 매매 시작은 매수하기로 한 부지로 출발하였으나 진행 과정에서 현지인 한 사람이 더 매수자로 참여하게 되어 약 900평에서 약 1,300평으로 매매 면적이 늘어나게 되었다. 토지소유자는 약 2,000평 정도의 토지를 분할해 매각하는 것이고, 900평을 매도하는 것보다 1,300평을 매도하는 것이 더 유리하므로 토지분할을 통한 매매에 동의했다.

부동산 매물이 일정 규모와 일정 매매금액을 넘어가면 매수자를 구하기 힘들다는 것은 잘 알고 있으면서도 토지분할을 통한 거래의 절차가 귀찮다는 이유만으로 일괄 매각을 희망하는 토지소유자들이 대부분이다. 이런 부동산 시장의 현실에서 어차피 한 명의 매수자와 계약을 해도 잔금 지급일까지 대개 두 달의 기간을 잡는다는 점을 잘 설득해 토지분할을 통한 매매 또한 토지분할과 서류처리 기간이 대략 두 달 정도 소요된다는 점을 납득시킨 결과였다.

물론, 토지소유자는 토지분할에 따른 서류처리에 필요한 서류 제출 등 몇 가지 협조가 필요하다.

약 900평의 토지를 부인과 공동명의로 계약했는데, 일정 규모 이상 토지를 부부가 공동명의로 매입하면 개발행위나 토지분할을 추가로 시도할 때 유리하다는 장점이 있기 때문이다.

부부 공동명의로 하는 장점은 건축행위를 위한 집터 자리가 부지의 안쪽에 위치하여 지적도상 도로에 접하지 않은 경우, 부지 내에 4미터 폭의 진입로를 개설할 때 옆 토지소유자의 토지사용승낙서를 교부받아 개발행위를 진행하면 법적으로 절차가 복잡한 사도개설허가를 받지 않아도 된다는 점 때문이다. 4미터 폭 도로개설은 똑같은 결과물인데 사도개설허가는 법적인 절차가 복잡하고 까다로운 탓에 인허가비용이 별도로 청구된다.

문서확인번호: 1415-3355-0010-

첨부#1. 토지 가분할도
지적도 등본

발급번호	G20141107198927		처리시각	13시 44분 59초	작성자		민원24
토지소재	충청남도 당진시 면 리		지 번	373	축 척		등록:1/1200 출력:1/1200

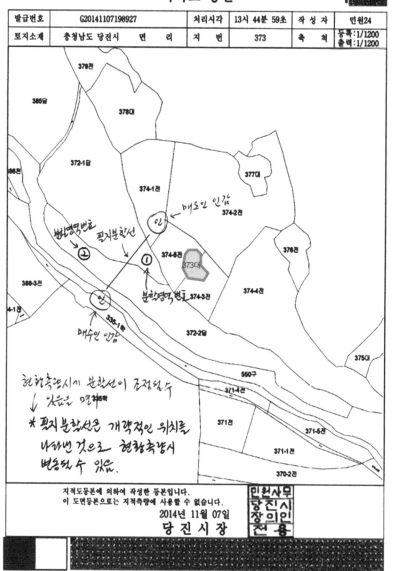

지적도등본에 의하여 작성한 등본입니다.
이 도면등본으로는 지적측량에 사용할 수 없습니다.
2014년 11월 07일
당진시장

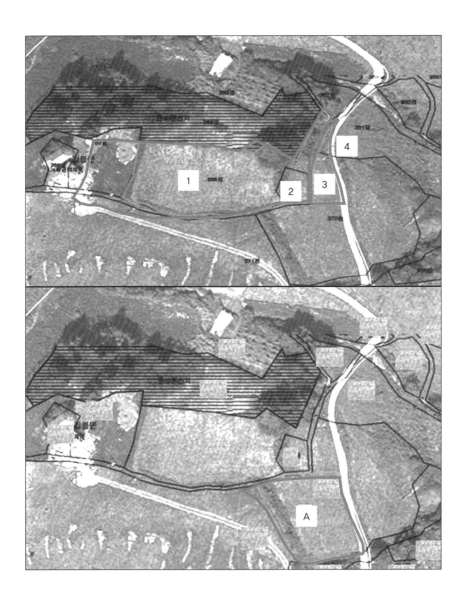

위 그림은 함께 구입하는 현지 토지소유자의 부지경계 사진이다. 면적은 약 400평으로 현황도로를 기준으로 매수자의 토지 모양을 감안하여 분할한다.

이번 계약을 보면 현황도로를 기준으로 토지분할이 진행됨을 알 수 있다. 횡성군청은 지적도상 도로는 없으나 지자체에서 토지소유자의 토지사용승낙서를 받아 도로포장을 한 경우, 건축 등 개발행위에 필요한 현황도로로 인정하고, 개발행위신청을 할 때 도로의 토지소유자에게 토지사용승낙서를 별도로 청구하지 않는 지역이다. 따라서 토지매수 분할선을 현황도로의 경계선을 기준으로 분할하였다.

어떻게 보면 매수자에게 유리한 계약으로 보인다. 지적도상 도로가 아닌 현황도로를 기준으로 분할하거나 부지 내 현황도로를 새로 개설하는 경우엔 일반적으로 두 가시 방법을 쓴다.

첫 번째는 부지의 일부에 건축허가를 통한 개발행위허가를 받아 토지사용승낙서를 받고 현황도로를 도로용 필지로 분할하는 방법이고, 두 번째는 현황도로를 소유권 이전을 통한 별도의 필지로 분할한 후 매도자와 매수자가 공유지분으로 처리하는 방법(가장 합리적인 방법)이다.

그런데, 횡성군정의 경우 토지분할에 대해 다른 지자체보다 까다롭게 실수요자를 기준으로 법 적용을 하고 있기에 첫 번째, 두 번째 방식으로 진행하면 매도자가 원하는 짧은 잔금일 기준에 부합하지 않았다.

한 달 먼저 계약을 하고 개발행위를 병행해서 진행하고 있는 횡성 희망마을의 경우를 봤을 때 첫째, 두 번째 방법을 쓰기엔 매도자를 설득하기가 곤란하다고 판단되었다. 매도자 본인이 직접 나서지 않고, 즉 부동산거래 실무자들이 매도자로부터 토지분할절차 업무를 위임받아 진행한다고 해도 매도자에게 토지분할 절차에 대해 설명하기란 나각하다

그럼, 도로의 반을 공평하게 나눠서 토지분할을 하면 되지 않느냐는 질문이 나올 수 있다.

이론상으로는 합리적인 방법이며 많은 지역에서 이런 방식으로 토지분할을 한다. 도로를 기준으로 반씩 나눠서 토지분할을 하고 쌍방 간에 토지사용승낙서를 교부하는 방법이다.

그러나 이런 방법을 쓰지 않은 이유는 횡성군청이 개발행위를 신청하는 부지 내에 현황도로가 있는 경우 현황도로를 개발행위 부지와 별도로 분할해야만 개발행위 허가를 내 주기 때문이다. 즉 현황도로의 반으로 토지 분할선을

구분한 경우 매도자와 매수자 모두 각각의 토지에 개발행위를 신청했을 때 현황도로를 별도의 필지로 분할하여 도로용 필지로 내놔야만 개발행위허가를 받을 수 있다. 현황도로는 그대로인데 개발행위에 따른 지적측량비가 한 번 더 든다는 단점이 발생한다.

이런 문제 때문에 이번 거래에 있어서는 매도자가 현황도로에 대해 공유지분 처리를 양보하고 토지사용승낙서를 교부하는 것으로 계약하였다. 계약서 갑지는 일반 부동산거래계약서이고 이 계약은 토지분할 방식으로 진행하기에 단서 조항란이 부족하여 계약서 별첨서류를 첨부했다.

매매대상 물건 소재지 : 강원도 ○○군 ○○면 ○○리 ○○○, ○○○,○○○,
　　　　　　　　　　　　○○○번지

1. 소유권 이전 매매대상 물건은 빨간 경계선안 1~4번 필지면적 합으로 한정한다.
2. 매매면적 기준은 현황시멘트포장도로를 경계로 ○○○번지, ○○○번지를 토지분할 지적측량을 하고 필지 분할하여 소유권 이전하기로 한다.
3. ○○○번지 내의 ○번 필지는 361번지와 ○○○번지를 합필하여 지적측량비를 절감할 수 없는 경우 위 사진상의 현황도로경계에 준하여 빨간 선을 그은 것과 상관없이 법적으로 허용하고 있는 토지분할 최소면적 60㎡를 기 준으로 토지분할한다.
4. 매매 잔금일은 매매계약서상의 잔금일자와 상관없이 토지분할 후 필지별 지번이 부여된 뒤 일주일 이내로 쌍방 협의하여 결정한다.
5. 기타 사항은 중개업법에 준하여 쌍방합의 하에 처리한다.

2014년 1월 21일

매도자 :　　　　　　　　(인)
매수자 :　　　　　　　　(인)

별첨 내용 중 3항은 매도자의 토지는 총 4필지이며 두 필지는 합필한 후 분할을 하여야만 지적측량비를 아낄 수 있기 때문에 합필을 하고 토지분할을 진행하기로 하였으나 횡성군청에서 합필이 안 된다고 하게 되면, 즉 4번 필지가 토지 분할 제한면적인 60㎡ 이하일 경우 토지분할을 할 수 없다면 문제가 되기에 이 내용을 단서조항에 넣은 것이다.

> ▶▶▶ 참고
>
> · 법으로 토지분할 제한면적이 정해져 있으므로 이 면적을 준수해야 토지분할이 진행된다.
> · 한국국토정보공사 측량비는 필지별, 면적별, 공시지가별로 구분하여 산출된다. 같은 면적이라도 여러 필지라면 필지별로 측량비가 청구돼 비용이 늘어난다.

알고 보면 토지분할을 통한 부동산거래는 어렵지 않다. 그러나 경험이 없다면 막막하고 부담스럽다. 그래서 대부분의 토지소유자들은 힘들더라도 일괄매각을 희망한다. 이것은 부동산업체에서도 마찬가지다. 중개수수료가 동일하기 때문이다.

그러나 현실에선 일정 규모 이상 토지거래는 쉽지 않기에 매도자 또한 어떻게 설득하느냐에 따라 토지분할 방법을 통한 매매에 동의한다. 본인에게 불리한 계약이 아니라는 점만 설득할 수 있다면 말이다.

매매에 의한 토지분할 질의응답

Q : 1,150평 정도 되는 땅을 150평을 남기고 1,000평에 대해 매입하려고 합니다. 현재 공유지분이 되어있는 건 아니고 분할 후 매입하려고 하는데 이게 가능한가요?

분할등기를 하려면 당초에 공유지분으로 등록되어 있어야 한다고 하는데,

이게 맞는지? 아니면 분할 후 매입하고 등기해도 되는 건지 답변 부탁드립니다. 참고로 토지분할은 거래 당사자만의 계약이 아닌 국가에 허가를 받아야 된다고 하던데 정확히 알려주세요.

A : 귀하가 토지를 분할해서 매입하는 데는 아무 문제가 없습니다.

분할측량 신청

지적도(임야도)상에 분할할 면적과 위치를 선으로 표시한 후(가분할), 지적공사(현 한국국토정보공사)에 분할측량을 의뢰하여 분할측량성과도를 수령합니다.

▶가분할

인·허가 등을 받지 않고 토지를 SK누는 경계선.

▶가분할도

특약 : 현 지분 토지 상태나 전체 소유자가 가분할도에 각각의 위치와 개별 관리행위 가능토록 각자 동의서(인감첨부), 인감날인을 함.(상호명의신탁)

▶공증의 차이

사서증서는 법률행위를 한 당사자가 작성한 것인데 반하여, 공정증서는 공증인이 직접 작성한 것으로서 둘 다 증거 능력이 발생합니다.

▶공정증서는 금전, 대체물, 유가증권의 지급약속이며 강제집행 응락 기재가 있을 경우, 재판 절차 없이 공정증서를 근거로 강제집행을 실행할 수 있으나, 인증은 강제집행을 실행할 수 없습니다. 합의서를 당사자 간에 작성하였다면, 이는 인증의 방법으로 작성하여야 하고 그럴 경우 상대방이 합의서 내용대로 이행하지 않았을 경우 강제집행을 실행할 수 없고, 재판을 통해 문제 해결을 하여야 합니다.

법 무 법 인 우 리 들

[제35호서식]

| 등부 **2016** 년 | 제 | **1566** | 호 |

인 증

위   공유물지분위치지정약정서   에 기재된

촉탁인   동   동   .동   .동   .동

동의 대리인 --------------------------------------

-- 은(는)

본 공증인의 면전에서 위 사서증서의 기명날인이 본인의 것임을 확인하였다. 본

공증인은 위 촉탁인등의 대리인이 제시한 주민등록증 -------------------- 에

의하여 그 사람이 틀림없음을 인정하였다.

촉탁에 관한 대리권은 본인의 위임장 및 인감증명서에 의하여 이를 인정하였다.

2016 년   7 월   28 일 이 사무소에서 위 인증한다.

법 무 법 인

소속 부산지방검찰청

부산광역시 연제구 법원남로 16 (거제동)

공증담당변호사

195

▶인증과 공증의 차이

사서증서는 법률행위를 한 당사자가 작성한 것인데 반하여, 공정증서는 공증인이 직접 작성한 것으로서 둘 다 증거 능력이 발생합니다.

▶공정증서는 금전, 대체물, 유가증권의 지급약속이며 강제집행 응락 기재가 있을 경우, 재판 절차 없이 공정증서를 근거로 강제집행을 실행할 수 있으나, 인증은 강제집행을 실행할 수 없습니다.

합의서를 당사자 간에 작성하였다면, 이는 인증의 방법으로 작성하여야 하고 그럴 경우 상대방이 합의서 내용대로 이행하지 않았을 경우 강제집행을 실행할 수 없고, 재판을 통해 문제해결을 하여야 합니다.

다만, 합의서 내용이 금전, 대체물, 유가증권의 지급약속이고 이를 공증인이 직접 채무변제계약 공정증서 형식으로 작성하고 강제집행 인락조항 이 있을 경우, 그 증서를 근거로 상대방 재산에 강제집행을 실행할 수 있습니다.

돈을 빌려주거나 갚을 돈이 있을 경우 차용증을 흔히 작성하러 공증사무실에 오시는 경우가 있습니다. 그런데, 공증사무실은 차용증과 같은 개인 간의 서류를 작성해드리는 곳은 아닙니다.

서류는 본인들이 작성해 오셔야 하지만, 내용이 비교적 간단한 경우 비치된 양식을 보고 그 자리에서 작성하셔도 무방합니다. 그런데, 공증사무실에서 차용증을 인증(사서증서 인증)하시고 나중에 곧바로 강제집행이 가능하다고 오해하시는 분들이 종종 있습니다.

그러나, 차용증은 개인 간의 사서를 단순히 공증인이 진정 성립(둘이 이 내용으로 합의한 것이 맞다)을 인증해 주는 것이지, 위 채권 관계에 강제집행력을 부여하는 것이 아닙니다.

그래서 개인간의 금전관계가 명확하다면, 공증인에게 소비대차계약을 체결하는 공정증서작성을 의뢰하여 집행력까지 부여받으면 법률관계도 자세히 명확하게 기재되고 집행력까지 부여받는 이점이 있습니다.

▶기획부동산의 토지 매입약정은 보통 지주와 작업 조건을 맞춘 후 판매를 시작하는데, 주로 대부분 토지매매대금의 10~30%의 대금을 선납하고 소유권이전등기를 경료하거나, 그 상태로 계약을 한 후 일정금액을 치루는 등 여러 방법(위다)으로 판을 짭니다. 그런 다음 판매 가격(입금가)을 결정합니다.

분할 절차

소유권의 이전, 매매 등을 위한 이유로 측량 토목 사무실에서 가분할도를 만든 후 이를 근거로 LX 한국국토정보공사에서 분할측량을 진행하게 됩니다. 분할측량이 마무리되면 측량성과도가 나오고, 측량성과도를 첨부하여 분할신청서를 제출하면 토지 분할 허가가 나오게 됩니다. 이후 지적도, 토지대장의 지적공부 정리가 된 후, 부동산 등기부등본상 새로운 지번이 생기고, 필지 분할에 따른 변경등기 순으로 진행하게 됩니다.

1. 가분할도 작성 후 측량신청
2. 분할측량 후 분할측량성과도 수령
3. 분할허가신청서 작성

이 분할측량성과도를 첨부해서 토지소재지 시·군·구청 도시과를 방문 비치된 토지개발(분할)허가신청서를 작성해서 접수하면 허가가 나오고 허가문서를 다시 한국국토정보공사에 제출하면 확정분할도를 해 줍니다.

4. 분할신청

이 확정분할도를 첨부하여 지적도 분할신청을 시군구청 지적과에 접수하면 지적도가 분할되고 분할등기(촉탁)도 지적과에서 해 줍니다.

그 다음엔 분할된 지적도를 발부받아 분할된 지번으로 매매계약서를 작성

소유권이전을 하면 됩니다.

사례를 통해서 보는 매매에 의한 토지분할 스터디

본인이 소유하고 있는 땅과 접해 있는 1필지를 2필지로 분할하는 절차를 진행하고 있습니다. 제 땅이 맹지여서 진입로를 확보하는 차원에서 말입니다. 지난 1월 6일 분할측량을 마치고 일주일이 지나서 관할청인 고성군청에서 '분할측량성과도'가 나왔다는 연락이 왔지요.

그 다음 날 매도인과 함께 군청 민원실을 방문하여 개발행위 허가신청, 토지분할 신청, 토지이동 신청을 동시에 처리했어요. 제 명의로 소유권 이전이 넘어오기 전이기 때문에 당연히 매도인이 신청을 해야 합니다. 이때 준비서류로 매매계약서를 지참하고, 인허가과에 다녀올 필요도 없이 민원실에서 모두 처리할 수 있어서 아주 좋습니다.

이렇게 개발행위허가신청서 등 제출을 마치면 토지분할로 인한 변경등기 촉탁까지 일사천리로 진행되어, 약 일주일 후에는 등기부등본을 출력해 볼 수 있다는군요.

절차
▶분할측량신청 → 측량후 분할측량성과도, 지적측량결과부 수령 → 개발행위 허가신청

토지를 분할하고자 할 경우, 개발행위허가를 받아야 하네요. 개발행위허가 신청서 등의 서류는 매도인이 직접 작성하여야 합니다. 그러나 실제로는 '분할측량성과도'를 바탕으로 군청 민원실 담당자가 전산으로 입력하고, 매도인은 이상 유무를 확인한 후 서명 또는 도장 날인만 하면 되었지요.

분할측량성과도는 한국국토정보공사에서 작성합니다. 그리고 소관청에서 검사를 완료한 후 측량의뢰인(매도인)에게 지적측량결과부와 함께 교부해 주었습니다.

▶지적측량결과부 : 경계점표지 위치를 찍은 사진과 지적측량 수행자 이름 등이 포함되어 있더군요.

▶토지분할 계획서

매매에 의한 토지분할의 경우 '토지매매계약서'를 첨부합니다. 현재의 면적과 분할면적, 분할 후 잔여 면적이 표시됩니다. 분할면적이 이번에 제가 매수할 면적입니다.

토지분할 계획서

1. 토지분할 목적

① 토지매매에 의한 토지분할(토지매매계약서 첨부)
② 공유지분에 외한 토지분할
③ 인접토지와 합병을 위한 토지분할

2. 신청지 면적조사

소재지		지번	지목	지적(m²)	분할면적 (m²)	분할 후 잔여면적 (m²)	비고
읍·면	리						
				385	104	261	

▶토지이동 신청서

이 절차가 지적공부(지적도, 토지대장 등) 정리 신청 절차로 보이는데요, 이동 전과 이동 후 토지 내용(지번, 지목, 면적)이 기재되어 있다.

▶이후, 소관청에서 지적공부 정리를 완료하면 등기소로 등기를 촉탁하여 토지분할 절차가 마무리됩니다. 매매 당사자가 등기소에 분할등기를 별도로 신청할 필요가 없다는 말씀이지요. 그러나 분할되는 토지 매매계약 관련 소유 권이전등기는 신청해야 한다.

토지분할을 통해 얻을 수 있는 수익 분석

커다란 덩어리의 땅을 매수 후에 잘게 쪼개어 파는 행위를 생각하면 무엇이 떠오르는가? 그렇다. 기획부동산이 떠오를 것이다. 하지만, 기획부동산의 경우는 땅의 실제 가치를 현저하게 웃도는 가격으로 되파는 게 큰 문제이지 토지분할 자체가 불법인 건 아니다. 그렇다면 왜 토지분할을 통해 수익을 낼수 있는 걸까?

단순히 토지를 사고파는 행위와 같이 사놓고 때를 기다리는 소극적인 투자보다는 토지개발을 통해 적극적인 대처로 접근하신다면 생각지도 못한 부가가치를 창출할 수도 있을 것으로 생각된다. 토지분할은 토지투자에 있어서 토지의 가치를 높이는 수단이 될 수도 있고 분할매각으로 더 높은 수익을 기대할 수 있으며 도로개설 등 개발행위를 하기 위해서도 알아놓으시면 분명히 도움이 될 것으로 믿는다.

토지의 분할은 크게 두 가지 목적으로 하게 된다.

첫째. 토지의 가치를 높이는 개발행위를 위한 경우(분할 매각 포함)

둘째. 공유물 분할을 위한 경우

종래에는 관리지역이나 농림지역, 자연환경보전지역에서 허가 없이 신청만으로 토지 분할이 가능했지만, 이제는 이 지역에서도 허가를 받아야 분할이 가능하다.(이로써 기획부동산의 작업은 한층 더 어려워졌다.)

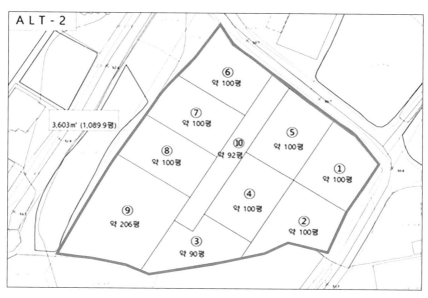

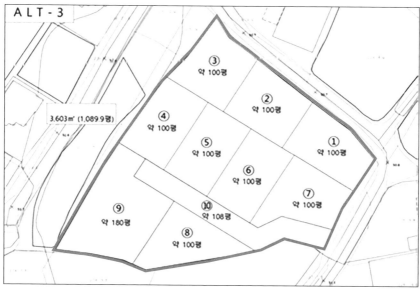

기본적으로 토지의 분할도 개발행위허가를 받아야 하는 만큼 건축 도로가 확보돼 있어야 가능하다.

토지의 분할은 다소 복잡하고 지자체마다 조례로 별도의 규정을 두고 있어서 반드시 해당 지자체의 조례를 참조하고 허가민원과나 토지정보과에 문의해 보는 것이 좋을 듯하다. 또 한 가지 토지분할의 매력은 분할 매매 시 양도소득세를 획기적으로 줄이는 수단으로 활용할 수 있다.

"가격은 오르나 팔리지는 않는다."는 말이 있다. 토지를 매입할 때 가장 문제가 되는 토지가 바로 이와 같은 경우이다.

사전적인 의미로 지적공부에 등록된 1필지를 2필지 이상으로 나누어 등록하는 토지분할! 토지분할의 매력은 덩어리가 큰 땅은 평단가가 낮지만, 수요자가 많이 찾는 평수로 쪼개기를 할 때 평단가는 높아져 투자수익으로 연결된다는 데 있다.

이러한 토지 분할은 광역적인 호재가 없어도 합법적으로 자신의 노력으로 얻어지는 수익이기 때문에 변수가 없는 투자법으로 주목을 하고 있기도 하다. 하지만, 무분별한 난개발을 방지하기 위해 분할이 가능한 대상을 다음과 같이 법적으로 명확하게 분류하였고, 각종 제한을 두고 있으므로 꼼꼼한 접근이 필요하기도 하다.

분할이 가능한 토지의 분석과 투자

분할이 가능한 토지는 다음과 같다.
① 1필지의 일부가 지목이 다르게 된 때.
② 소유권이 공유로 되어 있는 토지의 소유자가 분할에 합의하거나 토지거래허가구역에서 토지거래계약허가가 된 경우 또는 토지의 일부를 매수하기 위하여 매매계약 체결 등으로 인하여 1필지의 일부가 소유자가 다르게 된 때.

③ 분할이 주된 지목의 사용 목적에 적합하게 토지소유자가 매매 등을 위하여 필요로 하는 때.

④ 토지이용상 불합리한 지상 경계를 지정하기 위한 때.

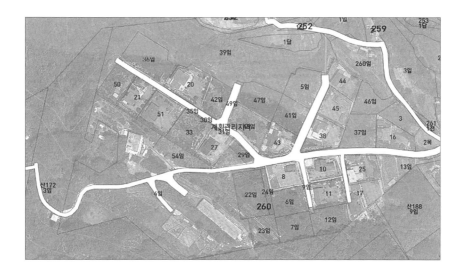

토지투자에서는 지금 당장 토지가격이 저렴하다고 하여 매입하는 것보다는 그 토지가격이 지속적으로 오를 것으로 예상되고 쉽게 매도할 수 있는지 여부가 더 중요하다.

조건이 좋지 않은 토지를 당장 싸다고 사는 것은 평생 그 토지의 소유자가 될지도 모르는 위험을 안는 것이다. 결국 쉽게 팔릴 수 있는 토지는 가격과 관계없이 싼 토지가 되는 것이고, 쉽게 팔릴 수 없는 토지는 그 가격과 관계없이 비싼 토지가 되는 것이다. 넓은 임야를 산 후 분할하여 소형평수 땅들을 일반인에게 파는 기획력은 좋지만 일부 사례들로 문제가 되었던 기획부동산들이 시발점이 되어 토지분할 시 개발행위허가를 받게 제도가 만들어졌다.

정확히는 제도 변경 이전에는 기존 도시지역에서만 토지분할할 때 개발행위허가가 필요했던 것이 시골조차 포함되는 모든 용도지역에서 분할 시 개발행위허가를 받아야 하게 바뀐 것이다.

분할 모양

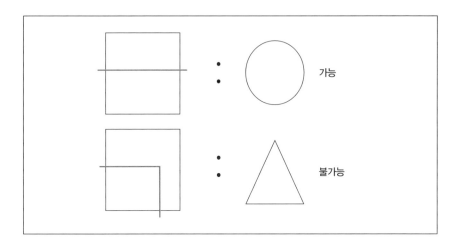

가능

불가능

위 그림에서 첫 번째 그림처럼 토지를 분할한다면 언제든 개발행위허가를 쉽게 받을수 있지만 아래 경우라면 다르다. 그런 경우 관계법령에 의하여 인 허가를 받아야 한다. 다시 말해, 아래 형태로 분할하기 위해서는 건축허가를 받아야 한다. 건축허가를 받으면 분할허가는 받지 않아도 된다.

결국, 건축 허가를 받지 않는다면 길 모양으로 길다랗게 폭이 좁은 형태의 분할은 가능하지 않다.

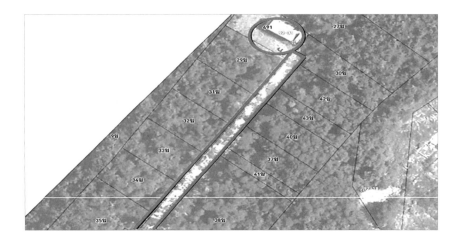

그래서 기획부동산뿐만 아니라 개인이 토지를 매입하여 분할 하여 다시 매도할 때에도 위 그림처럼 분할토지 제일 안쪽 건축허가를 받아 건축을 함으로써 의도한 모양대로 분할이 가능하도록 하는 방법을 쓰기도 한다.

분할 면적

분할을 함에 있어 또 하나 중요한 것은 분할 제한 면적이다.

위에서 살펴본 반듯한 모양으로 분할을 하려 해도 최소분할 면적 미만으로는 불가능하다. 불가피하게 최소면적 이하로 하려한다면, 마찬가지로 건축허가를 받아야 한다. 인천의 경우 녹지, 관리, 농림, 자연환경보전지역에서 인허가가 필요 없는 토지분할 제한 면적은 200m² 이다.

이 제한면적은 옆 토지와 교환하거나 경계선 불일치를 고치거나 할 때 일어나는 "합병을 위한 토지의 분할" 경우 또한 포함된다. 쉽게 말해, 잘라내는 면적이 기준면적 미만인 것은 괜찮지만 분할 후 남은 토지 면적이 그 미만으로 되어서는 아니 된다.

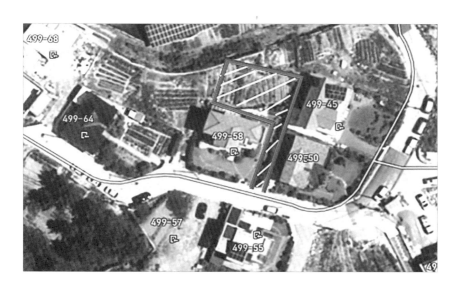

이에 따라 오는 불합리한 상황도 물론 있다. 실제 도로가 필요한 일반 토지 지주들도 피해를 볼 수 있다는 것이다.

큰 평수의 토지는 매매가 쉽지 않기 때문에 분할을 하여 매도할 때, 도로를 접한 부분이 길지 않아 두 개의 필지로 나눴을 때 모양이 이용에 합리적이지 않게 긴 직사각형 모양이 된다면 앞뒤로 나눌 수밖에 없는데, 단지 토지를 나

뒤 매도하려고만 하는데에도 뒤땅에 대해 건축허가를 받아야만 분할이 가능하기 때문이다. 기획부동산 잡으려다 시민까지 잡게 된 셈이라고 볼 수 있다.

개발행위 허가신청

분할허가 신청은 어렵지 않다. 개발행위허가서와 '가분할 도면'을 첨부해 제출하면 된다.

개발행위허가 신청서는 신청인과 종전 면적, 분할 면적, 개발행위 목적을 적는다.

건축설계사로부터 도움을 받을 수도 있지만, 매도를 위한 간단한 분할 등의 경우 직접 신청해도 별무리가 없다.

가분할 도면은 일정 형식이 있는 것은 아니므로 해당 토지의 지적도를 발급받아 그 위에 볼펜으로 분할선을 그려 넣으면 된다. 다만, 토지형질변경을 받아 진입도로와 여러 건축부지로 분할할 때에는 정확한 면적 일치가 요구되므로 건축설계사의 도움을 받는 편이 낫다.

보통 처리기간은 15일 이내이다.

공유토지의 분할 실무

우리나라 부동산 관련법 체계에서 부동산은 기본적으로 토지와 건물로 나뉜다. 그리고 하나의 부동산 단위를, 토지의 경우 '필지'로 구분하고 건물의 경우에는 '동' 단위로 나누어 관리하고 있다. 그리고 '일물일권의 원칙'에 의해 하나의 부동산에는 하나의 물권만이 존재하는 것으로 강제하고 있다.

예를 들면 소유권의 경우, 하나의 필지에는 하나의 소유권만 존재한다. 그러나 하나의 소유권이란 그것이 한 사람의 소유권자만 있는 단독 소유가 일반적이지만 둘 이상의 주체가 공동 소유하는 경우도 있다. 그리고 공동 소유에는 합유(조합의 경우)와 총유(종중의 경우)도 있으나 통상 공유(상속재산의 공유 등)가 가장 많다.

공유의 경우에는 2인 이상이 지분의 형태로 하나의 부동산을 함께 소유하는 것에 불과하다. 그리고 공유지분에 있어서는 분할경계의 특약이 없으면 자기 고유의 경계를 가진 자만의 토지를 확정할 수 없다. 그래서 지분을 매입하는 경우에는 어느 부분까지가 내 땅인지 전혀 알 수 없고, 2인 이상이 공유하는 토지에 대해 각자 단독 소유를 원할 때는 공유물을 법적으로 쪼개는 수밖에 없다. 이것을 공유물의 분할이라고 한다.

공유물의 분할은 당사자 모두가 합의하는 것을 원칙으로 한다. 당사자 사이에서 경계 등의 문제로 합의가 이뤄지지 않는다면 소송을 통해 땅을 쪼개거나 토지 매각대금을 나누어 가질 수밖에 없다.

공유토지 분할 요점과 절차

공유물은 공유자 간에 분할하지 않을 것을 약정해 둔 경우가 아니라면 다른 공유자에게 그 공유물을 분할할 것을 자유로이 청구할 수 있다. 이때 분할방법에 관하여는 공유자들 간에 협의를 하는 것이 우선이고, 그 협의가 이루어지지 않는 경우에 공유자는 법원에 그 분할을 청구할 수 있다.

재판에 의하여 공유물을 분할하는 경우 법원은 각 공유자의 지분에 따른 합리적인 분할을 할 수 있는 한 현물로 분할하는 것이 원칙이다.

다만, 현물로 분할할 수 없거나 공유물의 성질, 위치나 면적, 이용 상황, 분할 후의 사용가치 등에 비추어 볼 때 현물분할을 하는 것이 곤란하거나 적당하지 않다고 판단하는 경우, 또는 현물로 분할을 하게 되면 현저히 그 공유물의 가액이 감손될 염려가 있는 경우에는 법원은 공유물의 경매를 명하여 대금분할을 하도록 결정할 수도 있다.

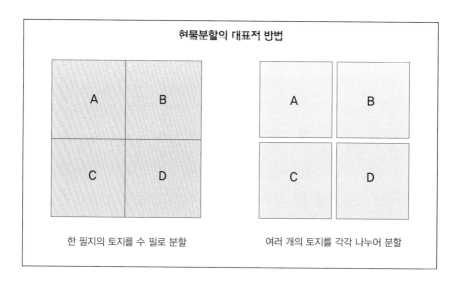

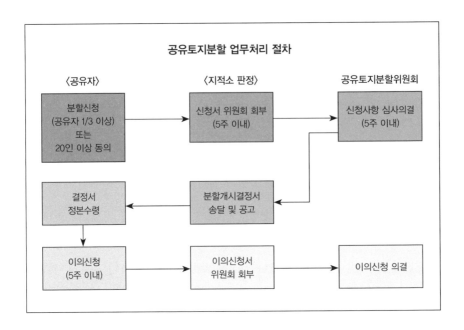

공유토지분할 업무처리 절차

〈공유자〉

분할신청
(공유자 1/3 이상)
또는
20인 이상 동의

〈지적소 판정〉

신청서 위원회 회부
(5주 이내)

공유토지분할위원회

신청사항 심사의결
(5주 이내)

결정서
정본수령

분할개시결정서
송달 및 공고

이의신청
(5주 이내)

이의신청서
위원회 회부

이의신청 의결

　법원은 공유물을 분할하는 방법을 선택함에 있어서 당사자가 구하는 방법에 구애를 받는 것은 아니다. 법원의 재량에 따라 공유관계나 그 객체인 물건의 제반 상황을 고려하여 공유자의 지분 비율에 따른 합리적인 분할을 하게 된다.

　그리고 일정한 요건이 갖추어진 경우에는 공유자 상호간에 금전으로 경제적 가치의 과부족을 조정하게 하여 분할을 하는 것도 허용된다. 또한 만약 여러 사람이 공유하는 물건을 현물 분할함에 있어 나머지 공유자들이 분할을 원하지 않는 경우라면 나머지 공유자들은 종전과 마찬가지로 공유로 남는 방법도 허용된다.

　한편 당초 공유자들 간에 공유물 분할방법에 관하여 협의가 성립된 후라면 그 후 일부 공유자가 분할에 따른 이전등기에 협조하지 않거나 분할에 관하여 다시 다툼이 있는 경우에도 공유물분할청구의 소를 제기하는 것은 허용되지 않는다. 공유물분할은 협의분할을 원칙으로 하고, 협의가 성립되지 않는 경우에 한하여 법원에 공유물분할청구의 소를 제기할 수 있기 때문이다.

이 경우에는 공유물분할청구를 할 것이 아니라 협의된 내용에 따라 분할된 부분에 대한 소유권 이전등기를 청구하든가 소유권확인을 구하여야 한다.

본건의 경우 우선 공유자들과 협의분할을 시도해보고, 협의가 이루어지지 않는 경우에는 법원에 공유물분할청구의 소를 제기하여 법원의 판결에 따라 분할을 받으면 된다.

① 민사소송 의뢰 : 변호사 사무실에 의뢰
  - 공유지분자 중(예 : 26명 경우) 1인을 선정하여 나머지 25명이 원고가 되고 1명이 피고가 되어 공유지분정리소송을 신청.
  - 구비서류 : 소송인 전체 인감증명서 1부(소송위임용), 위임장(인감도장 날인). 위임장은 1권 ○페이지의 일괄 서식에 전체가 날인하는 것이 편리함.
② 민사소송 신청
③ 법원 분할신청 : 법원에서 한국국토정보공사에 피고들이 공유지분분할을 신청한 도면으로 지적 분할측량 신청
④ 분할측량 실시
⑤ 분할측량성과도 발급 : 한국국토정보공사에서 법원으로 직접 송달
⑥ 조정신청서 제출 : 측량성과도를 첨부한 조정신청서 제출(변호사 사무실에서 작성 신청)
⑦ 조정 : 민사조정실에서 피고와 원고가 입회한 자리에서 조정(분쟁이 없을 경우 20초 만에 끝남)
⑧ 조정이 완료된 [조정조서]를 피고와 원고에게 송달
⑨ 송달증명서 발급(변호사 사무실에서 법원에 송달증명서 신청 및 발급)
⑩ 송달증명서 및 분할측량성과도를 수령
⑪ 지적정리 신청 : 성과도 원본과 송달증명서를 첨부하여 지적정리 신청
⑫ 법원에 판결문 원본의 사본 : 수 통 부여를 신청하여 26통을 확보.
⑬ 공유지분 분할등기 신청 : 26통의 판결문으로 공유지분정리 신청

• 신청인의 구비서류 없음. 판결문으로만 정리신청 가능.

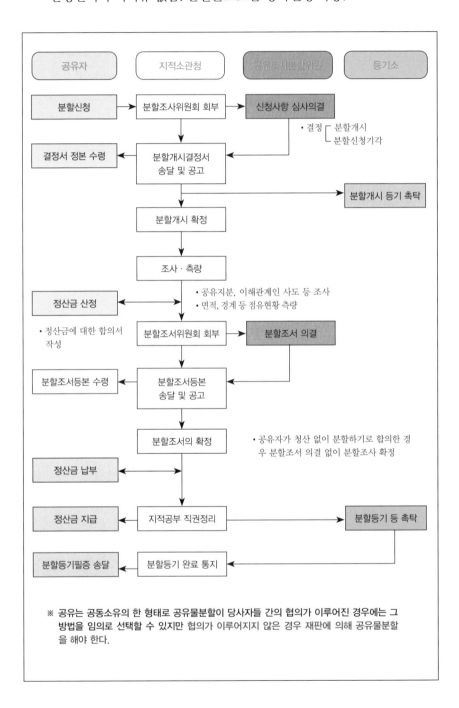

| 공유자 | 지적소관청 | 공유토지분할위원회 | 등기소 |

분할신청 → 분할조사위원회 회부 → 신청사항 심사의결

• 결정 ⌐ 분할개시
       └ 분할신청기각

결정서 정본 수령 ← 분할개시결정서 송달 및 공고 ←

→ 분할개시 등기 촉탁

분할개시 확정

조사 · 측량

정산금 산정 ←

• 공유지분, 이해관계인 사도 등 조사
• 면적, 경계 등 점유현황 측량

• 정산금에 대한 합의서 작성

분할조서위원회 회부 → 분할조서 의결

분할조서등본 수령 ← 분할조서등본 송달 및 공고 ←

분할조서의 확정

• 공유자가 청산 없이 분할하기로 합의한 경우 분할조서 의결 없이 분할조사 확정

정산금 납부 ←

정산금 지급 ← 지적공부 직권정리 → 분할등기 등 촉탁

분할등기필증 송달 ← 분할등기 완료 통지 ←

※ 공유는 공동소유의 한 형태로 공유물분할이 당사자들 간의 협의가 이루어진 경우에는 그 방법을 임의로 선택할 수 있지만 협의가 이루어지지 않은 경우 재판에 의해 공유물분할을 해야 한다.

토지투자 성공사례로 보는 공유물분할청구

춘천시 남면 소재(강촌인근) 1998년 공유물분할청구소송을 통하여 상담인 소유로 12,631㎡(3,830평) 5필지가 소유권 이전등기 절차를 이행하였어야 하나 공유물분할등기 절차를 이행하지 못해 21년간이나 쌍방 모두 현재까지 그대로 둔 사례이다.

상대방 4인 중 1인만 현지에 거주 연락이 되고 나머지 3인은 일면식도 없다고 한다. 현지에 거주하고 있는 토지소유자 또한 3인의 형제와 연락을 하지 않고 지낸다. 토지 3곳 중 한 곳만 경작할 뿐 두 곳은 방치되어 전·답이 숲으로 덮인 채 산으로 변해 있었으며, 공시지가는 약 1억 7,000만 원 정도였다.

토지소유자는 매매를 원해 필자는 토지 현장답사 후, 장·단점을 분석해 주었다.

토지 소재지는 서울양양고속도로 강촌 IC 2.5킬로미터 지점으로 서울 동북권에서 50분대 거리로 접근성이 좋은 편이다. 춘천시 초입이고 제2경춘국도가 남양주시 화도읍에서 춘천 남면(강촌)까지 32.9킬로미터로 연결된다. 남면에서 춘천시청까지 20킬로미터에 불과하고 현재 춘천 외곽순환도로가 서울양양고속도로 춘천 IC에서 춘천댐까지 연결되어 있다. 제2경춘국도 남면 IC까지 춘천외곽순환도로 16킬로미터 구간이 연결될 예정이다.

춘천 시내를 경유하지 않고 남면에서 춘천외곽순환도로를 따라 화천군, 양구군, 고성으로 곧바로 연결되고, 강원도 원산(북한)까지 제2경춘국도가 가장 빠른 지름길이 된다. 춘천시 신북읍 발산리 산723번지 일대로 춘천 외곽순환도로가 지나고 있어 상세히 확인한 것이다.

접근성에는 장점이 매우 높은 반면 단점도 상당하다. 상담인도 현장 확인을 통해서 알고 있었다. 서울양양고속도로가 이 토지 바로 앞으로 지나고 있고 굴다리 끝에 바로 붙어 있다. 자동차가 지나는 구간이 시속 100킬로미터 구간이지만 평일은 140~150킬로미터로 달리고 있어 탱크가 지나가는 정도의 소음지역이고, 농로길로 연결되어 있었지만 경사도가 16~17도로 농토로서도 부적합했다. 다만 옆에 계곡이 있어 수자원이 풍부하여 개발 가치에 따라 옥토로 바뀔 수 있었다.

필자는 상담인에게 이 토지를 현 상태로는 1억 원에 매도하기도 어렵다는 의견을 제시하면서 3단계로 처리하고 매각을 하라고 조언했다.

첫 번째, 공부 정리부터 공유물 분할에 의한 소유권 이전등기 이행이 우선이다.

두 번째, 도로공사에 공문을 발송하여 위 토지 구간에 속도감지기 설치 요망.(저속일 경우 소음이 대폭 감소)

세 번째, 굴착기 작업을 통해 필지를 3단으로 분리(분할)해 하단 1,500평, 중단 1,500평, 상단 830평으로 평탄 작업을 한 후 공시지가보다 높은 가격인 평당 70,000원대에 매매할 경우 약 2억 7,000만 원 정도가 된다. 소유권 이전 비용과 굴착기, 토목비용, 중개수수료 등을 제외하면 2억 2,000만 원 가량을 수령 가능하다고 상담했다. 귀농, 귀촌 과정에 주택을 건축하게 되면 소음방지벽 설치도 가능하므로 완전히 다른 모습의 토지가 되는 것이다. 현재 소유권 이전 절차 과정에 있다.

사람으로 비유하면 불치병을 가지고 있는 땅이지만 명의를 만나면 치유가 되는 것처럼 쓸모없는 땅도 전문가를 만나면 가치 있는 토지로 전환

될 수 있다. 현재 상속을 받았던 이 토지는 공유물분할판결에 의한 소유권 이전등기절차를 진행하고 있으며, 토목공사 등을 통하여 명품 토지로 새롭게 태어날 수 있을 것이다.

판례로 보는 공유물분할

공유토지 분할 방법 및 분할등기 순서	
분할 방법	• 당사자간 합의에 의한 분할 방법 　(당사자간 합의 불가능 할 때 : 상대방은 현금분할을 청구할 수 있음) • 법원에 공유물분할청구의 소송을 제기 분할하는 방법
분할등기 순서 (흐름)	등기부등본 / 지적도(서류준비) → 시·군·구청 민원실 분할측량 신청 → 1주일 후 당사자 입회 후 현장측량 실시 → 1주일 내 분할측량성과도 발급 → 토지이동신고서+측량성과도 첨부(토지소유자 2명 도장 날인), 시·군·구청 지적계 제출 → 1~2주 후 〈토지대장〉 2개 필지(지번)로 분할되어 나옴 → 토지대장 첨부하여 관할법원 등기계에 〈공유물분할 소유권〉 등기 신청(법무사 대행 가능 = 수수료 부담) → 분할등기 완료(단독소유권 등기 완료)

토지분할신청 불허가처분 취소 [대법원, 2013두1621, 2013.7.11]

【판시사힝】

구 국토의 계획 및 이용에 관한 법률상 개발행위허가의 대상인 토지분할에 관하여 신청인이 허가신청 시 공유물분할판결 등의 확정판결을 제출한 경우에도 같은 법에서 정한 개발행위허가기준 등을 고려하여 거부처분을 할 수 있는지 여부.(적극)

【판결요지】

구 국토의 계획 및 이용에 관한 법률(2011. 4. 14. 법률 제10599호로 개정되기 전의 것, 이하 '국토계획법'이라 한다.)상 토지분할 허가제도의 취지·목적, 개발행위허가권자의 재량권의 범위, 지적에 관한 법률 규정의 취지 등에 비추어 볼 때, 개발행위허가권자는 신청인이 토지분할 허가신청을 하면서 공유물분할 판결 등의 확정판결을 제출하더라도 국토계획법에서 정한 개발행위허가기준 등을 고려하여 거부처분을 할 수 있으며, 이러한 처분이 공유물분할 판결의 효력에 반하는 것은 아니다.

【참조조문】

구 국토의 계획 및 이용에 관한 법률(2011. 4. 14. 법률 제10599호로 개정되기 전의 것) 제56조 제1항 제4호, 구 국토의 계획 및 이용에 관한 법률 시행령(2012. 4. 10. 대통령령 제23718호로 개정되기 전의 것) 제51조 제5호 (가)목, 측량·수로조사 및 지적에 관한 법률 제79조, 구 측량·수로조사 및 지적에 관한 법률 시행령(2013. 3. 23. 대통령령 제24443호로 개정되기 전의 것) 제65조 제2항, 구 측량·수로조사 및 지적에 관한 법률 시행규칙(2011. 10. 10. 국토교통부령 제389호로 개정되기 전의 것) 제83조 제1항.

【주 문】

상고를 모두 기각한다. 상고비용은 원고들이 부담한다.

【이 유】

상고이유를 판단한다.

1. 상고이유 제4점에 대하여

가. 구 국토의 계획 및 이용에 관한 법률(2011. 4. 14. 법률 제10599호로 개정되기 전의 것. 이하 '국토계획법'이라 한다.) 제56조 제1항 제4호 및 구 국토의 계획 및 이용에 관한 법률 시행령(2012. 4. 10. 대통령령 제23718호로 개정되기 전의 것) 제51조 제5호 (가)목에 의하면, 녹지지역·관리지역·농림지역 및 자연환경보전지

역 안에서 관계 법령에 따른 허가·인가 등을 받지 아니하고 행하는 토지의 분할은 개발행위로서 특별시장·광역시장·시장 또는 군수(이하 '개발행위허가권자'라 한다.)의 허가를 받아야 한다.

국토계획법이 토지분할을 개발행위로서 규제하는 취지는 국토가 무분별하게 개발되는 것을 방지하고 토지이용을 합리적·효율적으로 관리하여 공공복리를 증진하려는 목적을 달성하고자 하는 데 있으므로, 개발행위허가권자는 분할허가신청의 대상인 당해 토지의 합리적 이용 및 공공복리의 증진에 지장이 될 우려가 있는지 등을 고려하여 재량으로 그 허가 여부를 결정할 수 있다.

나. 한편 이 사건 처분 당시 시행되던 측량·수로조사 및 지적에 관한 법률(이하 '지적에 관한 법률'이라 한다.) 제79조와 구 측량·수로조사 및 지적에 관한 법률 시행령(2013. 3. 23. 대통령령 제24443호로 개정되기 전의 것) 제65조 제2항 및 구 측량·수로조사 및 지적에 관한 법률 시행규칙(2011. 10. 10. 국토교통부령 제389호로 개정되기 전의 것) 제83조 제1항에 의하면, 토지소유자가 토지를 분할하려면 지적소관청에 분할사유를 적은 신청서를 제출하여야 하고, 분할허가 대상인 토지의 경우에는 허가서 사본을, 법원의 확정판결에 따라 토지를 분할하는 경우에는 확정판결서 정본 또는 사본을 첨부하여야 한다.

이처럼 지적에 관한 법령에서 토지분할신청 시에 위에서 본 바와 같은 첨부서류를 제출하도록 한 것은, 개발행위허가 등의 공법상 규제요건과 확정판결 등의 사법상 권리변동요건의 충족 여부를 각 제출서류에 의하여 심사함으로써 국토의 효율적 관리와 국민의 소유권 보호라는 입법 목적을 조화롭게 달성하려는 것이므로, 국토계획법상 개발행위허가 대상인 토지에 대하여 분할을 신청하려면 반드시 그 허가서 사본을 제출하여야 하고, 공유물분할 등 확정판결이 있다고 하여 달리 볼 것은 아니다.

이와 같은 국토계획법상 토지분할 허가제도의 취지·목적, 개발행위허가권자의 재량권의 범위, 지적에 관한 법률 규정의 취지 등에 비추어 볼 때, 개발행위허가권자는 신청인이 토지분할 허가신청을 하면서 공유물분할 판결 등의 확정판결을 제출하더라도 국토계획법에서 정한 개발행위허가기준 등을 고려하여 거부처분을 할 수 있으며, 이러한 처분이 공유물분할 판결의 효력에 반하는 것은 아니다.

다. 원심판결 이유에 의하면, 원심은 피고가 국토계획법상 농림지역 및 관리지역에 속한 이 사건 임야에 관한 원고들의 국토계획법상 토지분할 허가신청을 거부한 이 사건 처분의 적법성을 판단하면서, 원고들이 이 사건 임야에 관한 공유물분할 판결을 받아 그 판결이 확정된 사정을 고려하지 아니한 채, 국토계획법상 개발행위허가의 법적 성격, 그 요건이나 기준 등에 관한 독자적인 법리에 따랐다.

앞서 본 법리에 비추어 보면 원심이 이처럼 판단한 것은 정당하고, 거기에 지적에 관한 법률의 해석에 있어서 확정판결에 기초한 토지분할과 국토계획법상 개발행위허가의 대상인 토지분할의 관계에 관한 법리 등을 오해한 위법이 없다.

원고가 상고이유에서 들고 있는 대법원판결은 이 사건과 사안이 다르므로 이 사건에 원용하기에 적절하지 아니하다.

2. 상고이유 제1점, 제2점에 대하여

행정청 내부의 사무처리에 관한 재량준칙의 경우 대외적으로 국민이나 법원을 기속하는 효력, 즉 법규적 효력이 없으므로, 이러한 재량준칙에 기한 행정처분의 적법 여부는 그 처분이 재량준칙의 규정에 적합한 것인가의 여부에 따라 판단할 것이 아니고 그 처분이 관련 법률의 규정에 따른 것으로 헌법상 비례·평등의 원칙 위배 등 재량권을 일탈·남용한 위법이 없는지의 여부에 따라 판단하여야 한다.(대법원 1994. 3. 8. 선고 93누21958 판결, 대법원 1998. 3. 27. 선고 97누20236 판결 등 참조).

원심판결 이유에 의하면, 원심은 '남양주시 기획부동산 분할제한 운영지침'(이하 '이 사건 운영지침'이라 한다.)에 기한 이 사건 처분의 적법성 여부를 판단하면서, 이 사건 운영지침이 지방자치단체인 피고 내부의 사무처리준칙으로서 법규적 효력이 없어 이 사건 처분의 적법 여부 판단의 근거가 될 수 없음을 전제로 이 사건 운영지침의 위헌성 등 판단에 나아가지 아니하고, 이 사건 처분에 국토계획법 등 관련 법률에 따라 재량권 일딜·님용의 위법이 없는지 여부만을 판단하였다.

앞서 본 법리에 비추어 원심이 이처럼 판단한 것은 정당하고, 거기에 지방자치단체 내부의 사무처리준칙에 기한 행정처분의 적법성 판단에 관한 법리나 이 사건 운영지침의 위헌성에 관한 법리 등을 오해한 위법이 없다.

3. 상고이유 제3점에 대하여

원심은 그 채택 증거를 종합하여 판시와 같은 사실을 인정한 다음,

① 이 사건 임야는 국토계획법상 농림지역 및 보전관리지역으로 농림업을 진흥시키고 산림을 보전하기 위하여 필요한 지역인 점,

② 주식회사 호연에프앤씨는 이 사건 임야를 포함하여 그 일대에서 소유자별로 소규모의 사각형 형태를 유지하면서 수십 개의 필지로 분할하여 왔고, 위 회사로부터 이 사건 임야의 지분을 이전받은 원고들의 이 사건 임야분할신청도 그 일환의 것으로 보이는 점,

③ 피고가 개발행위 허가대상인 토지분할 행위라 할지라도 법원의 확정판결이나 화해권고결정 등에 기하여 분할신청을 하면 이를 받아들여 왔다는 관행이 성립하였다고 보기에 부족한 점 등에 비추어 이 사건 처분에 헌법상 비례·평등의 원칙 위배 등 재량권을 일탈·남용한 위법이 없다고 판단하였다.

원심의 이러한 판단은 국토계획법상 개발행위허가의 재량행위에 관한 법리에 기초한 것으로서 정당하고, 거기에 국토계획법상 토지분할허가 거부처분의 재량권 일탈·남용에 관한 법리 등을 오해한 위법이 없으며, 한편 원심

의 이러한 판단 속에는 원고가 내세우는 그 밖의 재량권 일탈·남용 사유의 부존재에 관한 판단도 포함되어 있다고 볼 것이므로 판단 누락의 위법도 없다.

4. 결론

그러므로 상고를 모두 기각하고, 상고비용은 패소자들이 부담하도록 하여 관여 대법관의 일치된 의견으로 주문과 같이 판결한다.

_ 대법관 김소영(재판장) 신영철 이상훈(주심) 김용덕

공유물분할 관련 판례

공유물 분할의 소의 성격(형성의 소)과 분할청구자가 바라는 방법에 따른 현물분할을 하는 것이 부적당하거나 그 가액이 현저히 감손될 염려가 있는 경우 법원이 취해야 할 조치.(대법원 1991. 11. 12. 선고 91다27228 판결)

법리 해설

지분경매의 특징은 지분을 낙찰 받은 사람은 그때부터 해당 물건에 공유자로 포함되고, 더 나아가 공유관계가 자신의 의사에 부합하지 않는 경우에는 공유물분할 소송을 제기하여 공유물에 대한 경매신청까지 가게 된다는 점이다.

지분경매의 최종 목적은 이와 같은 공유물 분할 청구이다. 다만 현물분할의 경우, 해당 공유자는 공유물 분할로 인한 경매 절차에서 낙찰자가 될 수 없고, 대부분 낙찰자가 지급한 대금을 분배받게 된다.(이 점에서 해당 공유자는 공유자우선매수청구권을 행사할 수 없다.)

이와 같이 지분 경매는 경매 수익을 취득하기 위하여 다소의 시간이 소요

되나 그만큼 이익이 보장된다는 점에서 일부 경매 투자자들의 선호 대상 종목인 것이다.

대상판결은 본 법리를 최초로 정리한 대법원 판결이라는 데 의의가 있다.

▶▶▶ 등기가 있어야 물권이 변동되는 경우는?

※등기가 필요없는 경우 : 상속, 공용징수, 판결, 경매, 기타 법률의 규정
▶형성판결 : 등기 없이 물건 취득
▶이행판결 : 등기가 필요함

판결 받는 경우에는 등기 없이 물권 취득

① 공유물분할청구소송에서 현물분할의 협의가 성립하여 조정이 되었을 때 공유자들의 소유권 취득
  ▶법률행위로 인한 물권의 변동 : 등기가 필요함.
② 건물 소유자의 법정지상권 취득
  ▶요건 충족 시 생기는 권리 : 등기 필여 없음.
③ 분묘기지권의 시효취득
  ▶관습법에 따른 물권 : 등기 필요 없음.
④ 저당권 실행에 의한 경매에서의 소유권 취득
  ▶민법 제187조 : 등기 필요 없음.
⑤ 법정 갱신된 경우의 전세권 취득
  ▶법정요건을 갖춘 시점에 전세권 취득 : 등기 필요 없음.

법원에서의 판단

공유는 물건에 대한 공동소유의 한 형태로서 물건에 대한 1개의 소유권이 분량적으로 분할되어 여러 사람에게 속하는 것이므로 특별한 사정이 없는 한 각 공유자는 공유물의 분할을 청구하여 기존의 공유관계를 폐지하고 각 공유자 간에 공유물을 분배하는 법률관계를 실현하는 일방적인 권리를 가지는 것이고(공유물분할의 자유), 따라서 공유물의 분할은 당사자 간에 협의가 이루어지

는 경우에는 그 방법을 임의로 선택할 수 있으나 협의가 이루어지지 아니하여 재판에 의하여 공유물을 분할하는 경우에는 법원은 현물로 분할하는 것이 원칙이고, 현물로 분할할 수 없거나 현물로 분할을 하게 되면 현저히 그 가액이 감손될 염려가 있는 때에 비로소 물건의 경매를 명할 수 있는 것이다.(민법 제269조 제2항)

물론 여기에서 현물로 분할할 수 없다는 요건은 이를 물리적으로 엄격하게 해석할 것은 아니고 공유물의 성질, 위치나 면적, 이용 상황, 분할 후의 사용가치 등에 비추어 보아 현물분할을 하는 것이 곤란하거나 부적당한 경우를 포함한다 할 것이고, 현물로 분할을 하게 되면 현저히 그 가액이 감손될 염려가 있는 경우라는 것도 공유자의 한 사람이라도 현물분할에 의하여 단독으로 소유하게 될 부분의 가액이 분할 전의 소유지분 가액보다 현저하게 감손될 염려가 있는 경우도 포함한다고 할 것이나(당원 1985.2.26. 선고 84다카 1194 판결 참조), 그렇다고 하더라도 재판에 의한 공유물분할은 각 공유자의 지분에 따른 합리적인 분할을 할 수 있는 한 현물분할을 하는 것이 원칙이다.

그러므로 공유물분할의 소는 형성의 소(법률 관계의 변동을 목적으로 하는 소송)이며, 법원은 공유물분할을 청구하는 원고가 구하는 방법에 구애받지 아니하고 자유로운 재량에 따라 합리적인 방법으로 공유물을 분할할 수 있는 것이므로, 원고가 바라는 방법에 따른 현물분할을 하는 것이 부적당하거나 이 방법에 따르면 그 가액이 현저히 감손될 염려가 있다고 하여 이를 이유로 곧바로 대금분할을 명할 것은 아니고, 다른 방법에 의한 합리적인 현물분할이 가능하면 법원은 그 방법에 따른 현물분할을 명하는 것도 가능하다.

당원은 일정한 요건이 갖추어진 경우에는 공유자 상호간에 금전으로 경제적 가치의 과부족을 조정하게 하여 분할을 하는 것도 현물분할의 한 방법으로 허용된다고 판시한 바 있으며(당원1990.8.28. 선고 90다카7620 판결 참조), 여러 사람이 공유하는 물건을 현물 분할하는 경우에는 분할청구자의 지분 한도 안에서 현물분할을 하고 분할을 원하지 않는 나머지 공유자는(이 사건에서 피고들이 그렇다는 것은 아니다.) 공유로 남는 방법도 허용될 수 있다고 보아야 한다.

이와 같이 공유물분할의 소에 있어서 법원은 각 공유자의 지분 비율에 따라 공유물을 현물 그대로 수 개의 물건으로 분할하고 분할된 물건에 대하여 각 공유자의 단독소유권을 인정하는 판결을 하는 것이 원칙이며, 그 분할의 방법은 법원의 자유 재량에 따라 공유관계나 그 객체인 물건의 제반 상황에 따라 공유자의 지분 비율에 따라 합리적으로 분할하면 되는 것이고, 여기에서 공유지분 비율에 따른다 함은 지분에 따른 가액 비율에 따름을 의미하는 것으로 보는 것이 상당하다.

그러므로 토지를 분할하는 경우에는 원칙적으로는 각 공유자가 취득하는 토지의 면적이 그 공유지분의 비율과 같아야 할 것이나, 반드시 그렇게 하지 아니하면 안 되는 것은 아니고 토지의 형상이나 위치, 그 이용 상황이나 경제적 가치가 균등하지 아니할 때에는 이와 같은 제반 사정을 고려하여 경제적 가치가 지분 비율에 상응되도록 분할하는 것도 허용되는 것으로 해석할 것이다.

원심이 확정한 사실에 의하면 이 사건 임야에 대한 공유지분은 원고와 피고 ○○○은 각 4분의 1이고, 피고 △△△은 4분의 2라는 것인 바, 이 사건 임야의 면적은 46,909㎡나 되는 넓은 것이고, 원심판결의 별지 도면에 표시된 이 사건 임야의 모양에 비추어 보면 원심이 들고 있는 사정만 가지고는 이를 현물로 분할하기 어렵다거나 이를 현물로 분할할 경우 그 가액이 현저히 감손될 염려가 있다는 원심의 판단은 수긍하기 어렵다.

▶▶▶ TIP

공동으로 소유한 토지의 합리적인 분할 방법

다음은 한 필지를 A, B 두 사람이 공동으로 매입한 경우, 토지를 분할하는 방법이다.

① A, B 두 사람이 공동으로 토지를 매입한다.

② A가 B에게 토지를 적당히 둘로 나눈 후 각 필지의 가격을 결정하게 한다. (이때 A는 B가 분할한 필지 중 마음에 드는 필지를 자신이 먼저 선택하겠다고 미리 합의해 둬야 한다.)

③ B가 나눈 토지를 보고 A가 원하는 필지를 B가 지정한 금액을 지불하고 갖는다.

B는 공평하게 필지를 나누려고 노력할 것이고 A는 자신에게 유리한 토지를 선택하므로 절차적으로 공정하게 나눠가질 수 있다.

만약 3명이 공동소유주라고 하면 조금 복잡하지만 위에서 했던 과정을 두 번 거치면 될 것 같다.

① A가 먼저 3등분을 하고, 3필지 중 2필지를 B, C가 합의를 거쳐 선택한다.

② 선택된 2필지를 하나로 간주해 합친 후, 다시 B가 분할한다.

③ C가 ②번의 2필지 중 하나를 선택한다.

④ 자동으로 B, A가 남은 필지를 갖게 된다.

공유토지 분할 사례 질의응답

Q : 10년 전쯤 형부와 함께 철원에 있는 임야(현재 농사를 짓고 있음)를 샀는데 등기를 모두 형부 명의로 해놨어요. 별 문제는 없었지만 세월도 많이 흘렀고 해서 땅을 분할하여 저희 명의로 바꾸고 싶은데 가능한지 궁금합니다. 가능하다면 어떻게 해야 되나요. 알려주시면 감사하겠습니다.

A :

1. 형부 명의 부동산에 대하여 귀하 지분 면적만큼 '매매에 의한 소유권이전'을 하는 방법이 있습니다. 이때는 부동산을 각자 지분면적만큼 공동소유

하게 됩니다.

소유권 이전을 위해서는 (1) 형부의 인감증명서(부동산 매도용), (2) 주민등록등본(주소변경이 있으면 등기부 기재된 주소까지 나와야 함.), (3) 위임장(법무사가 제공하는 서식) (4) 인감도장 (위임장에 날인하기 위해) (5) 등기권리증 등이 필요하고, 귀하의 (1) 주민등록등본, (2) 막도장을 준비해서 가급적 철원 소재 법무사에 등기 의뢰하면 됩니다.

2. 형부 명의 부동산을 귀하 소유 지분 면적만큼 지적 분할한 다음, 그 지적분할 된 임야를 귀하 앞으로 소유권 이전하는 방법이 있습니다. 이 경우가 좀 더 완벽한 방법입니다. 왜냐하면 공동소유일 경우는 매매, 처분 등을 상호 합의하여 해야 하지만, 각자 소유일 경우는 상호 합의를 요하지 않기 때문입니다.

3. 지적분할을 하기 위해서는, 먼저 형부와 귀하 간에 부동산매매계약서를 작성하되, 분할예정도면을 계약서에 첨부하여야 하며, 이 계약서를 근거로 철원군청 민원실에 있는 측량접수창구에 분할측량을 의뢰하면 됩니다. 소요비용은 수십 만 원 정도가 소요됩니다. 지적분할이 된 다음 소유권 이전하는 방법은 위 1항과 같습니다.

4. 철원 지역이 토지거래허가지역이 되면 매매에 의한 소유권 이전에 제한을 받으므로 서두르시는 게 좋습니다. 허가지역이라도 증여, 등기할 수 있지만 증여세 문제가 따릅니다.

Q : 토지분할소송을 할 예정입니다. 약 2,650평 되는 토지인데 200평을 가진 공동명의자가 매매를 반대합니다. 매매를 위해서는 토지를 반드시 분할해야 할 것 같은데 분할신청에 공동명의자가 동의를 해 줄지는 모르겠습니다. 만약 토지분할신청에 동의를 해 주지 않아 소송으로 이어지게 되면 토지분할은 어떤 식으로 해야 하나요? 만약 저쪽에서 원한으로 인해 토지의 중앙을 원하거나 여기저기 조금씩 원한다거나 이렇게 비상식적인 행동을 한다면 어떻게 되는지 궁금합니다.

판결이 나왔을 때 항소가 가능한지도 궁금합니다. 판결에 불복해서 항소하게 되면 어디까지 상소가 되는지도 알려주시면 감사하겠습니다.

A :

1. 통상적으로 토지를 분할하기 위해서는 다음과 같은 정당한 분할사유가 있어야 합니다.

① 토지 일부의 매매를 위한 분할.

② 공유부동산의 공유물 분할을 위한 필지 분할.

③ 토지 일부의 개발행위 시행으로 인한 필지분할 등이 정당한 분할 사유입니다.

따라서 매매, 공유물분할 등이 아니라면 개발행위 시행에 따른 분할만이 가능하다는 말이 됩니다.

2. 위 토지는 임야를 개간해 농지로 전환된 것으로 보입니다. 임야에서 농지로 전환되면 일정기간 개발행위허가를 받을 수 없습니다.

3. 3인 공동소유 토지라면 공유물 분할을 해서 각기 단독 소유로 하기 위한 필지분할은 가능한 것으로 봅니다. 등기부등본을 제시하고 측량접수창구에 문의해 보도록 권합니다.

4. 3인이 각자 토지 위치를 지정한 합의서를 작성하여 공증을 받는다면, 이는 3인 사이에서나 통할 수 있는 문제이고 제3자에 대한 효력은 없습니다. 귀하는 동 합의서에도 불구하고 매번 다른 공유자 동의 없이는 법률행위를 할 수 없습니다.

5. 만약 필지분할을 하려면 지적소관청에 토지이동신고를 해야 하는데, 공유자가 날인을 해 주지 않으면 토지이동신고를 할 수 없습니다. 이것은 민사법정에서 "소권"이 없어 재판도 되지 않습니다. 따라서 필지 분할이 안 되면 공유물 분할청구소송을 해도 목적 달성이 어렵습니다. 따라서 공증서의 효력은 상당히 제한적인 것으로 보입니다.

공유물분할 경매 투자 분석

부동산소유자가 두 명이 넘으면 법원에 분할 청구

3월 21일 대구지방법원 본원에서는 대구시 중구 종로 2가에 소재하고 있는 상가주택(대지 732.1㎡, 건평 344.16㎡ 및 무허가 건물 50㎡)에 대한 경매입찰을 실시하였는데, 입찰자는 7명이었다. 입지와 상권이 좋고 다용도로 개발할 수 있는데다 임대수익과 매매차익에 대한 기대가 큰 물건이었지만 부동산의 덩치가 커 지갑 얇은 투자자가 넘보기에는 무리가 따랐기 때문으로 보인다.

낙찰가격은 감정가격(약 28억 3천 200만 원)의 201%(약 56억 8천 만 원)로, 최고가 매수 신고인은 해당 부동산의 4분의 3 지분을 가진 공유자, 심모 씨였다. 해당 부동산의 소유자는 원래 한 명이었으나 2006년 5월 4남매가 균등 상속받았다. 그중 한 명의 지분(4분의 1)은 2012년 1월 26일 대구지방법원 본원 경매 절차를 거쳐 박모 씨가 매수했다. 낙찰가격은 3억 9천500만 원이었다. 나머지 3남매의 지분은 2016년 4월 심 씨가 매수했다.

해당 부동산은 '공유물분할 경매'를 통해 심 씨와 박 씨의 공유 관계를 해소한 사례다. 경매 신청 채권자가 4분의 3 지분을 가진 심 씨로, 공유물분할 청구소송을 제기해 이뤄진 경매였음을 추정할 수 있다.

공유물분할 경매는 서로 간에 채권채무 관계가 없어서 형식적 경매로 일컬

어진다. 부동산의 소유자가 두 명 이상이고 그중 한 명이 법원에 분할을 청구하면 법원은 민법 제269조에 따라 현물로 분할해야 하지만, 현물로 분할할 수 없거나 분할로 인해 현저히 그 가액이 감손할 염려가 있는 때에는 현금분할(경매)을 명한다.

해당 부동산은 결국 공유물분할 경매를 통해 심 씨 단독 소유가 됐다.

심 씨가 당시 경매에서 입찰가격을 높게 쓴 이유는 해당 부동산을 단독으로 소유하고 싶은 욕심과 매각대금 차액(매수인이 배당기일에 배당받을 수 있는 금액을 제외한 나머지 금액) 지급 신청이 가능해 목돈 마련 부담이 크게 줄었기 때문이다. 또 해당 부동산 전부를 소유해 대출 가능 금액이 증가했기 때문으로 보인다.

한편 2012년 경매에서 해당 부동산의 4분의 1 지분을 낙찰 받은 박 씨는 매각대금 56억 8천만 원에서 경매비용을 제외한 금액의 4분의 1, 즉 14억 원 이상을 배당받아 10억 원의 수익을 남겼다.

국토계획법상 토지분할이 아닌
분할신청을 위해서는 분할측량성과도 필수

국토계획법에 따른 인·허가 등을 요구하는 경우가 아닌 일반상업지역의 지상에 기존 건축물이 존재하는 상태에서 대지만 분할하는 분할신청과 한국국토정보공사가 요청한 분할측량성과 검사에 대해 건축법 등의 규정이 제한 사유가 될 수 없다는 법원 판결이 있다.

서울행정법원은 '토지분할신청 거부처분 취소'를 다투는 판결에서 토지분할에 적용되지 않는 건축법 제57조를 들어 분할신청을 위한 분할측량성과에 대한 검사를 반려한 다음 이를 이유로 분할신청을 반려한 '피고'와 입장을 달리하며 원고의 손을 들어줬다.

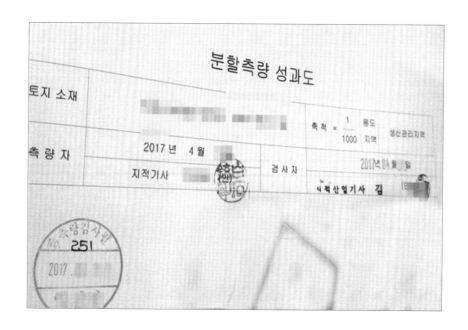

처분의 경위는 이렇다. 서울 서대문구에 위치한 이 사건 토지는 원고와 A씨 등의 공유지인데, 원고는 A씨를 상대로 서울서부지방법원 소유권 이전등기 소송을 제기했고, 그 소송에서 A씨는 원고에게 명의신탁해지를 원인으로 하는 소유권 이전등기절차를 이행한다는 내용이 성립됐다.

그런데 한국국토정보공사 서대문 은평지사는 지난 1월 10일 공간정보의 구축 및 관리 등에 관한 법률 제25조 제1항에 따라 피고에게 이 사건 토지에 관해 실시한 지적측량 성과에 대한 검사를 신청했으나, 피고는 그달 12일 이 사건 토지 분할시 건축법 제57조 제1항 및 2항에 따라 같은 법 제44조 및 시행령 제80조 상업지역 150㎡에 저촉된다는 이유로 신청을 반려했다.

이에 원고는 같은 달 19일 피고에게 앞선 과정에 대한 자료를 첨부해 이 사건 토지에 관한 분할신청을 했으나, 이에 피고는 분할측량성과가 반려된 사항으로 상업지역에서의 분할 제한 면적 및 지적측량 시행규칙 제28조 제2항 제3호 규정에 의한 분할측량성과도 미첨부로 분할신청을 반려한다고 통지했다.

이 같은 처분에 대해 원고는 이 사건 토지의 분할신청은 국토계획법에 따른 경우가 아닌 일반상업지역으로 기존 건축물이 존재하는 상태에서 대지만 그대로 분할하는 것에 불과해 건축법 제57조가 적용되지 않으며, 피고는 원고의 의뢰에 따라 한국국토정보공사가 요청한 분할측량성과에 대한 검사에 대해서도 제한 사유가 될 수 없는 건축법 제57조를 이유로 반려해 원고로 하여금 정당한 이유 없이 분할측량성과도를 발급받지 못하도록 했다고 주장했다.

이를 바탕으로 법원은 "건축법 제57조 규정은 대지 면적에 대한 건축 크기의 비율 등에 관한 제한규정일 뿐, 대지 자체의 적법한 원인에 의한 분할과 소유권 이전까지 제한하는 취지가 아니다."며 "이 규정은 대지의 건축물에 요구되는 고유한 행정 목적의 달성을 위해 적용될 수 있을 뿐이고, 분할신청은 국토계획법 등이 인·허가를 요구하는 경우도 아니고 일반상업지역으로서 대지만 그대로 분할하는 것에 불과하므로 건축법 규정이 적용된다고 할 수 없다."고 판단했다.

또한 분양측량성과도 미첨부를 이유로 분할신청을 거부할 수 있는지 여부에 대해선 "토지소유자로 하여금 토지분할을 위해 한국국토정보공사 등에 의뢰해 지적소관청의 검사를 받은 분할측량성과도를 발급받을 것을 규정하고 있고, 이는 분할신청을 위해 필수적으로 선행되는 것이므로 토지소유자는 토지분할신청서에 분할측량성과도 역시 첨부해야 한다."며 "그러나 피고는 원고의 의뢰에 따라 한국국토정보공사가 지적측량 후 검사 요청한 분할측량성과에 대해 토지분할 제한 사유가 될 수 없는 건축법 제57조 저촉을 이유로 이를 반려했고, 이는 피고가 정당한 사유 없이 분할측량성과도의 발급을 거부함으로써 원고가 분할신청의 첨부 서류인 분할측량성과도를 구비하지 못하게 한 것으로 위법하다."고 지적했다.

지분경매의 완성 '토지 분할소송 비법'

지분경매 시작

틈새 경매물건으로 지분경매에 투자하는 투자자들이 늘고 있다. 지분경매를 하는 이유는 간단하다. 경쟁률이 치열하지 않고, 경우에 따라서는 일시 배당으로 가외의 수익을 누릴 수 있기 때문이다.

그러나 세상 이치가 그렇듯 반대로 위험도 도사리고 있다. 역설적으로 지분경매 건수가 급증하고 있는 것은 그 땅의 재산권 행사가 어렵기 때문이다. 이런 땅은 전원주택 등을 지으려 해도 다른 소유권자 전원의 동의가 필요해 쉽지 않다. 즉 개발이 거의 불가능하다는 것이다. 그래서 '애물덩어리'가 된 땅지분을 처분하려고 주변 부동산중개업소에 내놔도 거들떠보는 이가 없다. 주인이 여러 사람인 땅이라 환금성 등이 떨어진다는 이유로 투자자들이 외면해서다. 따라서 지분경매가 나오는 것인데, 이를 또 다른 개미들이 장점만을 보고 낙찰을 받는 것이다.

공유지분은 말 그대로 공동으로 소유를 하는 것이다. 이 경우 지분에 대한 처분은 자유롭고, 공유물 전부를 지분의 비율로 사용, 수익할 수 있다.(민법 제263조) 그러나 공유자는 다른 공유자의 동의 없이 공유물을 처분하거나 변경하지 못한다.(민법 제264조)

한편, 공유물의 관리에 관한 사항은 공유자의 지분의 과반수로써 결정한다. 그러나 보존행위는 각자가 할 수 있다.(민법 제265조) 공유자는 그 지분의 비율로 공유물의 관리비용 기타 의무를 부담한다. 공유자가 1년 이상 의무이행을 지체한 때에는 다른 공유자는 상당한 가액으로 지분을 매수할 수 있다.(민법 제266조)

정리하면, 공유자의 지분을 처분하는 것은 자유로우나 공유물의 처분행위는 자유롭지 못하다. 다만 공유물의 보존행위는 각자가 할 수 있고, 공유물 관리는 과반수 지분으로 결정한다.

여기서 공유자는 다른 공유자의 동의 없이 공유물을 처분하거나 변경하지 못한다는 것은 만일 개발을 하려면 아무리 적은 지분권자라도 동의를 받아야만 가능하다는 것이다. 즉 소수 지분을 가진 자라도 동의를 하지 않으면 개발이 불가능한 토지가 된다.

이처럼 공유물은 지분 처분은 자유롭지만 관리 행위를 하려면 과반수 이상(참고로 2분의 1 지분은 과반수가 아니다. 이를 조금이라도 넘어야 과반수이다.)의 지분이 있어야만 하므로, 과반수 이하의 지분이 경매에 나오면 관리 권한이 없으므로, 가격이 떨어진다.

나아가 과반수 이하 지분권자는 관리 행위에는 관여할 수가 없고, 단지 자기 지분에 해당하는 차임(또는 부당이득)을 청구할 수가 있다. 경우에 따라서 지분권자에게 자기 지분을 매도하거나 역으로 타인 지분을 매수하여 온전한 소유권을 행사할 수도 있고, 만일 타인 지분이 경매에 들어가면 공유자 우선매수청구권을 행사하여 매수할 수 있는 기회도 있다. 특히 자기 지분에 해당하는 임료상당금액을 법원 판결(화해는 제외)을 통해 지급받으면 과세 소득에 해당하지 않는다.

거꾸로 과반수 이상의 지분이 나오면 이를 낙찰 받은 후에 자기가 주도적으로 관리행위를 할 수 있다는 장점도 있고, 나아가 소수 지분을 매수할 수도 있고, 공유자 우선매수청구권도 가능하다.

하지만 앞서 본 바와 같이 지분경매는 위험성도 매우 크다. 따라서 지분경매시에는 철저한 권리분석과 투자목적(즉 분할을 하여 단독소유가 목적인지, 아니면 임료청구가 목적인지 등)을 명확히 가지고 참여하여야 할 것이다.

지분경매의 완성, 분할

공유지분을 낙찰 받은 후에 이를 분할하여 단독소유로 하면 금상첨화이다. 그러나 현물로 분할하여 단독소유로 되는 경우도 있지만, 많은 경우에 현물분할을 하지 못하고 경매를 통하여 가액분할을 하는 경우가 있으므로 투자에 주의를 요한다. 특히 토지투자에서 매우 주의를 하여야 한다. 토지는 투기 방지를 위해 각 지방자치단체가 분할을 제한하고 있기 때문이다.

민법에 의하면, 공유자는 공유물의 분할을 청구할 수 있다. 그러나 5년 내의 기간으로 분할하지 아니할 것을 약정할 수 있다. 분할금지계약을 갱신한 때에는 그 기간은 갱신한 날로부터 5년을 넘지 못한다.(민법 제268조)

분할 방법에 관하여 협의가 성립되지 아니한 때에는 공유자가 법원에 그 분할을 청구할 수 있다. 현물로 분할할 수 없거나 분할로 인하여 현저히 그 가액이 감손될 염려가 있는 때에는 법원은 물건의 경매를 명할 수 있다.(민법 제269조)

재판에 의하여 공유물을 분할하는 경우에는 법원은 현물로 분할하는 것이 원칙이고, 현물로 분할할 수 없거나 현물로 분할을 하게 되면 현저히 그 가액이 감손減損될 염려가 있는 때에 비로소 물건의 경매를 명하여 대금분할을 할 수 있다.

따라서 위와 같은 사정이 없는 한 법원은 각 공유자의 지분 비율에 따라 공유물을 현물 그대로 수 개의 물건으로 분할하고 분할된 물건에 대하여 각 공유자의 단독소유권을 인정하는 판결을 하여야 한다.(대법원 2015. 3. 26. 선고 2014다233428 판결)

그 분할 방법은 당사자가 구하는 방법에 구애받지 아니하고 법원 재량에 따라 공유관계나 그 객체인 물건의 제반 상황에 따라 공유자의 지분 비율에 따른 합리적 분할을 하면 되는 것이며, 여기에서 "공유지분 비율에 따른다."함은 지분에 따른 가액 비율에 따름을 의미한다. 즉 대금분할을 하려면, 재판에 의하여 공유물을 분할하는 경우에 현물로 분할할 수 없거나 현물로 분할하게 되면 그 가액이 현저히 감손될 염려가 있는 때에는 물건의 경매를 명하여 대금분할을 할 수 있다.

여기에서 "현물로 분할할 수 없다."는 요건은 이를 물리적으로 엄격하게 해석할 것은 아니고, 공유물의 성질, 위치나 면적, 이용 상황, 분할 후의 사용 가치 등에 비추어 보아 현물분할을 하는 것이 곤란하거나 부적당한 경우를 포함한다.

"현물로 분할을 하게 되면 현저히 그 가액이 감손될 염려가 있는 경우"라는 것은 공유자의 한 사람이라도 현물분할에 의하여 단독으로 소유하게 될 부분의 가액이 분할 전의 소유지분 가액보다 현저하게 감손될 염려가 있는 경우도 포함하는 것이다.

재판에 의하여 공유물을 분할하는 경우에 법원은 현물로 분할하는 것이 원칙이므로, 불가피하게 대금분할을 할 수밖에 없는 요건에 관한 객관적·구체적인 심리 없이 단순히 공유자들 사이에 분할의 방법에 관하여 의사가 합치하고 있지 않다는 등의 주관적·추상적인 사정에 터 잡아 함부로 대금분할을 명하는 것은 허용될 수 없다.(대법원 2009. 09. 10. 선고 2009다40219 판결)

토지를 분할하는 경우에는 원칙적으로는 각 공유자가 취득하는 토지의 면적이 그 공유지분의 비율과 같아야 할 것이나, 반드시 그렇게 해야만 하는 것은 아니다. 토지의 형상이나 위치, 그 이용 상황이나 경제적 가치가 균등하지 아니할 때에는 이와 같은 제반 사정을 고려하여 경제적 가치가 지분 비율에 상응하도록 분할하는 것도 허용된다.

일정 요건이 갖추어진 경우에는 공유자 상호간에 금전으로 경제적 가치의 과부족을 조정하여 분할을 하는 것도 현물분할의 한 방법으로 허용되고(대법원 2011.8.18. 선고 2011다24104 판결), 여러 사람이 공유하는 물건을 현물분할하는 경우에는 분할을 원치 않는 나머지 공유자는 공유로 남는 방법도 허용된다.(대법원 2015. 3. 26. 선고 2014다233428 판결, 대법원 1993. 12. 7. 선고 93다27819 판결)

공유물을 대금분할하기 위한 요건인 "현물분할로 인하여 현저히 가격이 감손된다."라고 함은 공유물 전체의 교환가치가 현물분할로 인하여 현저하게 감손될 경우뿐만 아니라, 공유자들에게 공정한 분할이 이루어지지 아니하여 그 중의 한 사람이라도 현불분할에 의하여 단독으로 소유하게 될 부분의 가액이 공유물분할 전의 소유지분 가액보다 현저하게 감손될 경우도 이에 포함된다.(대법원 1993. 1. 19. 선고 92다30603 판결, 2001. 3. 9. 선고 98다51169 판결)

지분투자를 할 때의 유의사항

국토계획법 제56조 및 동법 시행령 제51조 제1항 제5호는 건축법 제57조에 따른 건축물이 있는 대지는 제외하고, 녹지지역·관리지역·농림지역 및 자연환경보전지역 안에서 관계법령에 따른 허가·인가 등을 받지 아니하고 행하는 토지의 분할, 건축법 제57조 제1항에 따른 분할제한면적 미만으로의 토지의 분할, 관계 법령에 의한 허가·인가 등을 받지 아니하고 행하는 너비 5미터 이하로의 토지의 분할에 대해서는 허가를 받아야 한다고 규정하여 토지분할 허가제를 실시하고 있다.

이에 따라 각 지방자치단체에서는 도시계획조례로 토지분할허가기준을 규정하고 있다. 즉 구체적인 분할 목적 등을 담은 서류를 제출해 까다로운 심사를 받아야 한다. 이 과정에서 실수요가 아닌 투자 목적의 땅 쪼개기로 판명나면 지방자치단체는 분할 허가를 내주지 않는다.

따라서 특히 토지지분을 취득하여 현물분할을 하고자 하는 자는 관계법규에 따른 제한을 잘 살펴서 분할이 가능한지를 먼저 확인하고 투자를 하여야 할 것이다. 무턱대고 분할이 가능하다는 말만 믿고 투자를 했다가는 상당한 고통이 따른다. 철저히 지방자치단체나 전문가에게 확인을 하고 투자를 하도록 다시 한 번 강조한다.

그리고 또한 가분할도를 만들어 특정하여 매수를 한다고 해도 안심은 금물이다. 이는 매도자와의 협의일 뿐 후일 실제 분할을 할 다른 공유자와의 협의는 아니기 때문이다.

공유토지를 분할하기도 전에 자기 지분을 매도하고 분할소송을 통하여 분할 후에 등기를 넘겨주기로 한 경우, 분할소송 결과 대금분할로 판결이 될 경우를 대비한 특약, 예를 들어 대금분할로 판결이 되면, 본 매매계약은 무효로 하고, 매도인은 즉시 기존 매매대금을 매수인에게 원금 그대로 반환하여야 한다.

토지분할소송의 핵심 포인트

공유물분할청구의 소는 분할을 청구하는 공유자가 원고가 되어 다른 공유자 전부를 공동 피고로 하여야 하는 고유필수적 공동소송이다.(대법원 2014. 1. 29. 선고 2013다78556 판결)

이 점을 유의하여 다른 공유자를 빠뜨리지 말아야 한다.

공유물분할에 관한 소송계속 중 변론종결일 전에 공유자 중 1인인 갑의 공유지분의 일부가 을 및 병 주식회사 등에게 이전된 사안에서, 변론종결 시까지 민사소송법 제81조에서 정한 승계 참가나 민사소송법 제82조에서 정한 소송 인수 등의 방식으로 일부 지분권을 이전받은 자가 소송의 당사자가 되었어야 함에도 그렇지 못하면 위 소송 전부가 부적법하다.(대법원 2014. 01. 29. 선고 2013다78556 판결)

만일 공유자 전원이 소송을 통해 땅을 분할할 때 공동 명의자들 사이에 서로 배정받을 땅의 위치 및 면적에 대한 이견이 없을 경우, 법원은 현금이 아닌 현물 분할을 판결한다. 한편 공유물분할은 협의 분할을 원칙으로 하고 협의가 성립되지 아니한 때에는 재판상 분할을 청구할 수 있으므로 공유자 사이에 이미 분할에 관한 협의가 성립된 경우에는 일부 공유자가 분할에 따른 이전등기에 협조하지 않거나 분할에 관하여 다툼이 있더라도 그 분할된 부분에 대한 소유권 이전등기를 청구하든가 소유권 확인을 구함은 별개 문제이나 또다시 소로써 그 분할을 청구하거나 이미 제기한 공유물분할의 소를 유지함은 허용되지 않는다.(대법원 1995. 01. 12. 선고 94다30348 판결)

대법원 2014. 1. 29. 선고 2013다78556 판결 [공유물분할][공2014상,498]

【판시사항】

[1] 공유물분할청구의 소가 고유필수적 공동소송인지 여부.(적극)

[2] 공유물분할에 관한 소송계속 중 변론종결일 전에 공유자 중 1인인 갑의 공유지분의 일부가 을 및 병 주식회사 등에 이전된 사안에서, 변론종결 시까지 일부 지분권을 이전받은 자가 소송당사자가 되지 못하여 소송 전부가 부적법하다고 한 사례.

【판결요지】

[1] 공유물분할청구의 소는 분할을 청구하는 공유자가 원고가 되어 다른 공유자 전부를 공동피고로 하여야 하는 고유필수적 공동소송이다.

[2] 공유물분할에 관한 소송 계속 중 변론종결일 전에 공유자 중 1인인 갑의 공유지분의 일부가 을 및 병 주식회사 등에게 이전된 사안에서, 변론종결 시까지 민사소송법 제81조에서 정한 승계참가나 민사소송법 제82조에서 정한 소송 인수 등의 방식으로 일부 지분권을 이전받은 자가 소송의 당사자가 되었어야 함에도 그렇지 못하였으므로 위 소송 전부가 부적법하게 되

었다고 한 사례.

【참조조문】

[1] 민사소송법 제67조, 민법 제268조

[2]민사소성법 제67조, 제81조, 제82조, 민법 제268조.

【참조판례】

[1] 대법원 2003. 12. 12. 선고 2003 다44615. 44622 판결(공2004 상, 129)

【주문】

원심판결 중 이 사건 제1토지에 관한 부분을 파기하고, 이 부분 사건을 서울고등법원에 환송한다. 나머지 상고를 기각한다.

【이유】

상고이유를 판단한다.

공유물분할청구의 소는 분할을 청구하는 공유자가 원고가 되어 다른 공유자 전부를 공동피고로 하여야 하는 고유필수적 공동소송이라고 할 것이다.(대법원 2003. 12. 12. 산고 2003 다44615, 44622 판결 등 참조)

기록에 의하면, 원심 소송계속 중 원신 변론종결일인 1013. 6. 13. 이전에 이 사건 제1토지의 공유자 중 1인인 원고 승계 참가인 앞으로 등기된 지분 중 일부에 관하여 2013. 1. 14. 부터 2013. 5. 31.까지 사이에 소외 1, 2를 비롯한 다수의 사람들 앞으로 신탁재산 귀속을 원인으로 한 각각의 지분 이전등기가 경료된 사실, 그 중 소외 2 등을 제외한 일부 사람들의 지분에 관하여 2013. 2. 6.부터 2013. 5. 31.까지 사이에 신탁을 원인으로 하여 주식회사 무궁화신탁 앞으로 각각이 지분이 전등기가 경료된 사실, 원심 변론종결일 이전에 원고 승계 참가인으로부터 일부 지분 이전등기를 경료받은 자들로부터 제차 일부 지분 이전등기를 경료받은 주식회사 무궁화신탁이 원심 변론종결일 이전에 승계참가나 소송 인수 등의 방식으로 당해 소송의 당사자가 된 적은 없는 사실 등을 알 수 있다.

사정이 이러하다면, 원심 소송계속 중 원심 변론종결일 전에 이 사건 제1토지의 공유자 중 1인인 원고 승계 참가인의 공유지분의 일부가 소외 2 및 주식회사 무궁화신탁 등에게 이전되었으므로 원심 변론종결일 시까지 민사소송법 제81조에서 정한 승계 참가나 민사소송법 제82조에서 정한 소송 인수 등의 방식으로 그 일부 지분권을 이전받은 자가 이 사건 소송의 당사자가 되었어야 함에도 그렇지 못하였으므로 이 사건 소송 전부가 부적합하게 되었다. 따라서 이를 간과한 채 본인 판단에 나아간 원심판결 중 이 사건 제1토지에 관한 부분은 그대로 유지될 수 없다.

한편 피고 1의 승계 참가인은 원심판결 중 이 사건 제2토지에 관한 부분에 대해서도 상고를 제기하였으나 상고장이나 상고이유서(보충 상고이유서 포함)에 이에 관한 불복의 기재가 없다.

그러므로 원심 판결 중 이 사건 제1토지에 관한 부분을 파기하고, 이 부분 사건을 다시 심리·판단하도록 원심법원에 환송하며, 나머지 상고는 기각하기로 하여 관여 대법관의 일치되는 의견으로 주문과 같이 판결한다.

지분경매와 공유물분할

민사집행법 제139조 제1항에서는 공유물지분을 경매하는 경우 다른 공유자에게 그 경매개시결정이 있다는 것을 통지할 것을 요구하고 있고, 동법 제140조에서는 공유자가 최고 매수신고가격과 같은 가격으로 채무자의 지분을 우선매수하겠다는 신고를 할 경우 법원은 그에 대하여 허가를 할 것을 요구하고 있다. 이와 같은 소위 공유자의 우선매수청구권 때문에 일반적으로 공유자들이 존재하는 지분경매에 대하여 두려움을 가지는 경우가 많다.

그러나 실무에 있어서는 위와 같은 지분경매를 통하여 수익을 얻는 경우가 자주 발생한다. 이하에서는 지분경매 및 그 후속절차로 문제되는 공유물분할에 관하여 살펴보도록 하겠다.

공유물 분할경매	공유자 중에서 물건 전체를 경매 신청, 타 공유자의 우선매수신청권이 없다.
공유지분 경매	채권자가 채무자의 지분을 경매신청, 타 공유자는 우선매수신청권이 없다.

공유자의 우선매수권 제도는 우리나라에 특유한 것으로 공유물 전체를 이용·관리시 공유자간 협의가 요구되므로(민법 제265조) 그 원활한 협의를 위하여 그리고 공유자간 인적 유대관계를 유지할 필요를 보장하는 데 입법 취지가 있다. 따라서 이러한 입법 취지와 관련이 없는 경우, 가령 공유물 전부에 대한 경매 시에는 우선매수권이 인정되지 아니하며(대법원 2008. 7. 8. 2008마693 판결), 집행법원이 여러 개의 부동산을 일괄 매각하기로 결정한 경우에 있어 매각대상 부동산 중 일부에 대한 공유자가 매각 대상 부동산 전체에 대하여 공유자의 우선매수권을 행사할 수 없음이 원칙이다.(대법원 2006. 3. 13. 2005마1078 판결)

이러한 공유자의 우선매수신고 및 보증 제공은 집행관의 입찰종결선언 전까지 인정되며(대법원 2008. 7. 8. 2008마693 판결), 공유자 간의 인적 관계나 경제적 상황 등을 고려하여 공유자가 우선매수청구권을 행사할 것인지 그리고 이후 실제로 납입대금을 납입할 수 있는지를 판단한 후 경매에 임하여야 한다. 그리고 지분에 대한 경락을 받은 경우 공유자와의 협의를 통하여 공유물의 이용 관리나 차후 처분에 대한 논의를 진행하게 되는데, 이러한 논의가 여의치 않을 경우 공유물분할소송을 하여야 한다.

공유물분할의 방법과 관련하여 판례는 "재판에 의하여 공유물을 분할하는 경우에는 현물로 분할하는 것이 원칙이고, 현물로 분할할 수 없거나 현물로 분할하게 되면 그 가액이 현저히 감손될 염려가 있는 때에 비로소 물건의 경매를 명하여 대금분할을 할 수 있는 것이므로, 위와 같은 사유가 없음에도 경매를 명함은 위법하다."고 판시하여 현물분할이 원칙임을 판시하였다.(대법원 1997. 4. 22. 선고 95다32662 판결) 다만 현물분할의 방법으로 일정한 요건이 갖추어진 경우에는 공유자 상호간에 금전으로 경제적 가치의 과부족을 조정하게 하여 분할을 하는 것도 인정하고 있으며, 현물로 분할할 수 없거나 현물로 분할을 하게 되면 현저히 그 가액이 감손될 염려가 있는 때에는 대금분할 역시 가능하다고 판시하고 있다.(대법원 2004. 7. 22. 선고 2004다10183 판결)

소송이라고 하면 골치 아픈 일로 생각할 수 있으나 공유물분할소송의 경우 생각보다 복잡하지 않으며 보통 큰 비용이 소요되는 것도 아니다. 다만 구체적인 사실관계에 따라 재판부의 재량이 인정되는 범위가 넓으므로 정확한 법적 분석에 따라야 할 것이다.

공유자 우선매수권

공유자 우선매수권이란 공유자 지분 중 일부 공유자의 지분이 경매에 부쳐질 경우 채무자가 아닌 다른 공유자가 입찰당일에 최고가 매수신고인이 신고한 최고가 매수신고액과 동일한 가격으로 매수할 것을 신고하고, 최저 매수가격의 10분의 1에 해당하는 보증금을 납부하면 입찰 당일의 일반 최고가 매수신고인보다 우선하여 채무자의 지분을 매수할 수 있는 권리를 말한다.

지분이 경매에 나온 경우에 유찰이 거듭되는 이유 중 하나로서 공유자 우선매수권을 들 수 있다. 경매 입찰참가자가 오랫동안 시간과 비용을 들여서 매각 기일에 최고가 매수신고인이 되었다고 하더라도 공유자가 우선매수권을 행사하게 된다면 헛수고가 되어버리고 말기 때문이다. 또한 지분을 낙찰 받아 보았자 나머지 지분 소유자와의 관계에서 권리행사 및 이용관계에 있어서 마찰이 예상되기도 하고, 지분의 처분은 단독으로 할 수 있으나 공유물 전체에 대한 처분 등은 공유자 전원의 동의 없이는 할 수 없기 때문이기도 하다.

우선매수권을 행사할 수 있는 시한

공유자는 매각기일까지 민사집행법 제113조에 따른 보증을 제공하고 최고매수신고가격과 같은 가격으로 채무자의 지분을 우선 매수할 것을 신고할 수 있는데, 공유자의 우선매수의 신고는 집행관이 매각기일을 종결한다는 고지를 하기 전까지 할 수 있다.(민사집행규칙 제76조 제1항) 따라서 공유자는 집행관이 최고가 매수신고인의 이름과 가격을 호창하고 매각의 종결을 고지하기 전까지 최고 매수신고가격과 동일가격으로 매수할 것을 신고하고 즉시 보증을 제공하면 적법한 우선매수권의 행사가 될 수 있다.

공유자는 매각기일 전에 미리 매각을 실시할 집행관 또는 집행법원에 민사집행법 제113조에 따른 보증을 제공하고 최고가 매수신고가격과 같은 가격으로 우선매수권을 행사하겠다는 신고를 함으로써 우선매수권을 행사할 수도 있다.

차순위 매수신고인의 지위 포기

공유자가 민사집행법 제140조 제1항의 규정에 따라 우선매수신고를 한 경우에는 최고가 매수신고인은 절차상 차순위 매수신고인으로 취급한다. 이 경우에 그 매수신고인은 집행관이 매각기일을 종결한다는 고지를 하기 전까지 차순위 매수신고인의 지위를 포기할 수 있다.

공유자에 대한 통지

공유부동산의 지분에 관하여 경매개시결정을 하였을 때에는 다른 공유자에게 그 경매개시결정이 있다는 것을 통지하여야 한다.

공유지분 경매의 입찰요령

① 공유지분 경매의 경우, 앞에서 언급한 바와 같은 여러 이유로 인해 여러 번의 유찰을 거듭한 후 감정 평가된 금액보다 훨씬 낮은 가격으로 낙찰을 받는 것이 현실이다. 따라서 이런 상황을 잘 활용한다면 오히려 훌륭한 재테크 수단이 될 수 있다.

② 공유부동산을 취득한 경우에는 다른 공유자를 상대로 공유물분할청구를 요청한 후 분할에 관하여 원만한 합의가 도출되지 않는 경우에는 공유물분할소송을 통해 분할을 하여야 한다.

이런 경우 일반인들은 소송 자체를 복잡하게 생각하는 경향이 있어, 공유지분 취득을 꺼리게 되나 공유물분할청구가 기각되는 경우는 거의 없으므로 공유지분경매에 적극적으로 참여하는 것도 좋은 투자법이라고 할 수 있을 것이다.

▶▶▶ TIP

공유물분할 경매라고 해서 공유자 우선매수신고가 모두 들어오는 것은 아니다. 등기부등본으로 나이와 상속 그리고 주소지를 잘 살펴보면 청구가 들어올 가능성에 대해 짐작할 수가 있다. 보증금을 가지고 오지 않고 나오면 우선매수신고는 무효다. 공유지분 경매는 여러 가지 점에서 이익이 많다.

우선매수 관련 법조문 정리

▶ 민사집행법 제140조(공유자의 우선매수권)

① 공유자는 매각기일까지 제113조에 따른 보증을 제공하고 최고 매수신고 가격과 같은 가격으로 채무자의 지분을 우선매수하겠다는 신고를 할 수 있다.

② 제1항의 경우에 법원은 최고가 매수신고가 있더라도 그 공유자에게 매각을 허가하여야 한다.

③ 여러 사람의 공유자가 우선매수하겠다는 신고를 하고 제2항의 절차를 마친 때에는 특별한 협의가 없으면 공유지분의 비율에 따라 채무자의 지분을 매수하게 한다.

▶ 민사집행법 제113조(매수신청의 보증)

매수신청인은 대법원규칙이 정하는 바에 따라 집행법원이 정하는 금액과 방법에 맞는 보증을 집행관에게 제공하여야 한다.

▶ 민법 제265조(공유물의 관리, 보존)

공유물의 관리에 관한 사항은 공유자의 지분의 과반수로써 결정한다. 그러나 보존행위는 각자가 할 수 있다.

▶민사집행규칙 제59조(채무자 등의 매수신청금지)

다음 각호의 사람은 매수신청을 할 수 없다.

1. 채무자

2. 매각절차에 관여한 집행관

3. 매각 부동산을 평가한 감정인(감정평가법인이 감정인인 때에는 그 감정평가법인 또는 소속 감정평가사)

공유자 우선매수신고 절차 흐름도

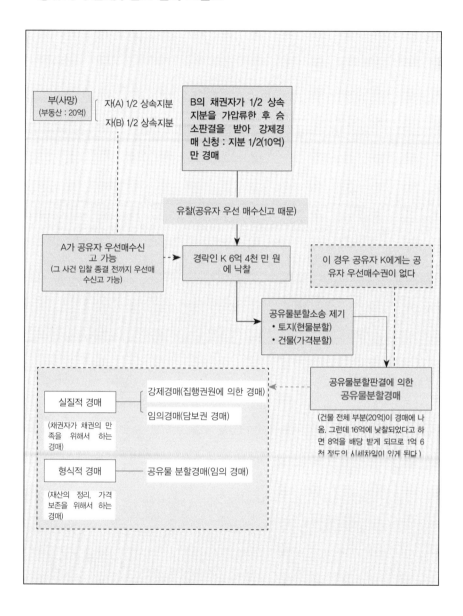

부(사망)
(부동산 : 20억)

자(A) 1/2 상속지분

자(B) 1/2 상속지분

B의 채권자가 1/2 상속 지분을 가압류한 후 승소판결을 받아 강제경매 신청 : 지분 1/2(10억)만 경매

유찰(공유자 우선 매수신고 때문)

A가 공유자 우선매수신고 가능
(그 사건 입찰 종결 전까지 우선매수신고 가능)

경락인 K 6억 4천 만 원에 낙찰

이 경우 공유자 K에게는 공유자 우선매수권이 없다

공유물분할소송 제기
• 토지(현물분할)
• 건물(가격분할)

공유물분할판결에 의한 공유물분할경매

(건물 전체 부분(20억)이 경매에 나옴. 그런데 16억에 낮찰되었다고 하면 8억을 배당 받게 되므로 1억 6천 정도의 시세차익이 있게 된다.)

실질적 경매
(채권자가 채권의 만족을 위해서 하는 경매)

강제경매(집행권원에 의한 경매)

임의경매(담보권 경매)

형식적 경매
(재산의 정리, 가격 보존을 위해서 하는 경매)

공유물 분할경매(임의 경매)

제3장

투자 사례로 보는
토지분할 테크닉

투자가치 극대화를 위한 등록전환신청

땅을 사놓고 오르기만 기다리면서 그냥 방치해 두는가? 게으른 땅 주인은 아이를 낳고 제대로 양육하지 않는 부모와 마찬가지다. "언젠가는 오르겠지." 하는 안일한 생각을 하고 있다면 버리자. 토지소유자가 해야 할 최소한의 움직임, 노력 중 하나가 등록전환(임야도와 임야대장이 지적도와 토지대장으로 옮겨지는 과정)이다.

대부분의 땅이 등록전환 되어, 남아 있는 땅을 임야도에 계속 존치시키는 게 불합리한 경우 등록전환이 가능하다. 작은 노력만으로도 충분히 등록전환이 가능하고, 명분은 무슨 수를 써서라도 만들면 그만이다. 사실 공법과 거리가 먼 것이 우리 부동산이다.

어쨌거나 등록전환을 하라. 임야도에 등록된 땅이 사실상 형질변경이 되었음에도 지목변경을 할 수 없는 경우도 등록전환을 할 수 있다. 도시계획선에 따라 땅을 분할할 수 있는 경우 또한 등록전환의 대상이다. 등록전환은 축척이 작은 임야도의 등록지를 그보다 축척이 큰 지적도로 옮김으로써 땅의 정밀도를 높여 지적관리를 합리화 할 수 있게 한다.

등록전환을 신청할 때는 등록전환 사유를 기재한 신청서를 시·군청에 제출하면 된다. 임야대장과 임야도에 등록된 땅을 토지대장과 지적도로 옮겨 등록하기 위해서는 지적측량을 실시해야 한다.

측량성과도에 따라 토지대장에 새로운 토지 표시사항, 즉 경계, 좌표, 면적 등을 등록한다. 도면상 축척이 1/6,000에서 1/1,200로 표시된다.

인접토지보다 먼저 하는 것이 유리

임야를 구입할 때는 계약서에 등록전환 후 면적의 증감에 대한 정산 조항을 넣는 것이 유리하다. 임야는 시·군청에서 지적서류를 발급받으면 임야도를 발급해 준다.

앞서 이야기한 것처럼 임야의 지적도면은 축척이 1/6,000이며 '임야도'라고 발급되고, 토지는 축척이 1/1,200이며 '지적도'라고 발급된다. 임야도와 지적도의 차이는 축척의 차이이지만 임야도에서 0.7mm 샤프심으로 한 줄을 그어보면 실제로는 약 1미터 정도나 될 정도로 차이가 크다.

따라서 임야도를 발급받아 경계선을 보면 왠지 직선이 아닌 곡선처럼 보이는 부분이 많을 것이다. 그만큼 임야의 지적선이 정확하지 않다. 축척이 1/6,000이기 때문에 정확한 경계선을 나타내기 힘든 것이다.

그래서 임야를 매입해 잘 관리하기 위해서는 등록전환을 꼭 해 두는 것이 좋다. 등록전환비용도 세금계산서가 발행되기 때문에 구입비용으로 인정되므로 꼭 영수증을 보관해야 한다. 땅을 매도하게 되어 양도소득세를 내야 할 때 공제를 받을 수 있는 비용이다.

임야는 도면과 다르게 측량점과 면적이 측량 시점에 따라 변경될 수 있다.

지적선이 변경되는 경우의 사유

실제 임야에 대해 경계측량을 신청해 측량 말목을 표시해보면 곡선 같은 부분이 현장에서는 디테일하게 표시되며 의외의 지적경계가 표시되는 것을 흔히 볼 수 있다. 간혹 임야를 경계측량 후 몇 년 있다가 다시 경계측량을 해보면 지적경계가 바뀌는 경우도 종종 발생하게 된다. 이런 경우는 접하고 있는 다른 임야가 등록전환이 되어 임야도가 아닌 지적도로 표기를 옮겼기 때문이다.

등록전환을 한 임야를 우선으로 지적선을 표기하면서 면적을 맞추어가다 보면 등록전환을 하는 임야의 지적선이 디테일하게 변경되면서 접면 임야의 지적선도 변경되어 확정되지만 접면 임야는 등록전환을 하지 않았기 때문에 축척이 1/6,000인 도면에서는 확인이 안 되는 것이다. 따라서 경계측량을 했던 임야를 몇 년 후에 다시 측량하면 지적선이 변경되는 경우가 흔하다.

면적까지 변경될 수 있다

임야도(축척 1/6,000)에 표기된 지적선은 단지 구분을 위한 선이라고 보면 된다. 정확한 선이 아니다. 최근 위성에서 각 지역의 측량 기준점을 컴퓨터로 받아 현장에서 측량을 하면서부터 지적측량이 상당히 정확해지고 있다.

문제는 면적 맞추기다. 등록전환이 안 된 임야를 경계측량을 해보면 간혹 한국국토정보공사 직원들로부터 실제 면적이 안 나온다는 말을 듣게 된다. 구입할 때 대장에 기재된 면적의 값을 다 주고 구입했는데 면적이 줄어든다니 억울한 일이다.

이러한 억울한 일을 당하지 않으려면 주변 임야가 등록전환을 하기 전에 먼저 해야 한다. 먼저 등록전환을 하다 보면 면적이 늘어나는 경우도 많다. 먼저 등록전환을 하는 사람이 유리한 것이다.

그 이유는 각 지역의 수준점(측량의 기준점)을 중심으로 변경되지 않는 값이 정해져 있기 때문인 것 같다. 그 값을 기준으로 인근 토지의 면적을 맞추다 보니 늘어나는 토지도 있고 줄어드는 토지도 있게 되는 것이다. 대체적으로 주변 임야보다 늦게 하면 면적이 줄어들 확률이 많다는 것은 분명한 사실이다.

대부분의 사람들이 임야를 분할하여 구입하고 건축인·허가를 받고 나서 준공 시점에 임야를 토지로 등록전환 신청하는데 이런 경우 면적이 증감되면 설계변경을 또 받아야 하는 번거로움도 생기게 된다. 등록전환은 보통 인·허가를 득한 임야나 준공 시점에 신청을 할 수 있는 것으로 알고 있어 뒤 늦게 하는 경우도 많이 있다. 기타 사유가 없더라도 등록전환이 가능하므로 신청하여 관리해야 한다.

아래 그림으로 실례를 들어보면 〈그림 1〉의 임야를 〈그림 2〉의 토지로 등록전환 한 것인데 〈그림 1〉의 붉은 색 원으로 표시한 부분은 직선이었으나 〈그림 2〉의 등록전환 후 꺾어지는 선이 2군데(A. B) 생기면서 약 30평의 면적이 감소한 사례다. 임야는 등록전환을 하여도 지목은 변동이 없고 표기 도면만 축척 1/6,000에서 축척 1/1,200로 옮겨지는 것이다.

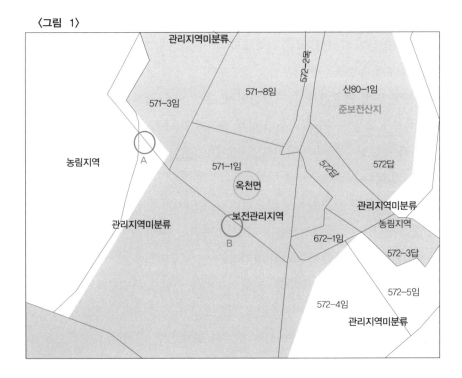

〈그림 1〉

〈그림 2〉

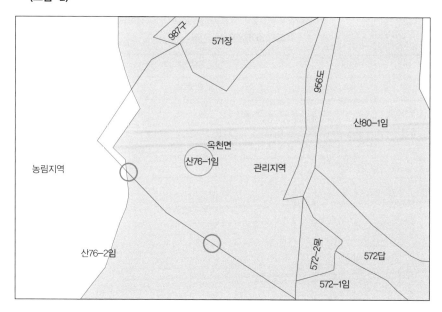

등록전환신청은 경계측량을 신청하면서 함께 신청하면 되고, 리스크를 줄일 수 있는 방법은 매입계약을 할 때 계약서에 면적과 평당 가격을 기재하고 나서 단서 조항에 등록전환을 하여 면적이 줄어든다면 줄어드는 면적의 매매대금은 반환한다는 단서를 달아 놓으면 손해를 줄일 수 있다

- 토지(임야) 신규등록
- 토지(임야) 분할
- 토지(임야) 지목변경 등록전환
- 토지(임야) 합병
- 토지(임야) 등록사항 정정

전산접수 번호	□토지(임야) 신규등록 □토지(임야) 분할 □토지(임야) 지목변경 신청서 □등록전환 □토지(임야)합병 □토지(임야)등록사항 정정	신청서	처리 기간 뒷쪽 참조

소유자	성명		등록번호		소유코드	
	주소		전화번로			

토지소재		이동 전		이동 후		토지이동		축척	비준지		신규등록
고유번호		대장 코드	대장 코드	면적 (㎡)	토지 등급 (기수 등급)	대장 코드	지목 코드	면적 (㎡)	토지 등급 (기수 등급)	사유 코드	결의 일자	도면번호	토지 등급	기수 등급	토지이동 년·월·일 및 사유
지·군 읍·면	동·리	지번	지목			지번	지목								

위와 같이 관계증빙서류를 첨부하여 신청합니다.

년   월   일

신청인   (서명 또는 인)

양 평 군 수 귀하

수입증지 첨부란
지적법 시행규칙
제44조의 규정에 의한 수수료 (뒷쪽참조)

신규등록 처리 및 절차

처리기간	• 신규등록 : 3일 • 토지(임야) 지목변경 : 5일 • 토지(임야) 합변 : 5일 • 바다로 된 토지의 등록말소 : 3일	• 토지(임야)분할 : 3일 • 등록전환 : 3일 • 등록사항정정 : 3일
수수료	• 토지(임야 신규등록 : 1,400원(1필지) • 토지(임야)지목변경 : 1,000원 • 토지(임야)합병 : 1,000원(합병 전 1필지) • 바다로 된 토지의 등록말소 : 무료	• 도지(임야)분할 : 1,400원(문할 후 1필지) • 등록전환 : 1,400원(1필지) • 법 제26조의 규정에 의한 토지이동신청 : 1,400원 • 등록사항 정정 : 무료

신청인	처리기관(담당부서)
	시 · 군 · 구(지적업무담당부서)

신청서 제출	접수
	↓
	확인
	↓
	결제
	↓
통계	정리

등록전환신청을 위한 지적측량

토지를 지적공부에 등록하거나 지적공부에 등록된 경계를 지표상 복원하기 위해 각 필지의 경계, 좌표, 면적을 새로 정하는 작업으로서 다음의 경우에 해당된다.

1. 등록전환을 해야 할 토지가 생긴 경우 : 등록전환 측량.
2. 토지분할이 필요한 경우 : 분할측량.
3. 토지구획정리사업으로 인한 토지이동의 경우 : 확정 측량.
4. 축척변경이 필요한 경우 : 축척변경 측량.
5. 지적공부상의 등록사항을 정정할 경우 : 등록사항 정정 측량.
6. 토지 경계를 좌표로 등록할 경우 : 수치 측량.
7. 경계를 지표상에 복원할 경우 : 경계복원 측량.
8. 지적공부 복구의 경우 : 복구 측량.
9. 신규등록의 경우 : 신규등록 측량.
10. 지상물, 지형물 등 점유한 위치 현황을 지적도와 임야도에 등록된 경계와 대비해 표시하기 위한 경우 : 현황 측량.

■ 측량·수로조사 및 지적에 관한 법률 시행규칙 [별지 제75호서식] 〈개정 2011.4.11〉

토지이동 신청서

※ 뒤쪽의 수수료와 처리기간을 확인하시고, [ ]에는 해당되는 곳에 √ 표시를 합니다. (앞 쪽)

접수번호	접수일	발급일	처리기간	뒤 쪽 참조

신청구분	[ ]토지(임야)신규등록 [ ]토지(임야)분할 [ ]토지(임야)지목변경 [ ]등록전환 [ ]토지(임야)합병 [ ]토지(임야)등록사항정정 [ ]기타

신청인	성명	(주민)등록번호
	주소	전화번호

신 청 내 용

토지소재			이동전			이동후			토지이동 결의일 및 이동사유
시·군·구	읍·면	동·리	지번	지목	면적(㎡)	지번	지목	면적(㎡)	

위와 같이 관계 증명 서류를 첨부하여 신청합니다.

년   월   일

신청인   (서명 또는 인)

시장·군수·구청장 귀하

수입증지 첨부란

「측량·수로조사 및 지적에 관한 법률」 시행규칙 제115조제1항에 따른 수수료(뒷면 참조)

210mm×297mm[일반용지60g/㎡]

처리기간			
1. 신규등록 : 3일	2. 토지(임야)분할 : 3일	3. 토지(임야) 지목변경 : 5일	4. 등록전환 : 3일
5. 토지(임야) 합병 : 5일	6. 등록사항 정정 : 3일	7. 바다로 된 토지의 등록말소 : 3일	8. 축척변경 : 3일

수수료	
1. 토지(임야) 신규등록 : 1,400원(1필지)	6. 등록사항 정정 : 무료
2. 토지(임야) 분할 : 1,400원(분할 후 1필지)	7. 바다로 된 토지의 등록말소 : 무료
3. 토지(임야) 지목변경 : 1,000원(1필지)	8. 축 척 변 경 : 1,400원(1필지)
4. 등 록 전 환 : 1,400원(1필지)	9. 「측량·수로조사 및 지적에 관한 법률」 제86조에 따른
5. 토지(임야) 합병 : 1,000원(합병 전1필지)	토지이동 신청 : 1,400원(1필지)

처리절차

210mm×297mm[일반용지 60g/㎡(재활용품)]

사례로 보는 토지분할 투자 분석

토지 공유지분 투자의 주의할 점

인천에 사는 박 씨는 7년 전 매입한 땅 때문에 골치를 썩고 있다. 큰 수익을 낼 수 있다는 기획부동산업체의 말만 믿고 경기도 여주 임야(12만여 ㎡)를 매입한 게 문제였다. 그는 다른 투자자 70여 명과 함께 1000~5000㎡씩 공동명의로 매입했다.

공동명의 형태로 등기돼 땅을 되팔기가 어렵자 박 씨는 최근 법원에 토지분할 소송을 냈다. 자기 지분(땅)만 따로 쪼개 단독으로 등기하기 위해서다. 그러나 소송 과정에서 투자자들끼리 서로 좋은 위치를 차지하겠다며 다투자 법원은 땅을 경매로 팔아 현금으로 나누라고 판결했다.

그는 "길이 닿지 않는 맹지라 땅값이 7년째 제자리걸음"이라며 "경매에 넘겨지면 투자 원금조차 건지기 어려울 것 같다."고 하소연했다.

여러 사람 이름으로 공동 등기된 땅을 쪼개기 위해 시작한 토지분할청구소송이 투자자들 간 다툼 끝에 경매를 통한 현금분할 판결로 끝나는 사례가 많다. 이 경우 경매 낙찰가가 주변 시세보다 낮아져 투자자들은 오히려 손해를 볼 수 있다.

공동명의 토지의 경매건수가 급증하고 있는 것은 땅에 대한 재산권 행사가 어렵기 때문이다. 이런 땅은 전원주택·펜션 등을 지으려 해도 다른 소유권자 전원의 동의가 필요해 쉽지 않다. 그래서 '애물덩어리'가 된 땅 지분을 처분하려고 주변 부동산중개업소에 내놓아도 거들떠보는 이가 없다. 주인이 여러 사람인 땅이라 환금성 등이 떨어진다는 이유로 투자자들이 외면해서다.

땅을 쪼개 개별 등기하려고 자치단체에 토지분할을 신청해보지만 이마저 여의치 않다. 토지분할 허가제가 가로 막고 있다. 실수요가 아닌 투자 목적의 땅 쪼개기로 판명나면 지자체는 분할 허가를 내주지 않는다.

그래서 법원에 소송(공유물 분할 청구 소송)을 제기해 땅을 쪼개려는 투자자들이 늘고 있다. 소송을 통해 법원으로부터 토지분할 판결을 받으면 자치단체의 허가 없이도 땅을 쪼갤 수 있기 때문이다.

그러나 법원에 소송을 제기한다고 해서 무조건 땅을 쪼갤 수 있는 것은 아니다. 법원은 공유토지분할소송을 진행하면서 분할에 대한 각 소유자 간에 합의가 어렵다고 판단될 경우 경매를 통한 현금 분할을 판결하기 때문이다. 이 경우 경매 낙찰가가 시세보다 떨어져져 투자자들은 손해를 볼 수밖에 없다.

현금분할을 위한 공유토지 경매는 최종 낙찰자가 나설 때까지 자동 진행된다. 시가 10억 원짜리 땅이 단돈 몇 십만 원에 낙찰된 사례도 있다. 다수의 토지소유자가 있는 땅이 경매로 나오면 소유권이 복잡해 시세의 20~30% 선에서 낙찰되는 경우도 많다. 서로 도로와 접해 있는 땅을 차지하려고 다투다가 결국 투자원금에도 못 미치는 배당금을 손에 쥐는 경우가 많다.

결국은 토지소유자 간의 합의가 중요하다. 소송을 통해 땅을 분할할 땐 무엇보다도 공동소유자 간 의견 일치가 중요하다. 소송을 제기하기 전에 가분할도를 그려놓고 서로 배정받을 땅의 위치를 미리 정해두는 것이다.

공동명의자들 사이에 서로 배정받을 땅의 위치에 대한 이견이 없을 경우 법원은 현금이 아닌 현물분할을 판결한다. 이때 도로 예정부지를 어떻게 쪼갤 것인가에 대해서도 소유자 간 사전합의가 필요하다. 소송을 통해 기껏 땅을 쪼개더라도 도로가 닿지 않으면 개발이 불가능하거나 땅 가치가 크게 떨어지기 때문이다. 토지분할청구소송은 한 공유자가 나머지 공유자를 상대로 제기하면 된다.

소송 진행은 땅 소재지 등기소 주변 법무사에게 맡기는 게 좋다. 가급적 경험이 풍부하고 해당 등기소 등의 관청과 두터운 인맥을 형성한 곳이 성공 확률이 높다. 공동명의지 전원이 조금씩 손실을 감수하겠다는 각오로 소송에 임하는 게 중요하다.

도시지역 자연녹지 '답'의 분할

지적분할은 관공서에서 분할 허가를 받아 한국국토정보공사에 신청하면 되며 준비해야 할 서류는 다음과 같다.

① 개발행위허가신청서
② 토지분할계획서
③ 매매계약서 사본(분할 목적에 따라 관계 서류가 첨부되어야 하는데, 이번엔 매매에 의한 분할이므로 필요)
④ 토지분할계획도면
⑤ 지상권 및 근저당권 동의서(대출이 있는 관계로 필요)

분할제한 면적의 토지분할

분할 면적이 분할제한 면적이 될 경우 분할은 어떻게 하여야 할까? 방법이 없다면 그것도 이상할 것이다.

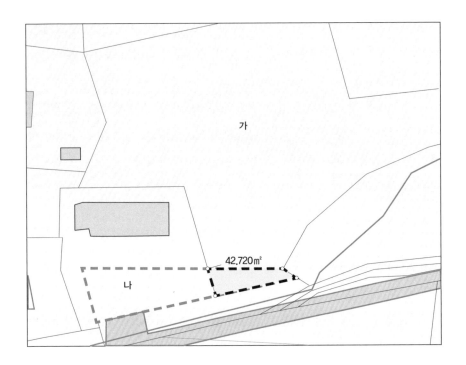

42,720㎡

가

나

위와 같이 '가' 필지가 '나' 필지의 약 42㎡로 필요로 할 때 어느 경우에도 맞지 않는 과소면적이 된다. 여기 지역은 특히 자연녹지지역이므로 200㎡ 이상씩 분할이 되어야 하는데, 이래저래 방법이 없다.

이런 경우도 또 여러 가지를 고려해볼 소지가 있다.

'나'의 남은 면적이 200㎡ 이상일 경우, '가'와 '나'의 지목이 같을 경우는 편하다. '가'로 합병을 하면 된다.

여기서 따져야 할 것은 합병조건이다. 분할은 면적제한이 있지만 합병은 제한이 없다. 다만 등기상 전부 일치하지 않으면 합병이 되지 않는다. 지목과 소유주가 동일해야 한다. 거기에 소유권 이외의 권리도 동일해야 한다.

'나'의 지목은 답이고 '가'는 전일 경우는 지목변경의 절차를 밟은 다음 합병의 방법을 사용할 수 있는데 이것부터는 설계사무소에 문의해야 한다. 자, '나'의 남는 면적이 200㎡ 이하일 경우, 이때는 정말 답이 없다,

그럼 안 되는가? 이런 경우는 '가' 필지를 가지고 개발행위허가를 받으면서 진입로 목적으로 분할신청을 해야 한다. 쉽게 말해 건축허가신청을 하면서 분할하는 방법인데, 설계사무소와 상의해야 한다.

이런 경우도 있다. 건축물이 내 땅으로 들어와 있는데, 아예 귀찮으니 떼어서 줘버려야겠다는 결론을 내렸고 내 땅은 전이다. 대지와는 바로 합병도 안 되고, 면적은 아주 작을 테니 그냥 분할되는 것도 아니다. 이때도 현황이 결국 집이 들어 있는 대지이므로, 전용허가의 절차를 통해 할 수 있다고 한다. 여기서 중요한 것은 도시지역 중 자연녹지지역은 200㎡ 이하로는 분할이 되지 않는다는 것이다.

임야의 분할 사례 분석

2003년 국토계획법이 생기기 전까지는 건축허가 없이 분필과 형질변경, 지목변경이 가능했다. 과거 기획부동산과 통화를 하면 개발이 불가능한 임야를 그럴싸하게 분필하여 매각을 한 사례가 많았다. 그러나 이제는 그런 사례를 볼 수가 없다. 요즘은 분필은 하지 않고 지분으로 투자할 것을 권하는 사례가 많다.

언뜻 생각하기엔 분필하여 매각하는 것이 더 수월한데 그러지 않는 이유는 뭘까? 그 이유는 2003년 국토계획법 이후에는 건축허가 없이 토지의 형질을 변경하거나 분필하거나 지목을 변경하는 것이 불가능해졌기 때문이다. 즉 이제는 토지에 건물을 짓겠다고 해야 분필이 가능하다. 다시 말해 건물을 짓지도 않을 것인데 토지만 분할하는 행위를 하지 못하도록 법으로 막아 두었다는 말이다.

위 사진 중 왼쪽의 임야를 오른쪽과 같이 공동으로 이용하는 도로를 내고 빨간 선으로 표시한 만큼 분할하여 전원주택 단지를 만들어 매각하면 어떨까?

지역에 따라 달라질 수 있지만 수도권 인기지역이라면 아마도 어마어마한 수익이 날 것이다.

그렇다면 왼쪽과 같은 토지를 매입하여 그냥 분할하겠다고 하면 지자체에서 분할하도록 허가해 줄까? 그래서 쪼개진 1개 필지씩 잘라서 파는 게 가능할까? 쪼개진 각각의 필지에 건축허가가 없이 말이다.

앞서도 이야기했던 것처럼 이제는 건축허가 없이 토지만 분할하는 것은 불가능하다. 그렇다면 이 땅을 어떻게 개발해야 할까? 건축허가가 있어야 하는데, 해당 토지를 다 쪼개어 놓는 구상을 하고 그 위 각 필지마다 건축허가를 받은 다음 필지별로 착공과 함께 매각을 해야 한다. 쉬울 리 만무하다. 게다가 건축허가를 받은 뒤 1년 이내에 착공하지 않으면 허가가 취소된다. (물론 1회에 한해 1년 연장 가능)

필요한 필지만 잘라내 사겠다는 사람이 나올 때 미리 그려 놓은 도면대로 건축허가를 득하면서 팔면 딱 좋을 것 같다. 그러려면 미리 도로가 나 있어야 하는데, 개발을 하기 전인 왼쪽 토지에는 도로가 없다. 그래서 도로를 아래와 같은 방법을 썼다.

건축법에 따라 도로에서 가장 먼 쪽에 창고로 건축허가를 받고 그런 다음에 건축법상 도로에서 창고에 이르는 길을 분필을 하면서 도로로 지정공고를 해버렸다. 그렇게 되면 어찌되는가? 새롭게 지정 공고된 도로를 끼고 서측으로 분할 가능한 토지가 붙어 있게 된다.

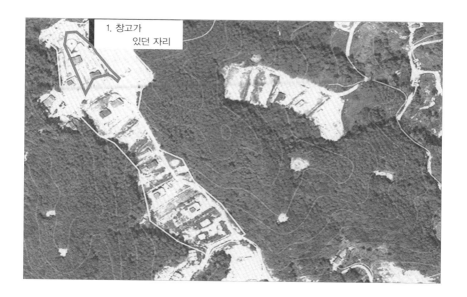

이렇게 되면 해당 가분할도에서 매매가 추진되는 토지만 건축허가를 받아서 매각하면 된다. 미리 건축허가를 왕창 받아놓을 필요도 없고 매각하기도 수월하다.

비용도 한 번에 들어가는 것이 아니므로 투자자로서는 부담도 덜하다. 또 가분할도를 보고 매수하겠다는 사람과 협의해 분할을 변경해가면서 매각하는 것도 어렵지 않다.

자, 다음 사례를 보자.

아래의 'M' 필지는 도로일까? 알박기가 될까?

한 가지 가정을 해보자. 토지투자에 대해 공부하다 보면 이런 것이 늘 헷갈리게 한다. 위 'A'부터 'M' 필지까지 다 경매에 나왔다면 이때는 어떤 것을 낙찰 받아야 할까? 또 조사를 해야 한다면 어떤 조사를 해야 할까? 당연히 가정은 위 어떤 필지도 수용사업에 저촉되지 않고 개별개발을 하려 한다는 가정 하에서 말이다.

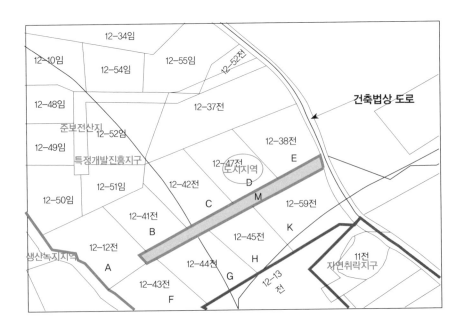

지금까지 보자면 M은 지목이 전이든 뭐든 도로로 쓰이는 것으로 보여 아무런 쓰임이 없는 땅으로 보인다. 하지만 중요한 것은 A~M까지 모든 필지는 건물이 하나도 없다.

만약 2003년 국토계획법 이전에 지자체에 허가받아 필지를 분할만 하고 건축허가가 난 것이 없다면, 즉 필지분할만 하고 M 필지가 도로로 쓰인 바 없다면 이때 M 필지는 그냥 도로처럼 생긴 길쭉한 모양의 전이 된다. 즉 건축법상 도로에 접한 E와 K를 제외하면 모든 필지는 M의 사용승낙서가 있어야 건축허가가 가능해진다.

토지투자를 할 때 가장 어려운 것이 대지와 도로와의 관계이다. 어렵다고 포기할 건 없다. 도로에 문제가 없는 문제가 없는 물건도 투자할 게 얼마든지 많다. 난이도를 하나하나 높여가면서 토지투자를 하되 조사를 세을리 하지 않다보면 금세 실력은 쌓인다.

양평 전원단지개발을 위한 토지분할 사례 분석

다음은 분할측량성과도다. 이번 토지분할은 건축인·허가에 의한 분할로 이번이 1차 분할이다. 벌써 각 토지별 고유지번(독립번지)이 부여되었다. 즉 완벽한 토지의 소유권 확보를 위해 개발행위허가 – 건축신고(허가)가 진행되었고 후속 절차로 분할신청 → 분할측량 → 측량성과도 발행 → 공부상 지적정리 중이다.

물론 생각보다 절차도 복잡하고 비용도 많이 든다.

이래서 한 개인이 큰 토지를 사서 땅을 쪼갠(?) 후 집을 짓는다는 것 자체가 어렵다.

1차 분할측량 성과도

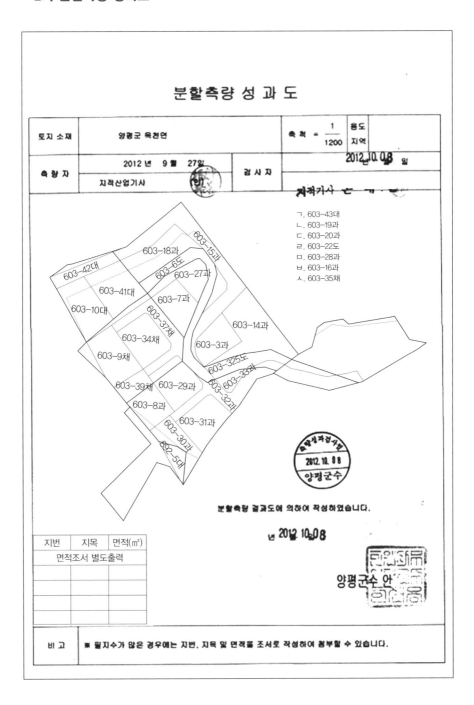

※ 이번 1차분할로 전체 단지 내에는 14개 필지가 독립지번을 부여받았고 도로에 연접한 나머지 필지는 매매에 의한 분할(2차분할)이 곧바로 진행되었다. 해당 지자체인 양평군은 이 분할측량성과도에 따라 토지대장을 정리하게 된다. 기간은 약 일주일 정도이며 이 작업이 바로 토지소유권 이전 바로 직전 단계이다.

1. 전체 약 1,800여 평(시범단지 A블럭면적 기준)에 대한 토지공동구매 시작. 총 12개 필지로 가분할된 도면을 가지고 각자의 토지면적, 토지위치 선정.
2. 개발행위 허가 및 건축인·허가.(양평군 도시계획심의에 의해 인허가 완료)
3. 건축인·허가에 의한 토지분할 개시.(지적측량 후 → 토지대장 등재)
4. 토지지적정리 완료 → 매매계약대로 토지소유권 이전

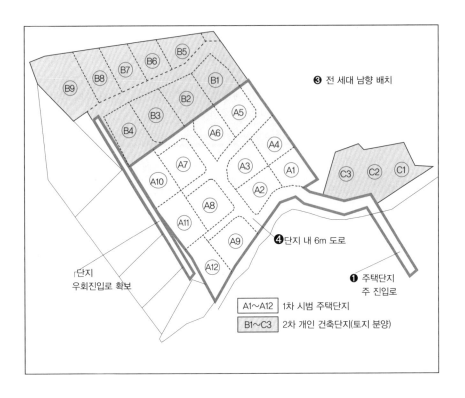

❸ 전 세대 남향 배치

❹ 단지 내 6m 도로

❶ 주택단지
주 진입로

단지
우회진입로 확보

| A1~A12 | 1차 시범 주택단지 |
| B1~C3 | 2차 개인 건축단지(토지 분양) |

임야 전원주택부지 분할 사례 분석

총 4만 평의 임야를 50여 개 필지로 분할하였다. 요즘 분할만 많이 해 놓으면 기획부동산으로 오해를 받기 쉬워 처음 만나는 사람들 앞에서 도면을 펼칠 때면 가끔 민망스러운 경우가 있다.

큰 토지일수록 이렇게 개발 → 사전분할을 해야 나중에 고생을 하지 않을 수 있으므로 고생스럽더라도 미리 분할을 해 놓는다. 그렇지 않으면 필지마다 개발행위허가를 넣고 공사하여 준공허가를 받을 때 공사현장 위치와 인·허가 위치가 조금씩 달라져서 변경 등을 하게 되며, 이로 인한 사업의 준공기간이 1~2개월 이상 연장될 수 있다.

수십 개의 필지를 인·허가 받아야 하는 입장에서는 필지당 1~2개월씩 연장

된다면 전체로 보면 2~3년이 늦어질 수도 있다. 간혹 필지 별로 사전분양이 되어 소유권자가 바뀌면 분쟁까지 발생하여 사기로 형사고발까지 당하게 된다. 참 우스운 일로 사기혐의를 받고 고소를 당하는 일이 비일비재하다.

이런 경우 고의가 아니라 무혐의로 판정되지만 고객들은 언제 사기를 당할지 모른다는 생각에 부동산업자를 노상 감시하고 조금만 이상이 생기면 모든 책임을 전가시켜서 사기로 고소하려는 준비가 되어 있다.

그림에서 보는 단지의 필지를 연결하는 폭 8미터의 지적선이 단지 내 도로다. 그동안 인·허가만 나면 구입을 하겠으니 계약 후 도로개설을 완료하고 잔금을 받으라는 고객들이 몇몇 있었다.

사실 도로개설을 하지 않은 이유는 얼마 전 부동산개발업 법령이 생겨나면서 개인이 개발할 수 있는 면적이 1회에 1,000평, 연간 합산 3,000평이기 때문이다. 잘못하면 개발로 인한 과태료 등 골치 아픈 문제가 발생하므로 분양 후 소유권이전을 완료한 여러 명의 개인 명의로 인·허가를 신청하여 도로를 개설하고자 하였다. 수 명이 인·허가를 신청하면 각기 인·허가 면적이 분배되어 어느 누구도 부동산개발업법에 대한 제한사항에 걸리지 않아 자유롭게 인·허가신청 및 개발이 가능하기 때문이었다.

하지만 이것은 단순한 생각이었다. 항상 방법은 있었다. 다만 내 자금으로 도로개설까지 해 놓고 시세의 2/3 가격에 매도하기가 싫었을 뿐이다. 한번 책정한 분양가격은 주변 가격이 올라가도 좀처럼 바꾸지 않고 고정시킨다는 것이 나의 원칙이다.

하지만 망설였던 그동안의 시간이 후회스러웠다. 개발 기획과 진행을 책임지고 있는 입장에서 개인적이고 사소한 생각으로 시간을 허비했던 것에 대하여 많은 반성을 한다. 안이하고 나태한 내 모습에 이런 생각까지 나왔음이 분명했다.

이제 적법하고 부동산개발업법에도 해당이 안 되는 방법을 선택하여 단지

도로개설을 위한 인·허가를 신청하고 도로공사를 마칠 계획이다.

　아래 도면의 2개 곳에 건축 인·허가를 신청한다. 용도는 모두 아는 상식적인 쉬운 것으로 건축비도 저렴하다. 아래와 같은 단지를 구입할 때 도로가 준공이 되어 있지 않다면 도로 준공 및 지목변경(지목: 도로)을 꼭 계약서에 단서로 기입하여 개발자가 도로개설을 완료하여 주도록 하여야 한다.

　1필지를 구입하는 개인이 수백 미터의 도로를 개설 할 수는 없으며(비용 과다로) 또한 지목이 도로가 아니 상태에서 수 개의 필지 중 하나의 필지가 인·허가를 받았다면 인·허가상 도로부지로 신청한 부분은 준공이 완료되기 전까지 계획상 도로로 구분되어 인·허가를 받은 계획상 도로에 접한 모든 토지가 인·허가를 신청할 수 없게 된다.

　이런 사유로 도로개설은 개발에 있어 가장 시급한 것이었음에 게을리하고 미뤄왔음을 반성해 본다.

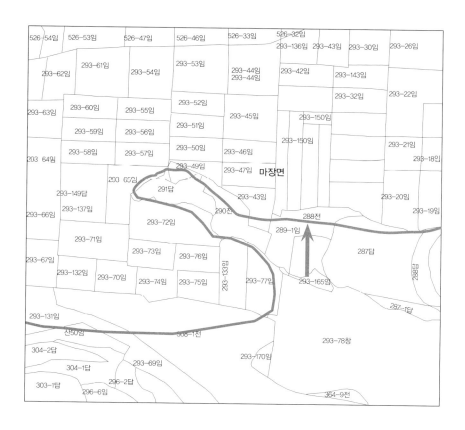

영흥도 기획부동산 필지분양 사례 분석

영흥도에서 활동을 했던 기획부동산이 토지분할을 한 단지다. 단지 내에 길이 보인다. 단지 내에 길을 만들지 않으면 토지분할을 해 주지 않기 때문에 어쩔 수 없는 일이다. 기획부동산은 어쩔 수 없이 도로에 해당되는 필지를 만들어 토지분할을 했다. 그런데 단지의 출구는 어디에 있을까?

없다. 단지 내에만 길만 있을 뿐 단지 밖으로 나가는 길이 어디에도 없다.

임야를 토지분할을 해 분양한 단지의 길은 모두 다른 사람 땅으로 막힌 맹지다. 이 단지는 기획부동산이 개정된 법에 맞춰 토지분할을 하였던 것이다.

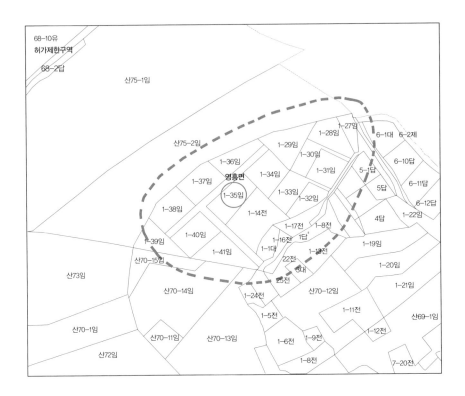

　다음은 영흥도에 있는 정상적으로 분양한 전원단지다. 단지에는 몇몇 주택이 건축을 한 상황이다.

　그러나 이 단지에도 앞으로는 문제가 있다. 단지 규모가 작아 문제가 없을 것 같지만 당시에는 연접개발제한규정 때문에 아직 집을 짓지 않은 필지는 개발행위허가신청이 힘들었기 때문이다.

　왜냐하면 영흥도에서는 기획부동산이 웬만한 임야는 모두 작업을 했기 때문에 연접개발제한규정(현재는 연접개발 제한규정 폐지)에 의해 500미터 반경이라는 한계 때문에 추가로 개발행위허가를 받기가 힘들었기 때문이다.

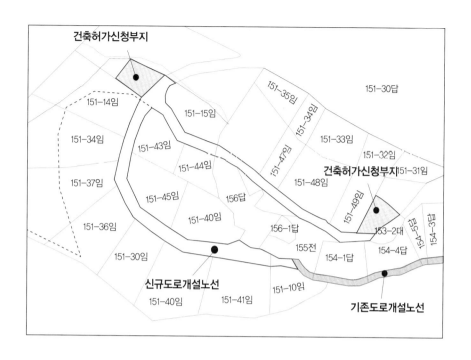

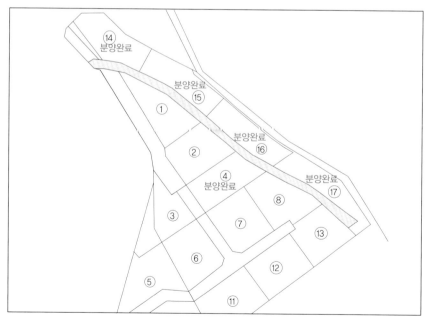

기획부동산이 분할을 이용하는 수법

1. 분양토지 인근의 개발계획은 신문기사나 인터넷 등으로 충분히 검색할 수 있는 정보다. 따라서 분양토지가 해당 개발계획과 관계가 있는 것처럼 오해하도록 지역개발 청사진과 신문기사 등을 스크랩해서 광고에 활용한다.

2. 가분할도를 기준으로 원하는 필지에 대한 개별 분할등기 가능 또는 분할 등기를 해 준다.

3. 소유권 이전을 담당하는 책임 법무사나 변호사의 실명을 밝혀 소비자로부터 신뢰도를 높인다.

1~3번 항목을 보면 요즘 광고를 통해 노출되고 있는 토지분양정보의 일반적인 문구라는 것을 알 수 있다. 광고 문구를 보면 개발호재가 매우 많은 지역인데 광고에 나오는 평당 가격이 매우 저렴하다. 광고 문구가 시골에 조그만 땅이라도 마련해 주말에 한 번씩이라도 내려가고픈 소박한 도시민의 꿈을 자극한다.

아무짝에도 쓸 수 없는 임야 한 조각 필지를 매입해 놓고 고민하는 분들 중에는 정부가 왜 부동산시장을 교란하며, 소시민들을 울리는 기획부동산을 단속도 하지 않고, 중앙 일간지에 버젓이 전면광고를 내도록 방치하는지 이해가 되지 않는다고 말하는 이들이 생각보다 많다.

토지를 매입하기 전에 정보를 얻은 곳이 기획부동산의 텔레마케팅 전화도 있지만 자신이 생각하던 용도와 다름에도 자세히 알아보지 않고 계약을 하는 데는 이런 신문광고도 한몫을 하기 때문이다.

기획부동산은 정확히 말하면 일반인들이 알고 있는 부동산중개업체가 아니다. 공인중개사 자격증을 걸고 영업하는 회사는 아니란 뜻이다. 다시 말해 정부에서 깐깐하게 법적으로 규정을 정해 두고 관리하고 있는 부동산업체가 아니란 뜻이다. 그렇기 때문에 기획부동산은 토지를 매매하는 데 있어 공인중개업체처럼 법적인 책임을 지지 않는다. 중요한 이야기다.

　　다음 그림은 기획부동산이 활동하기 시작한 초창기 토지분할 방식이다. 바둑판처럼 칼질을 했다. 이런 경우는 분양 받은 이들이 길로 쓸 필지도 없이 분양을 받았기 때문에 아무것도 할 수 없는 최악의 토지분할 방식이다.

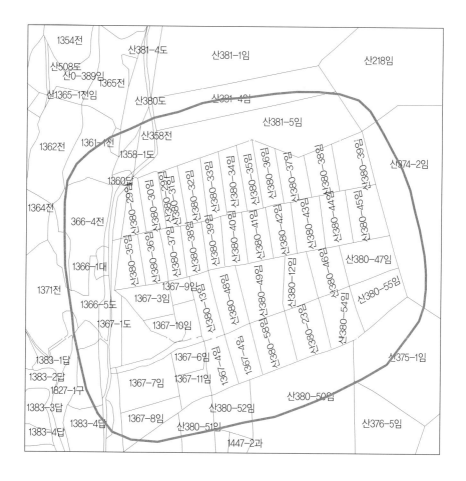

　　다음은 인천 영흥도에 다리가 생기기 전 기획부동산이 들어가서 작업을 한 토지다. 앞서 예시한 사진과 마찬가지로 도로가 없다.

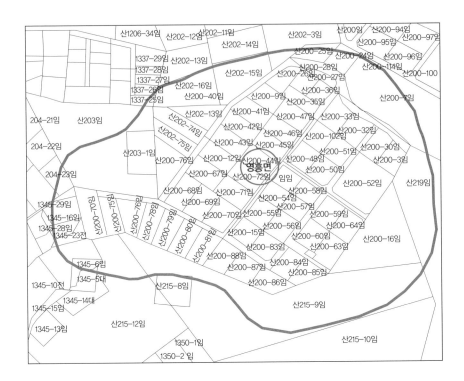

　이 이후에 정부에서는 도로를 만들지 않으면 토지분할을 해 주지 않았다.(법률 개정) 그래서 이 시점을 기점으로 뒤에 작업한 기획부동산 토지분할은 도로와 비슷한 필지가 생겨나게 된다.

강릉시 토지매도 및 개발 건 사례 분석

부동산 처분을 위한 준비 작업 : 평면계획

① 부지의 활용용도가 주택지로 제한되기 때문에 주거부지로 활용용도를

설정

② 구매자들의 예산 규모 파악

③ 구매층이 가장 두터운 계층의 구입예산에 맞도록 가분할

④ 기반시설공사

⑤ 분할판매 권유

의뢰인이 원하는 매도금액 10억 원은 이미 1~2년 전부터 고수하던 가격으로 현재 상태로 이 가격을 고수한다면 처분하기까지 2~3년 이상 더 시간이 필요해질 것으로 예상된다.

주거부지로 알맞은 200~300평대의 수요층의 예산은 1~2억 원 선이며 총 10억 원이 넘는 면적의 부동산이라면 당연히 가격이 다운될 수밖에 없기 때문이다. 항상 큰 규모의 토지를 처분하는 작업은 분할이 수반된다.

분할은 첫째, 토지의 활용을 위한 기초 작업으로 활용이 가능한 부지를 생산하는 유용성을 지니고 둘째, 토지의 가치를 높이기 위해 시도하는 것으로 가격을 상승시키는 가장 기본적인 수단이 된다.

처분을 위한 분할을 수반하는 단지이 평면 계획

① 토지를 구입할 수 있는 가장 많은 수요층을 조사한 후 그 수요층이 요구하는 면적을 설정.

② 전체 토지의 지형을 파악하여 도로의 선을 자연스럽고 부드럽게 전체 부지를 하나로 연결할 수 있는 도로계획 수립.

③ 도로를 따라 각 개별 필지를 구매층에 알맞도록 배치.

④ 이때 중요한 것은 도로를 따라 배치되는 개별 필지의 주향을 고려하여 부지의 길이와 폭을 잘 설정하여야 한다.

일반적으로 부지 전체 형상을 보고 모양만 좋게 만들어 분할계획을 하면 추후 조망권과 단지 전체 구성이 엉망이 되는 경우가 많기 때문에 주향을 될 수 있으면 높은 곳에서 낮은 곳을 바라보게 하여 각 필지를 길게 배치하여야 하며, 큰 평수를 뒤로 하고 하단에는 작은 평수를 배치하여 전체적으로 판매가격을 저하시키는 요소를 최소화하여야 한다.

⑤ 분할계획은 실현 가능한 계획이어야 한다. (분할이 안 되는 것도 있으므로 세부 내용은 추후 설명하기로 한다.)

의뢰인들이 이러한 분할해서 매도하는 일을 두려워하는 이유는 전체 필지 중 자투리땅이 남는 것을 우려하기 때문이다. 확실히 말할 수 있는 것은 계획을 세울 때 현장 지형을 고려한 평면분할계획에서 이러한 문제는 99% 해결이 될 수 있다는 것이다.

대충 바둑판식의 분할계획으로 토지를 처분을 한다면 쓰지 못하거나 가격이 많이 떨어져 처분이 힘들어지는 부지가 발생하는 일이 발생한다. 처분을 위한 평면분할계획은 전문가에게 맡기는 것이 현명하다고 생각한다. 또한 가분할 계획을 하는 사람은 실제분할 및 지적정리를 할 수 있는 사람이어야 한다.

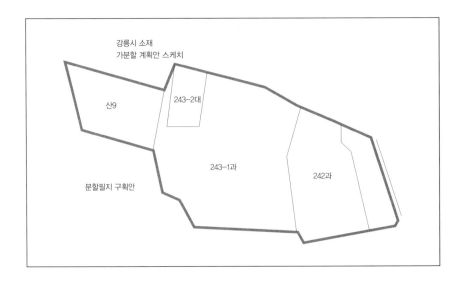

강릉시 소재
가분할 계획안 스케치

산9

243-2대

243-1과

242과

분할필지 구획안

위 토지의 평면분할과 지형을 고려한 밑작업이 완료되면 의뢰인과 개발 및 처분용역계약을 체결한 후 개발 전의 현장과 개발 후 현장의 전경과 그 작업을 고려해보기로 한다.

하단 그림과 같이 처분을 위한 가분할 계획을 수립하는 것은 현장 지형과 수요층을 고려해 진행하여야 한다.

공사계획에서 특히, 중요한 사항은 최소의 공사비로 최대의 효과를 얻을 수 있는 계획이어야 하며 또한 수요층이 원하는 현장을 만들어야 한다는 것이 핵심이다.

분할계획도 〈세컨하우스 조성사업〉

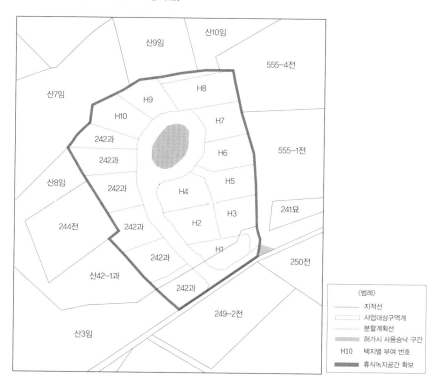

① 가분할 계획 : 총 5개의 필지가 14개 필지로 나누어지게 되며, 공사를 완

료한 후 일부 필지는 합병하여 정리될 것이다.

② 가분할 계획에 따른 개별 필지의 구역도와 현장공사 핵심 포인트 설정은 추후 만들어질 주거부지가 하나의 단지로 탄생됨과 동시에 처분하는 의뢰인에게는 목적 실현을 위한 매우 중요한 사항이다.

③ 이러한 작업은 의뢰인과 수임자가 문서 등을 통하여 꼼꼼히 서로의 권익을 위한 체크 준비가 필요하다.

조사 내용

① 위치 및 토지의 현황과 접면도로 조사.

② 인근 시설물 조사 : 혐오시설물의 유무 및 주택지로 개발할 때의 편의시설 및 인근 도심지로의 이동경로 파악 등.

③ 부동산업체를 방문해 시세 및 분양성 조사.

④ 개발방법에 따른 인·허가 사항 검토 : 설계사무실 방문.

⑤ 토지가 위치한 지역의 개발가능성 등 몇 가지 조사.

조사 결과

① 현장은 시내와 접한 외곽으로 입지는 매우 좋았으며 마주보는 도로 건너편 방향으로 안목항 및 강릉항 접근이 가능 : 도시외곽 전원주택지 및 공동주택 입지로는 어느 정도 좋은 위치.

② 부동산업체 방문을 통해 분양가격 및 매매 시세를 파악하는 일이 선행되어야 함 : 구입고객들은 강릉시 거주자와 외부인들 50:50 으로 구성.

③ 설계사무실 의견 : 자연녹지(도시지역)라 인·허가에는 어려움이 없으나

개인이 개발할 경우 19세대 미만은 부동산개발업자를 통하지 않고도 개발하여 분양할 수 있다. 개인은 1회 1,000평이며 1년 합산 3,000평 이상일 경우 개발사업등록업체에 의뢰하여야 한다.(개발자가 개인의 경우에는 예외로 적용한다.)

이에 매도를 위해서 개발을 진행한다면 다음과 같은 사항을 염두에 두면 된다.

인·허가 절차에 따라 진행

구분	항목	기간	
1차 허가	16개 필지로 분할하여 각기 소유권 이전	계약 후 즉시 분할 위한 개발행위 허가신청→허가 득→분할측량신청→측량성과도 발급→군청지적과에 지적정리 접수→지적정리 완료	1개월 소요
	↓		
	입구 필지에 건축허가 신청 ↓ 건축 후 준공 ↓ 지목을 도로로 변경	건축을 위한 개발행위허가신청 (농지형질변경과 건축은 의제처리 : 협의)→인·허가 득 → 허가증 수령 → 공사 → 준공을 위한 분할측량 → 성과도발급 → 성과도를 첨부한 산지적지복구 준공신청 → 적지복구준공승인 → 건축준공 신청 →건축준공 → 지목을 대지 및 도로로 변경 → 종료	서두르면 3개월 소요
	↓		
2차 허가	위 그림의 잔여지·허가 접수 ↓ 공사	각기 건축을 위한 개발행위 허가신청 (19세대 미만) → 절차는 위와 동일	1~2개월 소요
	↓		
	분양		

③ 분양가격 : 분양가격은 평당 80만 원(±5만 원)을 책정. 시공 시에 토지 평탄공사 및 일부 조경공사.(트레일러 캐러반 검토시 100평당 : 1사이트구획 당 500만 원,

분양 수수료는 평당 5만 원까지 가능할 것으로 판단)

④ 분양수수료의 소득원천징수에 관하여 분양수수료를 지급 :

- 수령자의 주민등록증 사본 또는 주민등록등본을 수취한 후 수령자의 통장으로 입금.
- 입금 시에는 지급 금액의 20%를 공제.
- 공제한 20%는 각 필지의 양도신고시에 세무서에 함께 신고하고 납부.
- 신고한 20%의 세금은 수령자의 연말정산을 하면서 정산되어 개인에 따라 환불 또는 추가납입.

⑤ 가장 큰 리스크는 토목회사의 공사 부분(레이아웃 및 설계)인 것으로 판단된다.

- 끝까지 차질 없는 공사의 마무리 : 시공사의 자금력과 신용도에 문제가 있다면 공사가 중단될 가능성이 있음.
- 공사비 책정과 상반되는 하급공사 또는 부실공사.

⑥ 대출금으로 충당하여야 할 잔금의 대출 : 전체 인·허가를 득한다면 2-3억 원 정도의 자금 대출은 어렵지 않을 것으로 판단됨.

⑦ 토지매매계약의 체결 : 토지매입대금 중 일부만을 지불하고 잔금은 융자로 대체한다는 가정 하에 계약할 경우이며, 계약을 서두르고자 한다면 소정의 금액을 지급하고 가계약 후 20일 후 본 계약을 작성하기로 한다. 수지분석을 한 후에 사업성이 없다고 판단된다면 가계약금은 위약금 없이 돌려주고 계약을 철회할 수 있다는 단서를 붙여 계약한다. (개발계획 : 토지이용계획 도면이 나온 후 도면에 의한 견적을 정확히 받은 후 다시 한 번 검토한 후 정식계약을 체결하는 것이 안전하다.)

시공사가 제시한 평당 5만 원이라는 금액의 공사비도 충분한 근거 자료가 없는 상태이고 기존 분할도면도 형식에 의한 것으로 판단되어 재수정되어야 할 부분이 있다고 생각되므로 계약할 의사가 있음을 가계약이라는 형식을 통해 매도인에게 전달하고 충분히 재검토하는 것이 좋을 것으로 판단된다.

ⓐ 계약금과 중도금의 지급방법

계약금과 중도금을 한 번에 지급하고 잔금으로 하는 것은 추후 분쟁소지가 있으므로 적은 금액이더라도 중도금 명목으로 꼭 지급하는 것이 좋은 방법이다.

ⓑ 잔금의 지급조건

'잔금은 인·허가를 득한 후 대출을 받아 지급하기로 하고 매도인은 이에 협조한다.'는 단서를 달되 매도인이 기한을 정하자면 위의 조건을 단서에 명시하고 잔금기일은 계약 후 약 6개월 정도를 예상하면 될 것 같다. 6개월을 정하더라도 조건에 인·허가 후라고 명시하면 6개월이 경과되어도 인·허가를 득하지 못하였다면 잔금기일은 연장이 되어도 계약을 어긴 것은 아닌 것이 된다.

ⓒ 중도금 지급 후 소유권을 이전받고 지급하지 않은 잔금은 매도인이 대상지에 가등기 또는 근저당하여 놓는 형태로 변경하여 전체 인·허가를 접수하는데 차질이 없어야 할 것 같다.

전체부지의 인·허가를 득하여야 잔금을 지급할 정도의 대출이 가능할 것인데 인·허가를 접수하려면 토지소유자가 인·허가자와 동일하여야 하므로 (주택허가 시에만 해당됨) 소유권 이전은 잔금 이전에 하는 것을 매도인이 수락하여야 할 것 같다.

ⓓ 위 사항에 의하여 다음과 같은 단서를 계약서에 첨부 필요.
  • 본 계약은 전체부지에 주택건축을 위한 인·허가를 할 수 있다는 조건 하의 계약임.
  • 잔금은 전체 부지에 주택 인·허가를 득한 후 대출금으로 지급하기로 함.
  • 중도금 지급 후 매도인은 매수인과 매수인이 지정하는 자에게 소유권 이전하고 미지급된 잔금액에 대하여는 매도인이 근저당을 하여 채권확보를 하기로 하며 본 토지의 인·허가 후 본 토지 대출을 발생시켜 미

지급 잔금액을 지급하기로 함.

• 계약 후 토지의 분할에 필요한 서류를 매수인에게 제공하며 이에 적극 협조하기로 함.

• 소유권 이전 시 매매대금은 쌍방이 협의하여 상향 신고하기로 하며 본 계약 총대금과 상향 신고금액의 차액에 대한 양도세는 매수인이 부담하기로 함.

• 본 계약에 대한 쌍방 보증인으로 입회인이 참여하되 입회인은 본 계약 사항의 일체에 대하여 인지하고 쌍방 보증에 자의로 수락하였음.(보증인 인적사항 필히 기재)

⑧ 간추린 약식 수지 분석

계정	항목	내용		계산식	금액
투자금	취득비용	토지매입비		평당 445,442원×2,100평	935,430,000
		제세공과금 구입수수료 소계 설계용역비		4.6% 평당 1만 원×2,100평 평당 1만 원×2,100평	43,029,780 21,000,000 999,459,780 21,000,000
	개발비용	제세공과금	산지전용부담금 농지전용부담금	992/㎡×2,130/㎡ 평당 50,000원(최대)	2,112,960 62,833,138
			면허세		
			지역개발공채		
			적지복구비		
		공사비	일체	평단 5만 원	105,000,000
		소계			284,501,196
	지적정리	분할비		1 필지 400,000원×16필지	6,400,000
		소계			6,400,000
		총계			1,290,380,976

매출	ⓐ분양대금 ⓑ분양수수료	총 판매액 ⓒⓓ 수수료	2,100×800,000원 2,100×50,000원	1,680,000,000 105,000,000
	수익금		ⓐ—ⓑ	1,575,000,000
총계				1,680,000,000
이익금			매출액−투자금	390,439,024
양도세			이익금의 50%	195,219,512
순이익금		195,219,512		

_ 이자비용 제외
_ 총 공사비는 시공사에서 제시한 금액
※ 분할과 관련 개발행위 소요비용 적산표 예시(2015년기준)

토지 구입 후 주택건축까지 소요비용 예시

(토목공사비는 별도 : 토목공사는 토지마다 현장여건을 별도로 계산하여야 하되, 임야의 경우 통상 평당 15만 원~18만 원을 별도 계산하여야 한다.)

기초데이터	토지매입면적 / 전용허가면적	항목	적요	계산식 설명	계산식	매입평당 가격 & 총 금액 (평당 / 만 원)	비고 (용도 : 주택 / 건축연면적)
토지매입면적	임야 평 / 농지 평 / 계 평						
전용허가면적	임야 평 / 농지 평 / 계 평						
취득비용		부지매입비 1	토목공사 포함	평	( )평× 원		토지
		부지매입비 2	토목공사 미포함	평	( )평× 원		토목
		소유권 이전비용	취득 총금액의 농지 = 4.5% / 임야 = 5%		금액× 평× %원		
		소계 :					
허가비용 / 허가면적인 계산		개발행위 용역비	산지/농지전용(토목측량설계사무소) 건축허가 대행비(건축사사무소)	1건당 300만 원(준공까지) 용역비: 1건당 150만 원(원준공까지. 설계비 별도)	(고정가) 3,000,000 / (고정가) 1,500,000		
		대체산림조성비 (임야)	허가면적평수 × 준보전산지 = 13,132/평 / 허가면적평수 × 보전산지 = 15,768/평	준보전임지 3,670/㎡ 보전임지 4,770㎡	(0평)× 원 / ( )평× 원		신림청 매년 고시 (2015년 고시가격)
		농지전용 부담금 (농지)	공시지가 × 0.3 ×면적(/㎡)	단. 공시지가의 30%가 5만 원을 초과 할 경우 5만 원 ×(/㎡)	( )평×40,000원		농어기반공사
		기타 — 산지전용복구비		2015년 평당 40,000원 / 건축연면적 × 3,000㎡ 신지전용면적 × 2,000/㎡ / 농지전용면적 × 1,000/㎡	( )평×9,972원 / ( )평×6,611원 / ( )평×3,305원		보증보험증권대체 / 보증보험증권대체 / 보증보험증권대체
		기타 — 국민주택채권 연 / 허 / 세	연 신림 / 허 농지 / 세 주택	1건당 9,000원 / 1건당 9,000원 / 1건당 9,000원	9,000원 / 9,000원 / 9,000원		
		지역개발기금(채권매입)					
		소계 :					
개발비용		토목공사비	절·성토, 토사반출·석축(옹벽), 보강토), 우수배출시설(흄관, 맨홀 등) 기타	조성면적( )×180,000 원	( )×180,000 원		
		지하수개발비	준공(지하 80m 이상)		(고정가) 7,000,000		
		주택건축비	건축면적 × 평당 450만 원(단열 A급 기준) 씽크대/ 신발장 포함(붙박이장)/ 신발장 별도로 별도		(고정가) 4,000,000		
		정화조설치비	주택 ~ 50평까지	하가기준의 정확조 고정가격	10,000,000		
		조경공사비	200평 기준	건당 조경공사 고정가격			
		소계 :					
기타		건축디자인 설계	(설계/ 3D 조감도/ 모형도)/ 업체별 가격 상이	인 - 허가에 필요한 설계 도서	6,000,000		
		조경설계비	조경설계 필요시	대지 200평 전후의 설계비	(고정가) 1,500,000		세부디자인 적용시 추가됨
		폐기물처리	주택 건축 후 폐기물 처리		(고정가) 3,500,000		
		청소비	입주전 청소비		(고정가) 2,000,000		
		주차박스	주차박스가 필요로한 경우	차량 1대 주차	(고정가) 18,500,000		
		소계 :					
총계							

도로개설과 토지분할로 수익을 창출한 사례

도로를 개설함으로써 얻어지는 효과는 크게 3가지다.
1. 땅값 상승
2. 토지분할
3. 수요 확대

땅값 상승

만일 도로가 생겨서 맹지가 풀린다면, 그것만으로도 땅값은 폭등한다. 비단, 맹지가 아닌 현황도로에 물린 토지일지라도 도로에 접한 면이 늘어나게 되면, 땅의 가치는 크게 상승한다.

상가를 분양받아도 코너 자리가 가장 비싸듯이 토지도 마찬가지로 도로에 접하는 부분이 많을수록 땅값이 뛰는데, 보통 공시지가 기준으로 30% 정도가 상승하는 효과를 누리며, 도로 상황에 따라 은행에서 담보대출을 해 주는 금액 지체도 그게 상승한다.

토지분할

보통 덩어리가 큰 땅일 경우 분할을 통해서 매도를 하는 경우가 많은데, 도로에 접한 부분이 한정적이거나, 땅 모양에 따라서 분할 자체가 불가능한 경우도 많다.

그런 경우 도로를 추가 개설하여 분할을 용이하게 만들어서 보다 쉽게 매매계약을 진행할 수도 있다.

좁은 부분이 도로가 접한 직사각형 모양의 땅인 경우 활용하면 좋다.

수요 확대

도로개설로 인하여 토지의 접근성과 편의성이 좋아지고 필지가 정비가 되면 건축에 의한 수요도 자연스럽게 늘어나게 된다. 당연한 얘기지만 도로에 접한 부분이 많을수록 수요도 비례하여 늘어나게 된다.

이처럼 도로를 하나 개설하는 효과만으로도 땅값 상승은 물론 토지의 취약점인 '환금성 보완'도 가능한데, 아래 실제 도로를 낸 사례를 통하여 좀 더 쉽게 살펴보도록 하겠다.

위 사진은 최초의 단필지 상태를 보여준다.

직사각형으로 가로로 길게 빠진 토지로서 왼편으로 403지방도로에 접해 있고, 우측으로는 강변도로에 접해 있는 토지로서 현재 상태로 맹지는 아니지만 강변 쪽으로 바로 진입할 수 있는 도로가 없기 때문에 위쪽으로 우회해서 진입해야 하는 불편함이 있는 토지다.

검정색 : 도로
황금색 : 나대지

우회하는 불편함을 해소하고, 직사각형 토지가 갖는 단점을 보완하기 위함으로 도로를 내고자 계획하고 필지를 분할한다.

황금색 부분을 전용 부분으로 남겨두고 검정색 부분에 도로를 내서 진입로를 확보하는 작업을 마무리하면 다음과 같은 모양의 도로 상황이 된다. 즉 왼쪽에 위치한 기존 403지방도로와 연결되고, 우측 강변도로에도 연결되어 사통발달의 상태로 만든 모습이다.

　이제 진입로 개설로 인하여 이제는 우회할 필요 없이 바로 강변으로 갈 수 있게 되었다.

검정색 : 사도가 없을 시 800m
황금색 : 사도가 있을 시 400m

　지도상 거리는 불가 몇 백 미터 차이로 자동차로 3분 정도 차이에 불과하다고 생각할 수도 있지만 현장에서 느껴지는 체감되는 차이는 상당하다.

신도시들이 상가로 차기 시작할 때, 뒤편 상가로 가야 할 때 상가를 관통해서 지나가는 것과 상가를 돌아서 가는 것은 불과 30미터 차이지만 실제 느끼는 체감은 어마어마한 것과 같은 이치다.

진입로로 들어가서 본 뒤쪽 강변도로 쪽이다. 사진상으로는 강변도로가 잘려 보이지만 현황도로에서 진입로를 통해서 바로 강변 쪽으로 이어짐으로써 상가를 짓기에도 용이한 토지가 되었다.

실전 분할 사례로 보는 개발행위허가

측량 및 토지를 분할하기 위해서는 건축허가가 필요하고, 건축허가를 받기 위해서는 매도인 명의로 된 건축허가를 취하해야 하며, 건물의 배치·높이·색상까지 결정해야 했다. 또한 제한보호구역이어서 건축을 하기 위해서는 군부대와 건물의 배치와 높이를 협의를 해야 한다.

현상변경허가 대상구역이라 문화재청과 건물의 배치와 색상 등에 관해서도 허가를 받아야 한다.

은행에서 경매기일을 무한정 연장해 주기로 한 것이 아니라 기한을 정했기 때문에 허가를 받기 위해서는 시간이 촉박했다. 보통 군사협의는 접수 후 15일·45일 정도, 문화재 심의는 접수 후 15일~60일 정도의 기간이 필요하다. 또한 군사협의와 문화재 심의를 위해서는 건물의 배치와 높이를 결정해야 하는데 이를 결정하는 데도 생각보다 시간이 많이 걸린다.

계약 전 토지의 분할과 관련해 충분한 검토가 있기는 했지만 계약 전이므로 큰 그림을 그리는 정도였을 뿐이어서 실지분할과 배치는 계약 후 진행을 해야 했다.

토지의 분할 과정은 아래 도면을 참조하자.

토지분할 전 도면- 토지이용계획 확인원

신청토지		소재지	지 번	지 목	면적(㎡)
		경기도 파주시 신촌동	690-1	목장용지	4,255.0
지역·지구등 지정여부	「국토의 계획 및 이용에 관한 법률」에 따른 지역·지구등	계획관리지역, 기타용지(2016-10-07)((성장관리방안 수립지역)) [이하공란]			
	다른 법령 등에 따른 지역·지구등	제한보호구역(전방지역:25㎞)<군사기지 및 군사시설 보호법>, 역사문화환경보존지역(선정필요 유무확인(09.01.14변경))<문화재보호법>, 습지보호지역기타<습지보전법>, (한강)폐기물매립시설 설치제한지역((2009.11.26))<한강수계 상수원수질개선 및 주민지원 등에 관한 법률> [이하공란]			
「토지이용규제 기본법 시행령」 제9조제4항 가 호에 해당되는 사항		<추가기재> 건축법 제2조제1항제11호나목에 따른 도로(도로일부포함) [이하공란]			

범례
- □ 보전관리지역
- □ 도로구역
- □ 현상변경허가 대상구역
- □ 법정동 계획관리구역
- □ 접도구역
- □ 한강폐기물매립시설제한지역
- □ 광로1류
- □ 생산관리지역
- □ 습지보호지역기타
- □ 기타용지

자연도면

축척 1/1500

축척	1/1400
수입증지붙이는곳	

「토지이용규제 기본법」 제10조제1항에 따라 귀하의 신청토지에 대한 현재의 토지이용계획을 위와 같이 확인합니다.

2017/ 06/ 31

경 기 도   파 주 시 장

수 수 료	전자결제
민 원	

지역지구등 지정여부	「국토의 계획 및 이용에 관한 법률」에 따른 지역·지구등	계획관리지역, 기타용지(2016-10-07)((성장관리방안 수립지역))
	다른 법령 등에 따른 지역·지구등	제한보호구역(전방지역:25㎞)<군사기지 및 군사시설 보호법>, 현상변경허가 대상구역 [(강하류재두루미](09.01.14변경))<문화재보호법>, 습지보호지역기타<습지보전법>, (한강)폐기물매립시설 설치제한지역(2009.11.26)<한강수계 상수원수질개선 및 수면지원 등에 관한 법률>

「토지이용규제 기본법 시행령」 제9조제4항 각 호에 해당되는 사항

확인도면

범례
- □ 보전관리지역
- □ 도로구역
- □ 현상변경허가 대상구역
- □ 법정동 계획관리구역
- □ 접도구역
- □ 한강폐기물매립시설제한지역
- □ 광로1류
- □ 생산관리지역
- □ 습지보호지역기타
- □ 기타용지

축척 1/1500

지적도 등본

발급번호	G2015012340539106001	처리시각	09시 33분 02초	발 급 자	민원24
도지소재	경기도 파주시	지 번	690-1번지	축 척	등록:1/1000 출력:1/1000

① + ④ = 570평   ※④ 도로 – 6m
② + ④ = 390평
③ + ④ = 327평

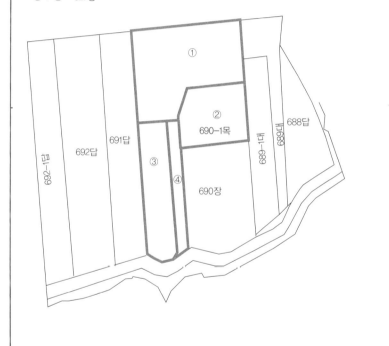

지적도등본에 의하여 작성한 등본입니다.
이 도면등본으로는 지적측량에 사용할 수 없습니다.
2017년 02월 14일
경 기 도   파 주 시

① 지적도에 간단히 분할할 땅 모양을 그려보고 두 업체의 건축면적(건폐율)을 고려해 땅을 분할해보았다.

제3의 매수자에게 매각해야 할 땅의 모양도 고려해야 할 요인이다.

② 토지분할 시 고려해야 할 주요한 내용은 아래와 같다.

- 건물 배치에 적합한 분할.
- 토지의 모양을 고려한 분할.
- 토지의 지형을 고려한 분할.
- 도로의 폭(넓이)을 고려한 분할 : 도로가 넓은 것이 좋지만 너무 넓으면 대지 면적이 줄어들고, 도로 면적(도로 지분)이 커지는 점을 고려해 합리적 선택이 중요하다.

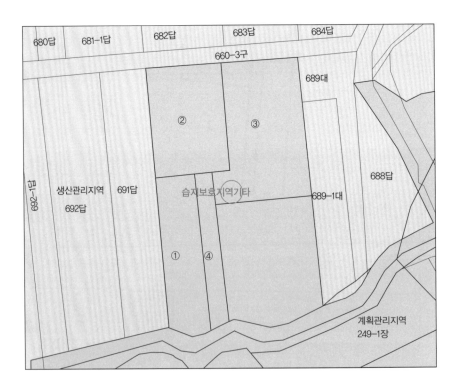

③ 기본 안을 측량설계사무소에 보내서 정확한 면적을 표시한 도면을 받은 후 최적의 방법을 찾아본다.

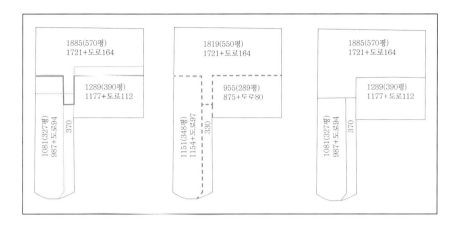

위 왼쪽과 가운데는 도로의 면적을 줄여보려는 고육책이지만 안쪽 토지소유자에게는 좀 손해가 되는 분할이다.

위 오른쪽은 안쪽 큰 땅의 모양이 좋지 않다.

④ 몇 번의 수정과 보완을 거쳐 우측 안으로 분할하기로 결정했다. 우측 안쪽 토지는 도로의 면적이 늘어나기는 하지만 서로가 만족하는 최선의 안이라 생각했다.

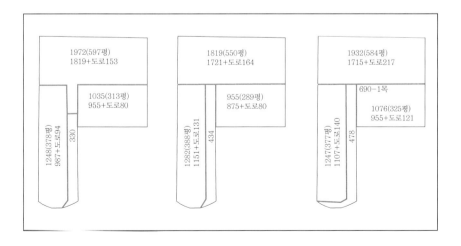

다음은 토지 개발과 관련해 고려해야 할 중요한 내용이다.

Ⓐ 땅을 어떻게 분할하고, 합병할 것인가? : 땅의 모양을 결정
Ⓑ 경사진 땅을 어떻게 활용할 것인가? : 효율적인 토지 이용
Ⓒ 배수와 토목 공사는 어떻게 할 것인가? : 토목이 잘못되면 그 위에 건물을 아무리 잘 지어도 망하는 길이다.

⑤ 현장을 드론으로 촬영한 사진과 최종 분할 안

경매가 진행되는 땅을 시간이 많이 걸리는 위험을 알면서도, 분할을 한 뒤 소유권을 이전하기로 한 것은 개발부담금 때문이다. 전체 부지를 함께 허가 → 분할 → 소유권 이전을 하게 되면 개발부담금을 납부하게 된다.

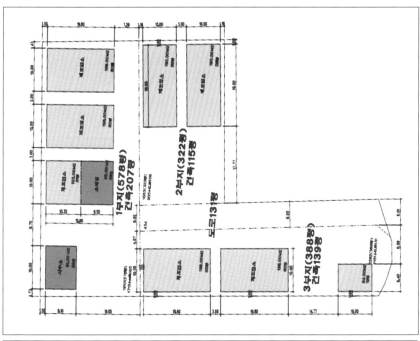

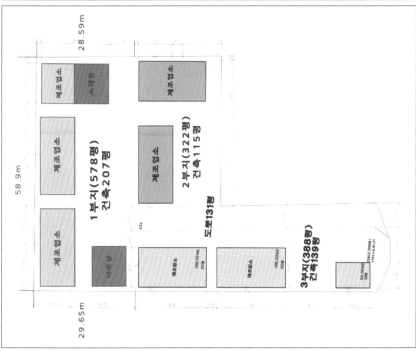

건축 · 대수선 · 용도변경 신고필증

귀하께서 제출하신 건축물의 건축 · 수선 · 용도변경신고서에 따라 건축 · 대수선 · 용도변경신고필증을 건축법시행규칙 제12조 및 제12조의2의 규정에 의하여 교부합니다.

건축구분		신고번호			
건축주		주민등록번호			
대지위치					
대지면적(㎡)					
건축물명칭		주용도			
건축면적(㎡)		건폐율(%)			
연면적(㎡)		용적률(%)			

동고 유번호	동명칭 및 번호	연면적(㎡)	동고유번호	동명칭 및 번호	연면적(㎡)

※ 건축물의 용도/규모는 전체 건축물의 개요입니다.

년   월   일

시장·군수·구청장 (인)

30304-26111일 '98.12.28.재정승인

⑥ 가장 안쪽 부지의 건축 허가서와 건물 배치

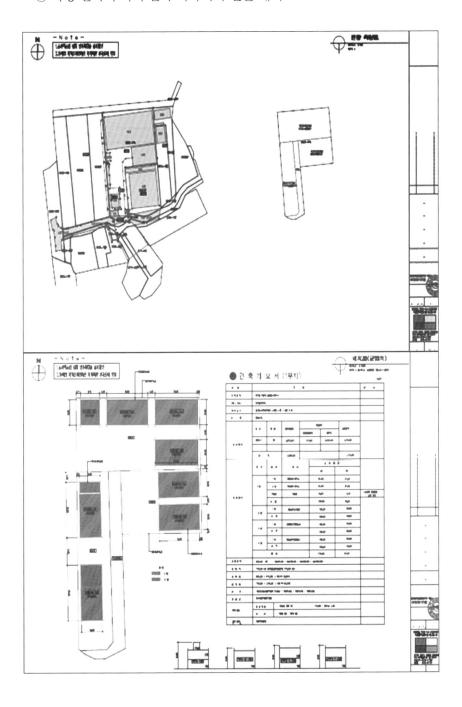

⑦ 구적도와 배치도(군사협의용)

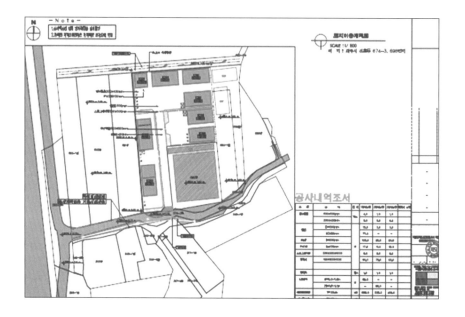

⑧ 건축 후 예상되는 현장 사진

⑨ LX 한국국토정보공사에서 발급한 경계복원 측량 성과도와 토지 분할
후 지적도

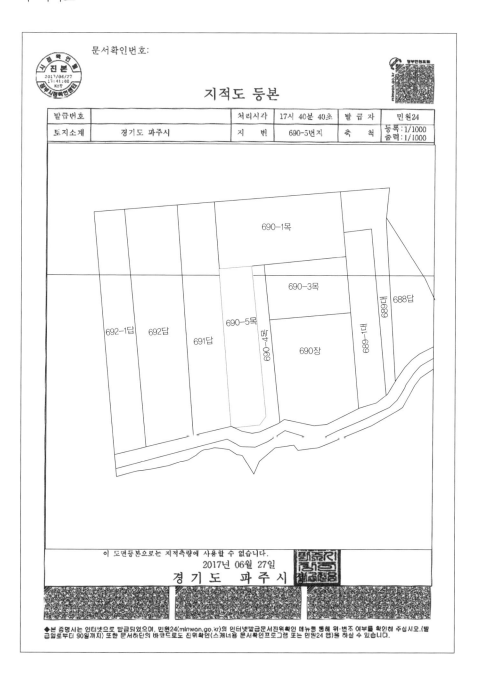

경계복원측량 성과도

토지 소재	파주시 ○○동 690-1번지 1필		축 척	$\dfrac{1}{1000}$
측 량 자	2017년 6월 16일 지적기사 ○○○ (인)	측량성과도 작 성 자	2017년 6월 16일 지적기사 ○○○ (인)	

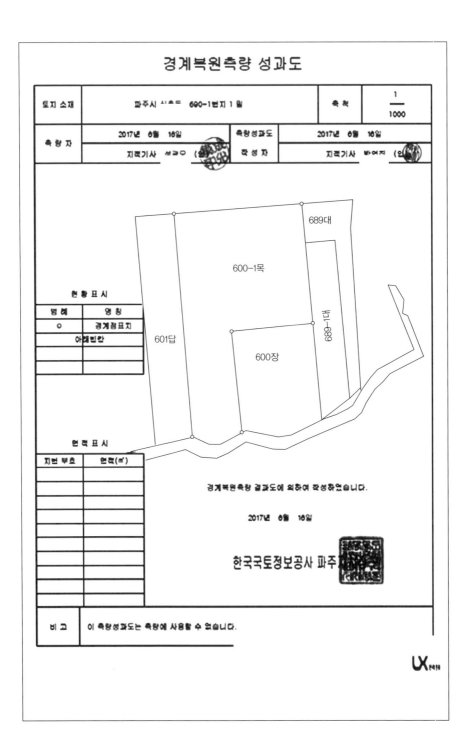

현 황 표 시

범 례	명 칭
○	경계점표지
이격민란	

면 적 표 시

지번 부호	면적(㎡)

경계복원측량 결과도에 의하여 작성하였습니다.

2017년 6월 16일

한국국토정보공사 파주○○○

비 고	이 측량성과도는 측량에 사용할 수 없습니다.

⑩ 토지분할 시 1차로 어려움이 발생했다. 분할 측량을 신청해 한국국토정보공사에서 측량을 나왔는데, 분할측량을 하는 분할선에 건물이 없어야 측량이 가능한데 축사 건물이 있어서 측량을 할 수 없다는 것이다. 그렇지 않아도 건축허가가 늦어져서 매도인과 은행의 압박이 상당했는데 측량을 할 수 없다는 것은 복잡한 문제가 생길 수 있는 변수가 된다.

다시 측량 날짜를 서둘러 잡고 매도인을 찾아 설득했다.

매도인은 물건이 경매로 진행되는 까닭에 매매대금을 받지 못하고 각종 허가서류 및 건축허가 취하서 등 협조를 했는데 잔금이 늦어져 불만이 많은 상태였다.

매도인과 만나 전후 사정을 설명하고, 분할이 예상되는 선으로 건물을 철거하겠다고 이야기하면서 만약 잔금에 문제가 생기면 "모든 것을 책임지겠다!"고 한 뒤 건물 일부를 철거하고 분할 측량을 할 수 있었다.

이로써 분할이 모두 끝났다.

제4장

토지분할 투자에 따른 세무, 등기 그리고 질의응답

토지분할 관련 세무

공유토지 분할에서 양도세 절감법

서로 다 함께 돈을 벌어보자는 좋은 취지에서 공동투자로 땅을 샀다가 서로 원수가 되거나 돈이 묶여 서로 망하는 길로 가게 될 수 있으므로 공동투자는 현명하게 결정해야 한다. 또 가능하면 지분분할 투자보다는 개별 분할투자를 해야 한다.

필자도 처음에 공동투자를 할 때는 경매 위주로 투자했었다. 그러다 보니 본의 아니게 지분으로 들어가게 됐다.

하지만 아무리 친하고 가까운 사이일지라도 돈 문제는 쉽게 동의하기가 힘들어진다. 이러한 단점을 보완하기 위해 일반물건에 공동투자를 하기 시작했다. 지분분할이 아닌 개별 분할을 완료하기 때문에 깔끔하게 마무리할 수 있다는 점이 장점이다.

예를 들어 평당 25만 원으로 1,000평의 땅을 혼자 매입한다면 2억 5,000만 원이라는 투자금이 필요해 소액으로 불가능하다. 하지만 3명의 투자자가 공동으로 매입한다면 1억 원 미만으로 투자가 가능하고 5명이 함께 매입하면 5,000만 원으로도 투자가 가능하다.

이때 분할하기 쉬운 땅을 선택하는 것도 좋은 방법이다. 예를 들면 도로와 붙어 있는 길쭉한 땅의 경우, 분할하더라도 분할한 땅 모두가 길과 붙어 있게 분할하면 되기 때문이다. 또 세로로 길기 때문에 분할하기도 쉽다.

물론 여기서 명심해야 할 것은 모든 땅이 분할이 되는 것은 아니라는 것이다. 농업지역보다 관리지역, 도시지역의 분할이 쉽다. 또 수도권보다 지방이 분할규제가 적다. 수도권의 경우 한 때 가평, 양평지역을 중심으로 기획부동산이 난립해 멀쩡한 임야에 바둑판식 칼질을 수없이 해놓아서 이제는 분할할 수가 없다.

공유투자의 이점

① 취득시 절세효과 : 부동산을 취득하는 경우에는 단독명의와 공동명의의 경우에 세금이 동일하다. 취득 시 납부하는 세금은 취득세와 등록세로 이들은 누진 구조가 아닌 단일 세율에 의하여 적용하게 된다. 따라서 공동명의로 할지라도 절세효과는 발생하지 않는다.

② 보유시 절세효과 : 부동산 보유 시 납부하는 세금은 크게 재산세 등과 종합부동산세가 있다. 재산세 등의 경우, 보유하는 동안 내는 세금은 재산의 크기에 따라 구간별로 세율이 증가하는 누진세율 구조이다. 따라서 과세의 근거가 되는 과세표준이 명의자 지분별로 분할되기 때문에 공동명의의 경우에는 절세효과가 있다.

종합부동산세의 경우에는 지난 위헌판결로 세대별 과세가 아닌 개인별 과세로 바뀌었다.

③ 처분시 절세효과 : 부동산 공동명의 절세효과의 최종 목적은 양도 시점

이 될 수 있다. 투자자들은 부동산을 구입하는 시점부터 양도소득세를 걱정한다.

일반적으로 종합소득세에서도 절세 방법을 고려하지만, 그래도 소득에 대한 정당한 세금을 납부한다는 생각과는 달리 양도소득세는 부담이 크고 최대한 절세 방법을 찾고 싶은 것이 투자자들의 마음이다.

공동명의로 할 경우 양도 시 절세효과는 크게 두 가지이다.

1. 양도소득기본공제를 각각 받을 수 있다.

양도소득세 신고시 양도가액에서 취득가액 등 필요경비 등을 차감한 소득금액에서 일괄적으로 250만 원을 공제하게 된다.

이는 양도자 별로 해당되는 공제금액으로 공동명의자의 경우에는 각 양도인 별로 적용받게 된다. 따라서 단독 명의라면 양도소득 금액에서 250만 원만 차감하여 세율을 곱하게 되는데 부부 공동명의라면 양도소득 금액에서 500만 원을 차감하여 세율을 곱하게 되는 것이다.

2. 누진세율 구조에서 낮은 세율을 적용 받을 수 있다.

양도소득세는 누진세율 구조를 가지고 있다.

세율을 적용하는 근거가 되는 과세표준이 높아질수록 높은 세율이 적용되는 것이다. 만약 과세표준이 4,000만 원일 경우에는 16%의 세율을 적용받지만, 5,000만 원일 경우에는 25%의 세율을 적용받는 것이다. (물론 갑자기 세율이 높게 적용되는 부작용을 막기 위해 누진공제액이라는 것이 있다.)

공동명의의 경우에는 각 지분 별로 양도 차익을 구하고 과세표준이 계산됨으로써 과세표준이 둘로 나눠지는 효과가 있고, 그에 따라 낮은 세율이 적용되는 것이다. 따라서 절세효과가 크게 발생한다.

하지만 중과세율이 적용되는 경우에는 절세효과가 발생하지 않는다.

분할 관련 조세 판정

조세심판원은 토지를 분할한 후 매매한 양도는 부동산매매에 해당한다고 심판결정을 내렸다. 별도의 부동산매매업 사업등록 없이도 일반 토지를 여러 필지로 분할해 양도했다면 사실상 부동산매매업으로 간주해 사업소득으로 보아야 한다는 것이다. 토지를 분할해 양도한 것을 두고 단순한 양도 행위로 본 과세 관청의 처분과는 달리, 부동산매매업으로 보아 사업소득으로 해석해야 한다고 결정한 것이다.

A씨는 토지를 취득할 당시 공장용지를 조성하기 위해 지자체로부터 형질변경허가를 받아 공사를 진행했으나, 수도권상수원보호구역 내에 있어 다시 근린생활시설로 변경해 공사를 계속한 만큼 이는 부동산매매업으로 인한 사업소득에 해당한다고 주장하며 심판청구를 구했다.

하지만 심판원은 사실관계 및 관련법령 심리를 통해 "A 씨는 토지의 효용가치를 증대시킬 목적으로 수차례에 걸쳐 형질변경허가를 얻어 공사를 실시했다."며 "당초 토지를 16필지로 나눈 후 3차례에 걸쳐 양도한 점을 고려할 때 이는 부동산 매매업에 해당한다."고 사업소득으로 간주토록 심판 결정했다.

토지분할 매도는 사업소득으로 간주

토지를 여러 차례 분할 매각할 경우 사업소득으로 간주돼 금융소득 종합과세에 포함된다는 판정이 나왔다.

국세심판원은 "보유중인 토지를 분할해 매각한 이후 양도차익을 올린 A 씨에 대해 국세청이 금융소득 종합과세를 부과한 결정은 타당하다."고 판정했다.

A 씨는 98년 모친으로부터 토지 1만 1760㎡를 증여 받아 15필지로 나눈 뒤 이 가운데 1999년 4 필지, 2000년 6필지, 2001년 2필지를 각각 양도했다.

A씨는 부동산 양도에 대한 양도소득세를 납부했으나 국세청은 부동산매매업에 따른 사업소득으로 간주해 금융소득 종합과세 2억 5600만 원을 부과했다.

국세심판원은 "부동산 양도소득이 부동산매매업에 따른 사업소득에 속하는지, 아니면 양도소득에 속하는지의 여부는 사회적인 통념에 따라 판단해야 한다."며 "넓은 땅을 분할해 주택용지로 여러 차례 나눠 양도했다면 수익을 목적으로 한 계속성, 반복성 있는 사업활동으로 봐야 한다."고 밝혔다.

금융소득 종합과세는 근로소득과 이자, 배당소득, 사업소득 등 다른 소득과 합산해 과세되기 때문에 양도세를 낼 때보다 평균적으로 납세부담이 더 늘어난다.

한편 현행 소득세법은 △부가세법상 1 과세기간 내 1회 이상 부동산을 취득하고 2회 이상 판매한 경우 △토지를 개발해 주택지, 공업단지, 상가, 묘지 등으로 분할 판매한 경우 등을 부동산매매업으로 규정하고 있다.

토지를 분할해 양도할 때 취득가액의 안분계산

동일 지번의 토지를 분할한 후 법인이 직접 사용 혹은 분양목적으로 건물을 신축하는 경우, 취득가액은 면적비율로 안분계산한다.

동일 지번의 토지를 취득하여 여러 필지로 분할한 후 법인이 직접 사용하거나 분양할 목적으로 건물을 신축하는 경우, 법인세법 제41조의 규정에 의한 자산의 취득가액은 면적비율로 안분계산 한다.

Q.

2006년 1월에 1필지인 토지(지목 : 유원지)를 취득한 후, 동년 6월에 관할시청에 사업승인을 얻기 위하여 10필지로 분할하고 동년 7월에 가족호텔 등의 신축을 위해 관할 관청에서 사업승인을 얻어, 이 토지에 토지이용계획서상의 용도로 가족호텔, 골프연습장, 테마파크 및 콘도미니엄을 각각 시설물이용 및 분양목적으로 신축하는 경우에 토지원가의 안분방법 여부.

갑설

토지의 취득가액에 면적비율로 안분계산.

을설

분할하여 사업승인을 얻는 과정에서 토지용도의 효능이 변경되므로 용도별로 공정한 감정가액을 토지원가로 산정하여 안분계산.

A.

가. 관련 조세법령(법, 시행령, 시행규칙, 기본통칙)

▶ 법인세법 제41조 【자산의 취득가액】

① 내국법인이 매입·제조·교환 및 증여 등에 의하여 취득한 자산의 취득가액은 다음 각호의 금액으로 한다.(1998. 12. 28. 개정)

1. 타인으로부터 매입한 자산은 매입가액에 부대비용을 가산한 금액(1998. 12. 28. 개정)

2. 자기가 제조·생산 또는 건설 기타 이에 준하는 방법에 의하여 취득한 자산은 제작원가에 부대비용을 가산한 금액(1998. 12. 28. 개정)

3. 제1호 및 제2호 외의 자산은 취득 당시의 대통령령이 정하는 금액(1998. 12. 28. 개정)

나. 관련 예규(예규, 해석사례, 심사, 심판)

▶ 서면 2팀(1908, 2004. 09. 13)

법인이 1999년~2000 사업연도에 구입한 임야·농지 등의 토지조성비 취득가액 안분계산방법에 대하여는 법인세법 제41조, 같은 법 시행령 제72조(자신의 취득가액 등) 및 구 법인세법 기본통칙 99-140…2호에 의하여 총 취득가액에 총 취득 면적에 대한 양도 토지의 면적비율로 안분 계산하는 것임.

▶ 서면 2팀(1571, 2004. 07. 23)

동일 지번의 토지를 일괄 취득함에 있어서 취득 당시에는 분양용지와 잉여 토지로 구분되지 아니한 경우로서 동 토지 전체의 시가가 동일하였으나, 아파트 건설 착공 시 지번 분할 후 분양용지로 사용하는 경우, 당해 분양용지의 취득가액은 전체 취득가액 중 분양용지와 잉여 토지의 면적비율로 안분하는 것이고, 법인이 동일한 용도로 사용하던 같은 지번의 토지를 분할하여 양도하는 경우 양도된 개별 토지에 대한 취득가액은 아래의 산식에 의하여 계산하는 것임.

양도 토지의 취득가액 = 총 취득가액 X 양도 토지의 면적 / 총 취득면적

토지개발(분할)과 개발부담금

개발부담금이란?

개발부담금은 토지공개념에 입각해 불로소득으로 증가된 토지가치에 대하여 국가가 그 개발차익의 일정 부분을 부담금으로 환수하는 제도로서, 개발이익환수에 관한 법률에 근거한다.

개발이익환수에 관한 법률은 토지에서 발생하는 개발이익을 환수하여 이를 적정하게 배분함으로써 토지에 대한 투기를 방지하고 토지의 효율적인 이용을 촉진하여 국민경제의 건전한 발전에 이바지하는 것을 목적으로 한다.

환수하는 '개발이익'이란 개발사업의 시행이나 토지이용계획의 변경, 그 밖에 사회적·경제적 요인에 따라 정상지가 상승분을 초과하여 개발사업을 시행하는 자나 토지소유자에게 귀속되는 토지가액의 증가분을 말한다. 개발이익 중에서 이 법에 따라 국가가 부과 징수하는 부담금을 '개발부담금'이라고 한다.

개발이익 환수의 대상이 되는 '개발사업'이란 국가나 지방자치단체로부터 인가·허가·면허 등을 받거나 신고를 하고 시행하는 택지개발사업이나 산업단지개발사업 등의 사업을 말한다.

환수되는 개발이익의 산정대상이 되는 '정상 지가상승분'이란 금융기관의 정기예금 이자율 또는 국토계획법 제125조에 따라 국토교통부장관이 조사한 평균 지가변동률(그 개발사업 대상 토지가 속하는 해당 시·군·자치구의 평균 지가변동률) 등을 고려하여 산정한 금액을 말한다.

개발부담금 부과 대상사업

대상사업의 종류

1. 택지개발사업(주택단지 조성사업 포함)
2. 산업단지개발사업
3. 관광단지조성사업
4. 도시환경정비사업(공장을 건설하는 경우 제외)
5. 물류시설용지조성사업
6. 온천 개발사업
7. 여객자동차터미널사업
8. 골프장 건설사업
9. 지목변경이 수반되는 사업으로서 대통령령으로 정하는 사업
10. 제1호부터 제8호까지의 사업과 유사한 사업으로서 대통령령으로 정하는 사업 등

지역별 대상사업의 면적

시행령 제4조(대상사업) ① 법 제5조에 따라 부담금의 부과 대상이 되는 개발사업의 범위는 별표 1[아래 게시]과 같고, 그 규모는 관계 법률에 따라 국가 또는

지방자치단체로부터 인가·허가·면허 신고 등을 받은 사업 대상토지의 면적
(부과 종료시점 전에 측량·수로조사 및 지적에 관한 법률 제84조에 따라 등록 사항 중 면적을
정정한 경우에는 그 정정된 면적)이 다음 각호에 해당하는 경우로 한다.

이 경우 동일인(배우자 및 직계존비속을 포함)이 연접한 토지(동일인이 소유한 연속
된 일단의 토지인 경우를 포함)에 하나의 개발사업이 끝난 후 5년 이내에 개발사업
의 인가 등을 받아 사실상 분할하여 시행하는 경우에는 각 사업의 대상토지 면
적을 합한 토지에 하나의 개발사업이 시행되는 것으로 본다.

대상사업의 면적

1. 특별시 또는 광역시의 지역 중 도시지역인 지역에서 시행하는 사업(제3호
   의 사업은 제외한다.)의 경우 660㎡ 이상
2. 제1호 외의 도시지역인 지역에서 시행하는 사업(제3호의 사업은 제외한다.)
   의 경우 990㎡ 이상
3. 도시지역 중 개발제한구역에서 그 구역의 지정 당시부터 토지를 소유한
   자가 그 토지에 대하여 시행하는 사업의 경우 1,650㎡ 이상
4. 도시지역 외의 지역에서 시행하는 사업의 경우 1,650㎡ 이상

개발부담금 산정기준과 징수

개발부담금의 부과기준은 부과 종료시점의 부과대상 토지의 가액(종료시점
지가)에서 다음 각호의 금액을 뺀 금액으로 한다.

1. 부과 개시 시점의 부과대상 토지의 가액(개시시점 지가)
2. 부과 기간의 정상지가 상승분
3. 제11조에 따른 개발비용

개발비용의 산정

개발사업 시행과 관련하여 지출된 비용(개발 비용)은 다음 각호의 금액을 합하여 산출한다.

1. 순 공사비(해당 개발사업을 위하여 지출한 재료비·노무비·경비·제세공과금의 합계액), 조사비, 설계비, 일반관리비 및 그 밖의 경비
2. 관계 법령이나 인가 등의 조건에 따라 납부 의무자가 공공시설이나 토지 등을 국가나 지방자치단체에 제공하거나 기부한 경우에는 그 가액
3. 해당 토지의 개량비(개발사업을 시작하기 전에 부과대상 토지를 개량하기 위하여 지출한 비용으로서 개시시점 지가에 반영되지 아니한 비용)

② 제1항에도 불구하고 대통령령으로 정하는 일정 면적 이하의 개발사업(토지개발 비용의 지출 없이 용도변경 등으로 완료되는 개발사업은 제외)의 경우에는 제1항 제1호에 따른 순 공사비(제세공과금 포함), 조사비, 설계비 및 일반관리비의 합계액을 산정할 때 국토교통부장관이 고시하는 단위면적당 표준비용을 적용할 수 있다. 다만 제6조에 따른 납부 의무자가 원하지 아니하는 경우에는 그러하지 아니하다. 〈신설 2011. 5. 19〉
③ 제1항 각호 및 제2항의 산정방법 등에 필요한 사항은 대통령령으로 정한다. 〈개정 2011. 5. 19〉

개발부담금의 산정, 부과, 징수

국가는 제5조에 따른 개발부담금 부과대상사업이 시행되는 지역에서 발생하는 개발이익을 이 법으로 정하는 바에 따라 개발부담금으로 징수하여야 한다.

납부 의무자가 납부하여야 할 개발부담금은 제8조에 따라 산정된 개발이익의 100분의 25로 한다. 다만, 국토계획법 제38조에 따른 개발제한구역에서 개발사업을 시행하는 경우로서 납부 의무자가 개발제한구역으로 지정될 당시부터 토지소유자인 경우에는 100분의 20으로 한다.

[종료시점 지가 - 개시시점 지가 - 정상지가 상승분 - 개발비용] × 25%

국토교통부장관은 이 법에 따라 사업종료 후 3개월 내에 개발부담금을 부과하기로 결정하면 납부 의무자에게 납부고지서를 발부하여야 한다. 개발부담금의 납부 의무자는 부과일부터 6개월 이내에 개발부담금을 납부하여야 한다.

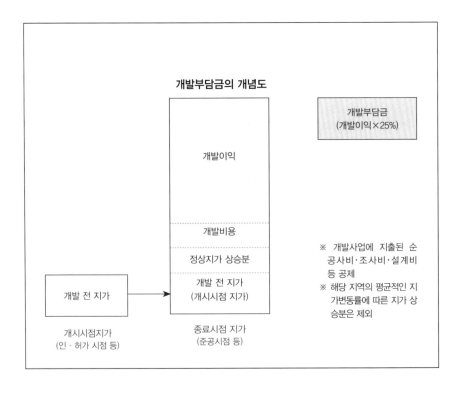

단위면적당 표준개발비용

지역별		지형별	단위면적 당 표준비용 단가
서울특별시, 부산광역시, 대구광역시	시·구	산지	59,000원/㎡
		산지 외	43,800원/㎡
인천광역시, 대전광역시, 광주광역시,울산광역시, 경기도	군	산지	50,700원/㎡
		산지 외	37,600원/㎡
강원도, 충청북도, 충청 남도, 전라북도,	시	산지	50,500원/㎡
		산지 외	37,500원/㎡
전라남도, 경상북도, 경상남도, 제주특별자치도	군	산지	43,500원/㎡
		산지 외	32,200원/㎡
세종특별자치시	읍·면·동	산지	50,500원/㎡
		산지 외	37,500원/㎡

국토교통부는 개발부담금을 쉽게 산정하기 위한 대책의 일환으로 표준개발비용제도를 시행한다. 표준개발비용제도는 개발사업면적이 2,700㎡(약 815평) 이하인 성우에 한하여 적용하되, 닙부의무자가 원힐 경우에는 현재와 같은 실비정산 방법에 의하여 개발비용을 산정할 수도 있다.

분필등기(보전등기) 실무

토지분필등기신청

접수	년 월 일	처리인	접수	기입	교합	각종 통지
	제 호					

부동산의 표시

등기의 원인과 그 연월일	년 월 일 분할
등기의 목적	토지표시 변경

구분	성명(상호, 명칭)	주민등록번호	주소(소재지)
신청인			

등록세	금	원
교육세	금	원
세액합계	금	원

첨부 서면

토지대장등본 통	
등록세영수필확서 통	
위임장 통	

년 월 일

위 신청인   (인)   (전화 :   )

위 대리인   (인)   (전화 :   )

지방법원   귀중

신청서 작성요령 및 등기수입증지 첨부란

① 부동산 표시란에 2개 이상의 부동산을 기재하는 경우에는 부동산의 일련번호를 기재하여야 한다.

② 신청인란등 해당란에 기재할 여백이 없을 경우에는 별지를 이용한다.

③ 등기신청 수수료 상당의 등기수입증지를 이 난에 첨부한다.

토지분필등기신청

접수	년월일	처리인	접수	기입	교합	각종 통지
접수	제 호	처리인				

① 부동산의 표시

분할 전의 표시　　서울특별시 서초구 서초동
　　　　　　　　　　대 150㎡

분할의 표시　　　　서울특별시 서초구 서초동
　　　　　　　　　　대 50㎡

분할 후의 표시　　서울특별시 서초구 서초동
　　　　　　　　　　대 100㎡

이 상

② 등기원인과 그 연월일	2007년 9월 17일 분할
③ 등 기 의 목 적	토지표시 변경
④	

구분	성명(상호 명칭)	주민등록번호	주소(소재지)
⑤ 신 청 인	이대백	123456-1234567	서울특별시 서초구 서초동 200

⑥ 등록세	금 6,000원
⑥ 교육세	금 1,200원
⑦ 세액합계	금 7,200원

⑧ 첨부서면

토지대장등본　　　　2통 등록세영수필확인서　1통 위임장　　　　　　　통	기타

2007년 10월 1일

⑨ 위 신청인　이대백(인) (전화:200-7766)
또는 위 대리인　　　　　　(전화 :　　　)

서울중앙지방법원 등기과 귀중

등기신청안내서 : 토지분필등기신청

토지분필등기란?

토지대장상 1필지의 토지가 2필지 또는 여러 필지로 분할된 경우에 하는 등기다.

등기신청방법

신청인 본인 또는 법무사 등 그 대리인이 신분을 확인할 수 있는 주민등록증 등을 가지고 직접 등기소에 출석하여 신청한다.

등기신청서 기재요령

신청서는 한글과 아라비아 숫자로 기재한다. 부동산의 표시란이나 신청인란 등이 부족할 경우에는 별지를 사용하고, 별지를 포함하여 신청서가 여러 장인 때에는 각 장 사이에 간인을 하여야 한다.

① 부동산의 표시란

㉮ 분할 전의 표시, 분할의 표시, 분할 후의 표시로 나누어 기재한다.

(ⅰ) 분할 전의 표시는 분할되기 전의 토지의 표시를, (ⅱ) 분할의 표시는 분할되어 나가는 토지의 표시를, (ⅲ) 분할 후의 표시는 분할되어 나간 토지를 제외하고 남아 있는 토지의 표시를 각 토지대장등본의 내용과 일치되게 기재하되, 토지의 소재, 지번, 지목, 면적 순으로 기재한다.

㉯ 분필 전의 부동산 표시가 등기부와 일치하지 아니할 때에는 먼저 부동산 표시 변경(또는 경정)등기를 하여야 한다.

② 등기원인과 그 연월일란

등기원인은 "분할"로, 연월일은 토지대장에 표시된 분할일을 기재한다.

③ 등기의 목적란

"토지표시변경"이라고 기재한다.

④ 공란에 기재할 사항

분할되어 나간 토지나 분할 후의 토지에 대하여 소유권 이외의 권리자의 소멸 승낙이 있는 경우에는 그 권리자와 소멸되는 토지의 표시를 이 빈칸에 기재한다. 또한 분할 전의 토지의 일부에 존속하던 지상권, 승역지 지역권, 전세권, 임차권 등이 분할 후의 특정 토지 또는 그 일부에만 존속하는 경우에는 그 존속하는 토지 또는 그 부분을 이 난에 기재한다.

⑤ 신청인란

신청인의 성명, 주민등록번호, 주소를 기재한다. 그러나 신청인이 법인인 경우에는 상호(명칭), 본점(주사 무소 소재지), 등기용 등록번호를 기재하고, 법인 아닌 사단이나 재단인 경우에는 상호(명칭), 본점(주사무소 소재지), 등기용 등록번호 및 대표자(관리인)의 성명, 주민등록번호, 주소를 각각 기재한다.

⑥ 등록세·교육세란

분할된 후 부동산 개수 1개당 등록세 3,000원, 교육세 600원으로 계산하여 기재한다.(예 : 1 필지의 토지 가 분할되어 2 필지로 된 경우, 등록세는 2 건으로 계산함)

⑦ 세액합계란

등록세액과 교육세액의 합계를 기재한다.

⑧ 첨부서면란

등기신청서에 첨부한 서면을 각각 기재한다.

⑨ 신청인등란

㉮ 신청인의 성명 및 전화번호를 기재하고 인장을 날인 또는 서명을 하되, 신청인이 법인이나 법인 아닌 사단법인 또는 재단법인인 경우에는 상호 (명칭)와 대표자(관리인)의 자격 및 성명을 기재하고 대표자(관리인)의 인장을 날인 또는 서명한다.

㉯ 대리인이 등기신청을 하는 경우에는 그 대리인의 성명 및 전화번호를 기재하고 대리인의 인장을 날인 또는 서명을 한다.

등기신청서에 첨부할 서면

① 신청인

Ⓐ 위임장 : 등기신청을 법무사 등 대리인에게 위임하는 경우에 첨부한다.

Ⓑ 신청서 부본 : 등기필증작성용으로 신청서와 같은 내용의 부본 1통을 첨부한다. 단, 전자신청 지정등기소의 경우에는 신청서 부본을 제출할 필요가 없다.

② 시·구·군청

Ⓐ 등록세 영수필 확인서 : 시장·구청장·군수 등으로부터 등록세납부서 (OCR 용지)를 발급받아(정액 등록세의 경우에는 지방세 인터넷 납부시스템을 이용하여 납부한 후 출력한 납부서를 첨부하거나 또는 대법원 인터넷 등기소의 정액 등록세납부서 작성기능을 이용해 작성 출력할 수 있음) 납세지를 관할하는 해당 금융기관에 세금을 납부한 후 등록세 영수필 확인서와 영수증을 교부받아 영수증

은 본인이 보관하고 '등록세 영수필 확인서'만 신청서의 등록세액 표시 란의 좌측 상단 여백에 첨부한다.

Ⓑ 토지(임야)대장 등본 : 분할사유가 기재된 분할 전의 토지(임야)대장 등본 과 분할되어 나간 토지(임야)대장 등본(발행일로부터 3월 이내)을 각 1통씩 첨 부한다.

③ 등기과·소

법인등기사항전부(일부)증명서 : 신청인이 법인인 경우에는 법인등기사 항전부증명서 또는 법인등기사항일부증명서(각, 발행일로부터3월 이내)를 첨부 한다.

④ 기타

Ⓐ 분할되어 나간 토지나 분할 후의 토지에 대하여 소유권 이외 권리의 등 기명의인의 소멸 승낙이 있는 경우에는 그 소멸승낙서와 인감증명서(발 행일로부터 3월 이내), 분할 전 토지의 일부에 존속하던 지상권, 지역권, 전 세권, 임차권이 분할 후 특정 토지에만 존속하게 되는 경우에는 이를 증 명하는 권리자의 서면(예: 권리자의 확인서 및 인감증명)을 첨부하여야 하며, 특히 분할 후 토지의 일부에만 존속하는 경우에는 그 부분을 표시한 도 면을 첨부하여야 한다.

Ⓑ 토지에 관한 부동산 표시 변경 및 경정등기(토지분필 · 합병 · 지목 등) 신청의 경우 등기신청 수수료는 면제된다.

등기신청서류 편철 순서

신청서, 등록세영수필 확인서, 위임장, 토지(임야)대장 등본, 신청서 부본 등의 순으로 편철해 주는 것이 업무처리에 편리하다.

① 1필지의 토지를 2필지로 분할하는 경우

갑지 표제부

1	접수 년 월 일 시 구 동 대 150㎡ (인)
2	접수 년 월 일 시 구 동 대 100㎡ (인) 분할로 인하여 대150㎡을 등기 제10 − 1호에 이기 (인)

을지 표제부

1	접수 년 월 일 시 구 동 대 500㎡ (인) 분할로 인하여 대150㎡을 등기 제10호에서 이기 (인)
2	

을지, 갑구

1 (전2)	**소유권 이전** 접수 년 월 일 제 호 원인 년 월 일 소유자 450120−1234578 시 구 동
2 (전3)	**압류** 접수 년 월 일 제 호 원인 년 월 일 압류 권리자 국 처분장 세무서

3 (전4)	소유권 이전
	접수　　　　년　　　　월　　　　일
	제　　　호
	원인　　　　년　　　　월　　　　일　매매
	소유자　　○○○
	시　　　　구　　　　동
	분할로 인하여 순위 제1번, 제2번, 제3번 등기를 등기
	제10호에서 전사
	접수　　　　년　　　　월　　　　일
	제161　　(인)

지적업무(토지분할 · 합병) 관련 질의응답

신규등록에 대한 질의응답

Q.

1959. 6. 30. ○○ ○○군 ○○읍 ○○리 625번지 신규등록시 두 개의 필지에 하나의 지번을 중복 부여하여 지적도에 동일 지번이 이중으로 등록된 경우 지적공부 정리 방법.

A.

신규등록이라 함은 새로이 조성된 토지 및 등록이 누락되어 있는 토지를 지적공부에 등록하는 것을 말하는 것으로 지적공부에 이미 등록되어 있는 토지는 신규등록을 할 수 없습니다.

다만, 1959. 6. 30. ○○ ○○군 ○○읍 ○○리 625번지의 신규등록 시 두 개의 필지에 하나의 지번을 중복 부여함으로써 사실상 일 필지의 등록이 누락된 것이므로 이는 지적법 제17조의 규정에 따라 신규등록으로 정리하여야 할 것으로 판단됩니다.(지적팀-2436, 2007.05.03.)

등록전환에 대한 질의응답

Q.

등록전환 시 인접 토지의 지적도와 동일한 축척이 아닌 경계점좌표등록부 시행지역으로 등록전환이 가능한지 여부 및 가능할 경우 일반 측량업자에게 측량을 의뢰할 수 있는지 여부.

A.

가. 등록전환 측량은 지적사무처리규정 제43조에서 등록전환 시 인접 토지와 동일한 축척으로 등록하거나 또는 경계점좌표등록부 시행지역과 인접되어 있는 토지를 등록전환하는 경우에는 경계점좌표등록부에 등록하도록 규정하고 있습니다.

나. 다만, 당해지역을 등록전환을 함에 있어서 소관청이 경계점좌표등록부에 등록하는 것이 지적공부관리상 합리적이라고 판단한 때에는 인접 토지의 지적도와 동일한 축척이 아닌 경계점좌표등록부에 등록할 수 있다고 판단되며, 이때에 실시하는 등록전환측량은 지적법 41조의 3에 의한 지적측량업자의 업무 범위에 포함되지 않습니다. (지적과-4647, 2004.11.16.)

Q.

가. ○○시 ○○구 ○○동 산89-9, 산89-14, 산89-30 토지는 제2종 일반주거지역 내 토지로 관계법령에 의한 인허가 과정 없이 사실상 형질변경 되어 건물의 부속 토지로 사용 중인 바, 등록전환 및 지목변경에 대하여 다음과 같이 양설이 있어 질의합니다.

나. 토지현황 : 인근 토지 ○○동 527-55에 건축물대장이 있으나 건물은 실제로 527-55와 산89-9에 걸쳐 있으며, 산89-14 토지는 수 십여 년 간 정원으로 사용하고 있고, 산89-30 토지는 주차장으로 사용하고 있음.

갑론 : 등록전환 후 지목변경이 불가능하다는 의견.

지적법 시행령 제13조 제2항 2호의 규정에 의하여 지목변경 없이 등록전환은 가능하나, 지적법 시행규칙 제25조 제1항의 규정에 의한 서류가 없어 지목변경은 불가하다는 의견.

을론 : 등록전환 후 지목변경이 가능하다는 의견.

지적법 시행령 제13조 제2항 2호의 규정에 의하여 지목변경 없이 등록전환을 선행하고, 지적법 시행규칙 제25조 제2항의 규정에 의한 개발행위허가·농지전용허가·보전산지전용허가 등 지목변경과 관련된 규제를 받지 아니하는 토지로 보아 담당공무원의 조사 복명에 의하여 토지의 현황 용도에 부합되도록 지목변경이 가능하다는 의견.

○○구 의견 : 을론이 타당함.

지적법 시행령 제13조 제2항 2호의 규정에 의하여 지목변경 없이 등록전환하고, 토지형질변경업무 담당부서에서 형질변경 허가대상 토지가 아니라고 판단한 경우, 관계법령에 규제를 받지 아니하는 토지로 보아 담당공무원의 조사 복명에 의하여 토지의 용도에 부합되도록 지목변경할 수 있다고 사료됨.

A.

1. 지적법 시행규칙 제25조 제2항의 규정에 의하여 개발행위허가·농지전용허가·보전산지전용허가 등 지목변경과 관련된 규제를 받지 아니하는 토지의 경우 관계법령에 의하여 토지의 형질변경 등의 공사가 준공되었음을 증명하는 서류의 사본 첨부를 생략할 수 있습니다.

2. 관계법령 적용대상 토지인지의 여부는 산림·건축 등 그 업무를 담당하는 부서에서 판단하여야 할 사항이며, 해당 토지가 지목변경이 가능한 경우에는 등록전환과 동시에 지목변경을 처리하시기 바랍니다.(지적팀-1306, 2007.03.09.)

Q.

1. 인·허가를 득하지 아니하고 임야를 토지로 등록전환 할 수 있는지 여부.

2. 임야가 인접 토지와 경계불부합이 있음이 발견되어 토지소유자가 등록사항정정 신청을 하고자 할 경우 등록전환 후 등록사항 정정을 하여야 하는지 여부.

A.

1. 지적법 시행령 제13조 제2항 제1호에 대부분의 토지가 등록전환되어 나머지 토지를 임야도에 계속 존치하는 것이 불합리한 경우 등록전환이 가능하도록 규정하고 있으므로 인·허가를 득하지 아니하고도 등록전환이 가능하며,

2. 토지소유자가 지적공부의 등록사항에 잘못이 있음을 발견하여 지적법 제24조 제1항의 규정에 따라 등록사항 정정을 신청하고자 할 경우 등록전환과 관계없이 등록사항 정정신청이 가능하나 해당 토지가 등록전환을 하여야 할 토지인 경우에는 등록사항 정정과 등록전환을 동시에 처리할 수 있음을 알려드립니다.(지적팀-4873, 2007.09.11.)

분할에 대한 질의응답

Q.

법원의 확정판결에 의하여 분할측량을 의뢰한 경우 한국국토정보공사가 분할측량을 거부할 수 있는지 여부와 만약 거부할 수 있다면 대법원송무예규 제526호('97.8.1) 제2조 제3항에 의하여 시·군법원에서 동일 건과 같은 판결을 받은 경우의 처리 방법.

A.

법원의 확정판결에 의하여 지적공부정리(토지분할)를 하고자 하는 경우에는 한국국토정보공사가 실시한 측량성과를 소관청이 검사한 경우에만 가능하며, 한국국토정보공사가 실시한 지적현황측량성과에 의하여 법원의 확정판결을 받았거나 판결문을 경정한 경우에는 소관청의 검사를 받아야 분할이 가능함을 알려드립니다.(지적담당관-781, 2003.07.18.)

Q.

대법원송무예규 제526호를 이행하지 않고 확정된 법원의 판결에 의하여 토지분할이 가능한지 여부.

A.

가. 지적공부정리(토지분할)를 요하는 지적측량은 지적법 제35조 제1항의 규정에 의하여 대행법인(한국국토정보공사)이 실시한 측량성과를 지적법 제36조의 규정에 의한 소관청의 검사를 받은 경우에 지적공부정리가 가능하므로,

나. 법원의 확정판결에 의하여 지적공부정리(토지분할)를 하고자 판결 과정에서 "측량 감정에 있어서 감정 방법과 감정인 선정 등에 관한 예규"(1997. 6.11 대법원송무예규 제526호) 절차를 이행하지 아니한 경우에는 지적공부정리를 할 수 없습니다. (지적담당관-2538,2003.11.20.)

Q.

종중 명의의 재산을 처분하거나 기타 물권을 설정함에 있어서 종중 규약에 종원 3분의 2 이상의 참석과 참석인원 3분의 2 이상의 동의에 의하도록 규정하고 있는 종중 재산을 종원들의 결의서나 의사록 없이 회장이 단독으로 직인이나 사인만으로 분할신청이 가능한지 여부.

A.

지적법 제19조의 규정에 의하여 토지소유자의 신청에 의하여 토지분할이 가능합니다.(지적과-974, 2004.03.31.)

Q.

1필지의 토지를 2필지로 분할하여 소유권을 이선하는 경우 분할된 선 지번은 원소유자에게 후 지번은 매수자에게 지번을 부여받는 것이 원칙이라고 생각하는데 이에 대한 업무처리 방법에 대하여 문의드립니다.

A.

분할, 합병 등에 의한 지번의 구성 및 부여 방법 등에 관하여는 지적법 시행령 제3조에 규정하고 있으며, 분할의 경우에는 분할 후의 필지 중 1필지의 지번은 분할 전의 지번으로 하고, 나머지 필지의 지번은 본번의 최종 부번의 다음 순번으로 부여하는 것으로 소유자를 확정하여 지번을 부여하는 것이 아님.(지적과-1811, 2004.05.18.)

Q.

공유지분으로 소유한 도시계획사업(공공청사-○○구청, ○○구의회, ○○교육청, ○○시 청소년수련원) 부지의 지하구조물 중 지하주차장은 전체 부분을 차지하고 전기, 수도 등의 시설물은 ○○구청사에 위치하고 있는 토지의 분할 가능 여부에 대하여 아래와 같은 양설이 있어 질의드립니다.

갑설 : 분할을 할 수 있음.

분할에 따른 지상경계를 결정함에 있어서 지하주차장을 포함한 지하 구조물은 지상경계 설정에 영향을 주지 않으며 토지소유자가 분할을 신청할 경우 이를 규제할 수 있는 법적 근거가 없으므로 지적법령에서 규정한 경계설정기준 등에 적합한 경우 분할이 가능하다는 의견.

을설 : 분할을 할 수 없음.

민법 제212조에 의하면 '토지의 소유권은 정당한 이익이 있는 범위 내에서 토지의 상·하에 미친다.' 라고 규정하고 하나의 필지 위에 있는 건축물들을 지상경계를 기준으로 분할할 경우 민법에 의한 소유권 주장 시 주된 건물의 지하 구조물이나 시설물 등이 일부 건물의 기능을 어렵게 만들고 타 건물에 영향을 미치는 경우 개별 건축물을 하나의 건축물로 간주하여 분할할 수 없다는 의견.

A.

토지분할을 제한하는 관계법령에 저촉되지 아니하며, 분할에 따른 지상경계의 결정이 지적법 시행령 제39조 및 제40조의 규정에 적합한 경우 분할이 가능합니다.(지적과-2079, 2004.06.04.)

Q.

토지소유자가 농지나 임야의 매매 등을 목적으로 택지 형태로 분할을 신청할 경우 분할이 가능한지 여부와 분할신청 시 토지매입자의 인감도장 날인과 인감증명을 첨부하여 신청하여야 하는지 여부.

A.

가. 토지분할을 제한하는 관계법령에 저촉되지 아니한 경우에는 지적법 시행령 제40조 제3항의 규정에 의하여 지상경계점에 경계점 표지를 설치하여 토지분할을 할 수 있으며,

나. 지적법 제19조의 규정에 의하여 토지소유자의 신청에 의하도록 규정하고 있으므로 분할신청 시 토지매입자의 인감도장을 날인하거나, 인감증명을 첨부할 사항은 아닙니다.(지적과-2769, 2004. 07. 16.)

Q.

도로로 사용 중(159㎡)인 1필지 토지(자연녹지지역)를 2필지(75㎡, 84㎡)로 분할하여 일부 토지를 지목변경을 하고자 하나 분할제한면적 미만으로 토지분할을 할 수 없는 경우 분할할 수 있는 방법과 도로를 전으로 지목변경이 가능한지에 대한 질의.

A.

가. 토지분할을 제한하는 국토계획법 등 관계법령에 의한 토지분할허가를 득하거나, 분할에 관한 법원의 확정판결이 있는 경우에 토지의 분할이 가능하며,

나. 지목변경은 국토계획법 등 관계법령에 의한 토지의 형질변경 등의 공사가 준공되었거나, 사실상 공공용지로 사용되지 않아 도로법 등 관계법령의 규제를 받지 아니한 경우에 지목변경이 가능합니다.(지적과-2820, 2004. 07. 20.)

Q.

법원의 확정판결문을 근거로 소유권 이전등기절차를 이행하기 위하여 토지분할이 선행되어야 하는 때에 지적법 제28조 제4호에 의거 토지분할을 신청할 수 있는지 여부 등.

A.

가. 법원의 확정판결에 의하여 토지분할을 하고자 하는 경우에는 지적법 시행령 제14조 제2항 및 동법 시행규칙 제24조 제1항 제2호의 규정에 따라 분할사유를 기재한 신청서에 확정판결서 정본 또는 사본을 첨부하여 소관청에 제출하여야 합니다.

나. 지적법에 의하여 토지소유자가 하여야 하는 토지이동신청 등은 지적법 제28조 각호의 규정에 의하여 대위할 수 있도록 되어 있습니다. 따라서 귀하

께서 질의하신 내용이 "민법 제404조의 규정에 의한 채권자"에 해당된다면 위 법에 의거 대위신청이 가능한 것으로 판단됩니다.(지적과-5134, 2004. 12. 18.)

Q.
지구단위계획구역 내 토지분할에 관한 질의

A.
국토계획법상 지구단위계획구역 안에서 토지분할을 제한하는 규정이 없으므로 지구단위계획구역의 지정목적 달성을 이유로 토지분할을 제한할 수 없으며, 기타 토지분할을 제한하는 관계법령에 저촉되지 않을 경우에는 분할이 가능하다고 판단됩니다.(지적과-5172, 2004. 12. 21.)

Q.
가. ○○○○시 ○○군 ○○면 ○○리 산44번지가 2인 소유의 공유토지이나 공유인 중 1인이 상대방의 도장을 도용하여 2005. 1. 25. 강화군에 임야 분할을 신청하여 동소 산44, 산44-1번지로 분할 정리되었음.

나. 이후 상대방의 도장을 도용하여 임야 분할을 신청한 공유인이 ○○지방검찰청으로부터 "사문서위조" 등으로 처벌을 받은 경우에 소관청이 직권으로 임야 분할을 원상회복할 수 있는지 여부에 대하여 질의함.

갑론 : 직권으로 원상회복할 수 있다는 의견.
토지의 분할신청은 지적법 제19조 제1항에 의거 토지소유자가 대통령령이 정하는 바에 의하여 소관청에 신청하여야 하는 바 위 건은 사법기관으로부터 피의자의 혐의가 인정되는 바, 소유자의 신청이 없었다는 것으로 해석되므로 직권으로 원상회복할 수 있다는 의견.

을론 : 직권으로 말소할 수 없다는 의견.

위 사건은 형사소송법에 의거 사문서위조 사실에 대해서만 판단한 것으로서 위 사실에 의거 직권으로 정리할 수 있는 것이 아니라 민사재판에 의거 "분할취소청구" 소송을 통하여 그 결과에 의거 지적공부정리를 하여야 한다는 의견.

인천광역시, 강화군 의견 : '을론'에 의거 처리하여야 함.

A.

'을론'에 의하여 처리하시기 바랍니다.(지적팀-914, 2005.05.19.)

Q.

"○○○○도 ○○시 ○○면 ○○리 300번지"를 임의경매로 낙찰 받은 공유인이 토지를 분할하고자 하나, 호텔 부지로 승인이 났기 때문에 분할을 할 경우 호텔을 건축할 수 없다는 이유로 분할을 제한할 수 있는지 여부.

A.

가. 공유토지는 민법 제268조 제1항 및 제269조 제1항에 의하여 공유자 전원의 동의 또는 법원에 공유물분할의 소를 제기하여 판결이 있어야만 분할을 할 수 있습니다.

나. 또한 관광진흥법령에서 토지분할을 제한하는 규정이 없다면, 온천관광지 조성계획승인 조건에 맞는 건축물을 건축하려는 목적 달성을 이유로 토지의 분할을 제한할 수 없다고 판단되며, 기타 토지분할을 세한하는 관계법령에 저촉되지 않을 경우에는 분할이 가능합니다.(지적팀-1230, 2005. 06. 09.)

Q.

기존 건축물(주택)을 관통하여 도시계획선(제1종 일반주거지역, 개발제한구역)이 지정되었을 경우 도시계획선 분할이 가능한지 여부.

A.

지적법 시행령 제40조 제4항 규정에 의하여 분할에 따른 지상경계는 지상건축물을 걸리게 결정할 수 없습니다. 다만, ①법원의 확정판결이 있는 경우, ②공공사업 등으로 인하여 학교용지·도로·철도용지·제방·하천·구거·유지·수도용지 등의 지목으로 되는 토지의 경우, ③도시개발사업 등의 시행자가 사업지구의 경계를 결정하기 위하여 분할하고자 하는 경우, ④국토계획법 제30조 제6항의 규정에 의한 도시관리계획 결정고시와 동법 제32조 제4항의 규정에 의한 지형도면 고시가 된 지역의 도시관리계획선에 따라 토지를 분할하고자 하는 경우에는 분할이 가능함을 알려드립니다.(지적팀-2061, 2005. 07. 27.)

Q.

"○○○○도 ○○군 ○○읍 ○○리 78-5번지"가 농지라는 이유로 분할이 제한되고 있는 것은 사유재산권을 과다하게 침해하고 있어 부당하므로 분할할 수 있도록 조치하여 달라는 내용입니다.

A.

위 토지는 농림부에서 농지 소유의 세분화 방지를 방지하기 위하여 농지법 제21조 제2항 제3호의 규정에 따라 농어촌정비법의 규정에 의한 농업생산기반정비사업이 시행된 농지는 분할 후 필지의 면적이 2,000㎡가 초과하도록 분할하는 경우에만 분할할 수 있도록 농지법 개정(2002. 12. 18. 법률 제6793호)에 의해 2003. 1. 1.부터 농지의 분할을 제한하고 있음을 알려드립니다.(지적팀-3567, 2005. 10. 14.)

Q.
개발제한구역 내 임야 4,500평을 5개 필지로 분할할 수 있는지?

A.
토지의 분할은 지적법 제19조 제2항 및 동법 시행령 제14조 제1항의 규정에 의거 ①1필지의 일부가 형질변경 등으로 용도가 다르게 된 경우, ②소유권 이전, 매매 등을 위하여 필요한 경우, ③토지이용에 있어 불합리한 지상경계를 시정하기 위한 경우에 분할 할 수 있으며, 다만, 분할 허가대상인 토지의 경우에는 그 허가서 또는 그 사본, 법원의 확정판결에 의하여 분할하는 경우에는 확정판결서 정본 또는 사본을 첨부하여야 합니다.

참고로, 개발제한구역의 지정 및 관리에 관한 특별조치법(2004. 1. 20. 법률 제7101호) 제11조 제1항 제6호에 대통령령이 정하는 범위의 토지의 분할행위를 하고자 하는 자는 시장·군수 또는 구청장의 허가를 받도록 규정하였으며, 동법 시행령(2004. 2. 25. 대통령령 제18292호) 제16조에서 분할된 후 각 필지의 면적이 200㎡ 이상(지목이 대인 토지를 주택 또는 근린생활시설의 건축을 위하여 분할하는 경우에는 330㎡ 이상)으로 분할할 수 있으며, 다만, ①공익사업을 위한 토지 등의 취득 및 보상에 관한 법률 제4조 제1호 및 제2호의 규정에 의한 공익사업의 시행을 위한 경우, ②인접 토지와의 합병을 위한 경우, ③사도법상의 사도·농로·임도 기타 건축물 부지의 진입도로를 설치하기 위한 경우, ④형질변경 면적은 건축물의 건축면적 및 공작물의 바닥면적의 2배(축사 및 미곡종합처리장은 3배 이내), 주택 또는 근린생활시설의 건축을 위하여 대지를 조성하는 경우에는 기존 면적을 포함하여 330㎡ 이내. 다만, 분할 후 형질변경을 하지 아니하는 다른 필지의 면적이 60㎡ 미만인 경우에는 그 미만으로도 분할할 수 있도록 규정하고 있음을 알려드립니다. (지적팀-3819, 2005.11.01.)

Q.

1980년대에 소규모 임야는 분할을 제한하고 있었으나 현재는 분할이 가능한지 여부.

A.

산림법 제20조 제2항의 규정에 의한 보전임지의 분할제한으로 동법 시행규칙 제19조의 4의 규정에 의거 3헥타르(30,000㎡) 미만으로 분할할 수 없도록 규정하였으나 1999년에 산림법을 개정(1999. 2. 5. 법률 제5760호)하여 동 규정이 삭제됨으로써 현재는 산림법에 의한 분할제한에 관한 규정이 없습니다. (지적팀-3837, 2005.11.01.)

Q.

【현황】

가. ○○구 ○○동 511-2의 토지소유자 중 중계 제1공단 사업주 일동(이하 '공단'이라 함)은 본 공단을 제외한 토지소유자 24명을 상대로 공유물분할소송을 제기하고 일반 감정측량업자가 측량한 결과도를 증거로 하여 원고 전부 승소판결을 받았습니다.

나. 공단은 승소한 판결서 정본을 근거로 우리 구에 토지분할을 신청하고자 하였으나 일반 감정측량업자가 측량한 결과도에 의해서는 분할신청을 할 수 없음을 안내받고, 한국국토정보공사에 지적현황측량을 의뢰하고 그 결과도로 판결경정을 신청하였으나 재판부는 '이유 없다.'하여 기각하였습니다.

다. 이에 대하여 다음과 같이 양설이 있어 질의하오니 민원사항임을 감안 조속히 회신하여 주시기 바랍니다.

갑론 : 법원의 확정판결에 의하여 지적공부정리(토지분할)를 하고자 하는 경우에는 한국국토정보공사가 실시한 측량성과를 소관청이 검사한 경우에만 가능하며, 한국국토정보공사가 실시한 지적현황측량성과에 의하여 법원의 확정판결을 받았거나 판결문을 경정한 경우에는 소관청의 검사를 받아야 분할 가능.

을론 : 측량감정에 있어서 감정 방법과 감정인 선정 등에 관한 예규의 목적은 일반 감정측량성과와 한국국토정보공사의 분할측량성과가 달라 지적공부를 정리하는 데 어려움이 없도록 하기 위함으로, 일반 감정측량성과와 한국국토정보공사의 지적현황측량성과가 동일(면적, 경계)함에도 재판부가 기각한 때에는 확정판결서 정본, 지적 현황측량성과도를 첨부한 판결경정신청서 및 판결경정신청에 대한 기각결정서 첨부로 분할 가능.

○○구 의견 : '갑론'이 타당하다고 사료됨.

이유 : 측량감정에 있어서 감정 방법과 감정인 선정 등에 관한 예규 제3조 제1항에 지적공부정리가 수반되는 경우, 지적측량업자에게 지적측량감정을 의뢰하도록 규정되어 있으며, 지적현황측량성과에 의하여 확정판결을 받았거나 판결문을 경정한 경우 소관청이 측량성과를 검사하여 부합되는 때에 지적공부정리가 가능하도록 되어 있음.

A.

소관청이 검사한 지적측량성과가 확정판결에 첨부된 법원 감정측량성과와 같은 경우에는 귀견 '을론'과 같이 처리하시기 바랍니다. (지적팀-3981, 2005.11.08.)

Q.

공유물분할을 원인으로 한 소유권 이전등기절차를 이행하라는 법원의 확정판결(조정)에 의하여 토지분할을 신청할 수 있는지 여부.

A.

법원의 확정판결에 의하여 토지분할을 하고자 하는 경우에는 지적법 시행령 제14조 제2항 및 동법 시행규칙 제24조 제1항 제2호의 규정에 따라 분할 사유를 기재한 신청서에 확정판결서 정본 또는 사본을 첨부하여 소관청에 분할을 신청할 수 있음을 알려드립니다. (지적팀-4433, 2005.12.06.)

1. ○○○ 선생님께서 질의하신 "○○도 ○○시 ○구 ○○동 산116-1번지"에 대하여 산지전용허가(기존 묘지 : 21㎡ 제외)를 받았음에도 임야분할을 할 수 없어 어려움을 겪고 있다는 내용에 관한 회신입니다.

2. 위 임야의 임야분할 시 관련된 법령을 면밀히 살펴본 결과 국토계획법(법률 제7707호, 2005. 12. 7. 공포, 2006. 3. 8. 시행) 및 동법 시행령(대통령령 제19400호, 2006.3.23. 시행)이 개정되어 도시지역이 아닌 지역에서의 토지분할도 개발행위허가를 받도록 제도가 바뀌었습니다.

3. 또한 "개발행위허가기준"에 의하면 "녹지지역 안에서의 기존 묘지 분할"의 경우 분할제한면적 미만으로 분할을 할 수 있으나 위 임야 "○○도 ○○시 ○구 ○○동 산116-1번지"의 용도지역은 관리지역으로서 기존묘지 분할을 할 수 없다는 소관청의 판단은 타당한 것으로 사료됩니다. 다만, 국토계획법에 관한 사항은 소관부처인 국토교통부에서 판단하여야 함을 알려드립니다. (지적팀-2764, 2006. 06. 09)

Q.

1필지 토지 전체에 대하여 설정되어 있는 근저당권등기에 대하여 일부분을 제외하고 말소등기 절차를 이행하라는 법원의 확정판결이 있는 경우 일부분에 근저당권 말소등기를 이행할 목적으로 토지분할을 할 수 있는지 여부.

갑론 : 1필지의 토지 중 특정된 일부분에 대하여 근저당권 설정등기의 말소등기절차를 이행하라는 확정판결에 의서 토지분할이 가능함.

1필지 토지 중 특정한 일부분에 대하여 근저당권 설정등기의 말소등기 이행을 명하는 판결은 당연히 특정 부분을 분할해야 근저당권 설정등기의 말소 이행이 가능하므로 토지분할이 가능함.

을론 : 법원의 확정판결 중 소유권 이전등기절차의 이행을 명하는 판결 외에는 토지분할이 불가능하다는 의견.

토지분할은 지적법 제19조 및 같은 법 시행령 제14조 규정에서 정한 소유권 이전·매매 등을 위하여 필요한 경우와 토지이용에 있어 불합리한 지상경계를 시정하기 위한 경우만 해당되므로 토지 일부분에 근저당권 설정 말소등기를 이행하라는 판결은 특정 부분의 분할을 전제로 하는 내용이 아니므로 토지분할이 불가함.

○○구 의견 : '을론'이 타당하다고 사료됨.

지적법 제19조 및 같은 법 시행령 제14조의 규정에서 정한 분할을 신청할 수 있는 경우 외의 다른 권리 관계로 법원의 확정판결을 득하였다고 하더라도 토지분할이 불가할 것임.

A.

근저당권 설정등기라 함은 일정 채무를 일정의 최고 한도 내에서 부담하는 것을 내용으로 하는 저당권 설정등기를 말하며, 지적공부상 분할되지 아니한 토지 중 특정 일부에 관하여 근저당권 설정등기의 말소등기 절차를 이행하라는 확정판결을 이행하기 위해서는 먼저 지적법이 정하는 절차에 따라 특정 일부를 분할하여야만 가능하므로 '갑론'에 의하여 처리하시기 바랍니다. (지적팀-3677, 2006. 07. 27.)

Q.

현황 : ○○○도 ○○시 ○○동 440 외 2필지는 도시관리계획상 용도지역이 자연녹지지역으로 건축허가(공동주택)를 받은 토지이나 허가를 받은 대로 분할할 경우 잔여 토지가 ○○시 도시계획조례의 분할제한면적(녹지지역 350㎡) 미만으로서 토지분할 정리를 함에 있어 양론이 있어 질의함.

갑론 : 분할할 수 있다.
상기 토지는 허가사항대로 분할할 경우 분할 후 남은 잔여 토지가 "분할제한면적" 미만이라 하더라도 건축허가를 받았으므로 또다시 개발행위(토지분할)허가를 받을 필요 없이 분할이 가능하다는 의견.

을론 : 분할할 수 없다.
이미 건축허가를 받은 토지라 하더라도 국토계획법 시행령 제51조 제5호 "나"목의 규정에 의거 잔여 토지가 "분할제한면적"미만으로 분할할 수 없다는 의견.

○○시 의견 : '갑론'이 타당함.
분할 후 남은 잔여 토지가 비록 "분할제한면적" 미만이라 하더라도 관계 법령에 의한 인·허가를 받은 토지이므로 분할하여 준공 내용에 따라 지목을 변경함이 타당하다고 사료됨.

A.

국토계획법 시행령 제51조 제5호에 의하면 "다음 각목(가, 나, 다)의 어느 하나에 해당하는 토지의 분할"은 개발행위허가를 받도록 규정되어 있습니다. 따라서 관계 법령에 따른 허가·인가 등을 받아 개발행위허가를 별도로 받을 필요가 없다고 하더라도, 건축법 제49조 제1항의 규정에 의한 토지분할 제한면적 미만으로의 토지의 분할에 해당하므로 개발행위허가를 받아야만 분할이 가능하다고 판단됩니다. (지적팀-3929, 2006. 08. 13.)

Q.

현황 : ○○○○시 ○구 ○○동 465-1 임야 1,151㎡는 녹지지역으로서 토지분할 제한면적이 200㎡임에도 건축신고된 면적 110㎡로 분할을 할 수 있는지 여부. 다만, 동 부지 내에 무허가건축물(152.5㎡)이 있음.

갑론 : 건축법상 무허가건물은 건축법 제49조의 건축물이 있는 대지로 볼 수 없고 건축물이 없는 대지의 토지분할은 최소 대지면적 제한 없이 건축허가된 면적으로 토지분할이 가능하다는 의견.

을론 : 가연녹지에서 무허가건물인 경우에도 건축물이 있는 대지로 보아야 하고 국토계획법 시행령 제56조 제1항 규정을 적용하여 제한면적 200㎡ 이상이 되어야 분할이 가능하다는 의견.

○○○○시 의견 : '을론'이 타당함.

건축법 제49조 및 국토계획법 시행령 제56조에서 정의한 건축물이 있는 대지의 분할제한 규정은 용도지역별로 토지의 이용목적에 맞게 사용함으로 쾌적한 도시환경과 미관조성을 위하여 최소 대지면적의 규정을 둔 것으로 최소 대지면적을 당연히 확보하여야 할 것으로 판단되며, 해당 필지에 무허가 건물이 있어 이에 대한 재산세가 부과되고 있고 건축물의 신고(허가)를 득하였다면 건축법 제49조의 건축물이 있는 대지의 분할제한을 받아야 함이 타당할 것으로 사료됨.

A.

가. 건축법 제2조 제1항 제2호의 규정에 의하면 "건축물이라 함은 토지에 정착하는 공작물 중 지붕과 기둥 또는 벽이 있는 것과 이에 부수되는 시설물, 지하 또는 고가의 공작물에 설치하는 사무소·공연장·점포·차고·창고 기타 대통령령이 정하는 것"을 말하며, 동법 제8조, 제9조에 의한 건축신고·건축허가를 받지 아니한 무허가건축물이 있는 부지는 건축법 제49조의 규정에 의한 건축물이 있는 대지로 볼 수 없으며,

나. 국토계획법 시행령 제51조 제5호 나항의 규정에 의거 "건축법 제49조 제1항의 규정에 의한 분할제한면적 미만으로의 토지의 분할"은 개발행위 허가 대상입니다.

다. 개발행위 허가기준을 살펴보면 건축법 제49조 제1항의 규정에 의한 분할제한면적 미만으로 분할하는 경우에는 ① 녹지지역 안에서의 기존 묘지의 분할, ② 사설도로를 개설하기 위한 분할(사도법에 의한 사도개설허가를 받아 분할하는 경우를 제외한다.), ③ 사설도로로 사용되고 있는 토지 중 도로로서의 용도가 폐지되는 부분을 인접 토지와 합병하기 위하여 하는 분할, ④ 토지 이용에 있어 불합리한 토지경계선을 시정하여 당해 토지의 효용을 증진시키기 위하여 분할 후 인접 토지와 합필하고자 하는 경우에 한하여 개발행위허가를 할 수 있습니다. 따라서 질의하신 토지는 개발행위허가(토지분할 허가를 말함)를 받지 아니하였으므로 분할할 수 없다고 판단됩니다. (지적팀-6181, 2006. 12. 15.)

Q.

도시개발사업 등의 신고(착수)가 이루어진 경우에 명의신탁 해지를 원인으로 한 소유권 이전등기절차를 이행하라는 법원의 확정판결(화해)에 의하여 토지분할을 신청할 수 있는지 여부.

A.

가. 법원의 확정판결이 갖는 효력을 기판력, 또는 실질적 확정력이라고 합니다. 기판력은 소송물(당사자의 청구)에 대해 법원이 내린 판단의 효력으로 소송에 참가했던 당사자에게는 기판력 있는 판단을 다투는 당사자의 주장이나 항변을 허용하지 않고 이를 배척하는 작용과 법원에 대하여는 전에 소송을 진행했던 법원의 확정판결의 판단에 구속되어 이를 전제로 뒤의 소송을 심판하도록 하는 작용이 있으나,

나. 지적법 제26조 제3항(도시개발사업 등 시행지역의 토지 이동 신청 특례)에 의하면 "사업의 착수 또는 변경신고가 된 토지에 대하여 그 사업이 완료되는 때까지 사업시행자 외의 자가 토지의 이동을 신청할 수 없다." 라고 규정되어 있으므로 사업 착수 신고가 이루어진 이후에 토지이동신청은 사업시행자만이 할 수 있습니다.

다. 따라서 사업 착수 신고가 이루어지기 이전에 이미 법원의 공유물분할 확정판결(화해조서)이 있었다고 하더라도 당사자가 아닌 사업시행자를 구속할 수 없으므로 사업착수신고(2006. 9. 15)가 완료된 이후에는 사업시행자만이 토지분할을 신청할 수 있다고 판단됩니다. (지적팀-6296, 2006. 12. 22.)

Q.

1. 주택부지 조성이 완료되었는데 개발행위 준공검사 신청을 하기 위하여 지적분할측량성과도를 제출하여야 하는지?

2. 준공신청 서류(지적분할측량성과도 포함)에 의하여 준공처리가 되었다면 주

택부지의 지적분할은 준공 처리한 관청에서 지적법에 의한 별도의 신청서류 없이 분할이 가능한지, 아니면 준공 신청자가 별도의 지적분할신청을 해야만 하는지?

A.

1. 준공에 필요한 서류의 제출은 관계법령에 따라야 할 사항으로 해당 법률에 지적분할측량성과도 제출 규정이 있다면 제출하는 것이 타당하다고 판단되며,

2. 준공 서류로 제출한 지적분할측량성과도에 의하여 자동으로 분할신청이 되지는 않으며, 지적법 제19조 제2항의 규정에 따라 1필지의 일부가 형질변경 등으로 용도가 다르게 된 때에는 그날부터 60일 이내에 소유자가 직접 토지의 분할을 신청하여야 함을 알려드립니다. (지적팀-4126, 2007.07.25.)

Q.

공유물분할소송 진행 중 당사자 간 현황측량성과도와 같이 분할하기로 판결을 받아 판결 내용대로 분할측량을 하여 소관청에 분할신청을 하였으나, 판결문에 첨부한 현황측량성과도가 대법원 예규에 따라 소관청에서 발행한 분할측량성과도가 아니라는 이유로 분할을 거부할 수 있는지 여부.

A.

지적사무처리규정 제41조 제9항(2004. 7. 6. 개정)에 "법원의 감정측량을 하는 때에는 별표 제2의 법원 감정측량 절차에 의한다."라고 규정되어 있으며, 『측량감정에 있어서 감정 방법과 감정인 선정 등에 관한 예규(대법원 송무예규 제526호, 2004. 10. 26. 개정)』에는 "지적공부의 정리를 수반하는 지적측량을 한 경우 감정인 또는 한국국토정보공사는 측량성과에 관한 자료를 소관청에 제출하여 그 성과의 정확성에 관한 검사를 받고, 감정서와 함께 소관청으로부터

교부받은 측량성과도를 법원에 제출하여야 한다." 라고 규정되어 있는 바, 소관청에서 위 규정을 준수하여 업무를 처리하는 것은 타당하다고 판단됨을 알려드립니다. (지적팀-5571, 2007. 10. 18.)

Q.

국방·군사시설 사업으로 중토위 재결을 받아 수용한 토지가 등기부상 공유지분으로 되어 있는 경우, 수용 토지에 대하여 국방·군사시설 고시선대로 분할하고자 할 경우 공유자의 동의가 필요한지 여부.

A.

민법 제269조 제1항에 공유토지의 분할에 관하여 협의가 성립되지 아니한 때에는 공유자는 법원에 그 분할을 청구할 수 있으며, 같은 법 제264조에 의하면 공유자는 다른 공유자의 동의 없이 공유물을 처분하거나 변경하지 못하도록 규정하고 있습니다. 따라서 공유 토지를 분할하기 위해서는 공유자의 동의를 받거나 법원에서 공유물분할 판결을 받아야 할 것으로 판단됨을 알려드립니다. (지적팀-6129, 2007. 11. 15.)

합병에 대한 질의응답

Q.

○○구 ○○동 83-1번지 외 5필지의 합병 대상토지 중 일부 현황도로일 경우 합병 가능한지에 대한 양설이 있어 질의합니다.

갑설 : 지적법 제20조, 같은 법 시행령 제15조 제2항 제4호의 규정에 의하여 합병 대상토지 중 일부 현황도로일 경우 일부의 토지의 용도가 다르게 되

어 법 제19조 제2항 규정에 의하여 분할 대상토지일 경우는 일부 현황도로를 분할 후 합병 신청을 해야 한다는 의견.

을설 : 건축허가 당시 건축선 지정이 없고 합병 대상토지 중 일부 현황도로일 경우 1필지로 사용하는 것으로 보아 합병이 가능하다는 의견.

○○시 의견 : 을설

A.

지적법 제19조 제2항의 규정에 의한 분할 대상토지가 아닌 경우에는 '을설'과 같이 처리하면 됩니다. (지적과-698, 2004. 03. 17.)

Q.

① 건축물 부지별로 담장이나 건축물 벽으로 경계가 구분된 토지 상호간 합병이 가능한지?

② 경계 구분 없이 건축물 단위별로 사용하고 있는 토지를 합병하고자 할 경우 합병이 가능한지?

③ 지적법 제20조, 동법 시행령 제2조 및 제15조에 위반되지 않을 경우 담장과 같이 물리적인 경계구조물에 의해 합병이 제한되는지?

④ 지적법 시행령 제2조 제1항 규정에 의한 "동일한 용도"의 개념이 주택과 주택, 근린생활시설과 근린생활시설 등 건축물 용도가 같은 경우인지?

⑤ 합병하고자 하는 토지가 하나의 건축물 부지로 이용하거나 한 담장 내에 있어야 하는 것인지?

A.

가. 질의 ①, ②, ③, ⑤에 대한 회신

경계구조물 또는 각각의 필지별로 건축물이 있다 하더라도 지적법 제20조 및 동법 시행령 제15조에 의한 합병제한 조건에 해당되지 않을 경우 합병이 가능합니다.

나. 질의 ④에 대한 회신

지적법 시행령 제2조의 "동일한 용도"는 지목을 구분하는 토지의 주된 용도를 말하며, 건축물의 용도가 같을 경우에는 합병이 가능합니다. (지적과-4059, 2004.10.08.)

Q.

가. 질의배경 : ○○사무소에서 시행하는 "국도 ○○호선 ○○-○○간 3.6킬로미터 지점 등 3개소 도로시설물 정비공사"에 편입되는 토지를 지적법 제28조의 규정에 의거 분할(대위)하였고, 그후 공사의 공법 변경으로 토지가 편입되지 않게 되어 관할 소관청에 토지합병을 신청하였으나 토지등기부상에 "가압류"가 설정되어 있어 지적법 제20조 제3항의 규정에 의거 합병이 불가하다는 통보를 받았습니다.

나. 문제점 : 토지수유자의 의지와는 아무런 관계없이 공공사업 때문에 국가에서 임의로 분할한 토지가 합병이 안 될 경우에는 건축, 매매, 재산관리 등 재산권행사에 여러 측면에서 토지소유자가 막대한 불이익을 받게 됨.(민원 제기 예상)

다. 질의내용 : 소유권 이외의 권리(가압류)가 설정되어 있는 토지가 국가에서 시행하는 공공사업에 편입되어 지적법 제28조의 규정에 의거 국가가 대위 분할하였고, 그 후 국가의 사정 변경으로 동 토지가 공공사업에 편입되지 않게 되었으며, 소유권 이외의 권리(가압류)가 분할 당시와 합병신청 시에 변동이 없고 동일한 경우에 분할된 토지(모번 및 분할지번)를 합병할 수 있는지 여부와 불가 시 그 사유.

라. ○○사무소 의견 : 지적법 제20조 제3항의 토지합병 불가 사유는 『종래부터 별개 지번으로 되어 있던 기존의 2개 또는 수 개의 토지를 합병할 때 소유권 이외의 권리가 설정되어 있으면 합병할 수 없다』는 취지로 보아야 되고, 이 건 질의와 같이 『토지소유자의 의지와는 무관하게 국가에서 공공사업을 시행하기 위해 임의로 분할하였고, 분할된 2필지의 소유권 이외의 권리(가압류)가 분할 전과 합병신청 시에 변동 없이 똑 같을 때』에도 지적법 제20조 제3항의 규정을 적용하여 토지를 합병하여서는 안 된다는 법 취지는 아니라고 판단되고, 토지소유자의 재산권보호를 위해서도 합병되어야 옳다고 생각됩니다.

A.

부동산등기법 제90조의 3(토지합필의 제한) 제1항에 의하여 합병하고자 하는 각 필지에 소유권·지상권·전세권·임차권 및 지역권(승역지에 관하여 하는 등기를 말함)의 등기가 되어 있는 경우에는 합병이 가능하나 "저당권·가등기·예고등기·가압류등기·가처분등기·경매등기·체납처분에 의한 압류등기" 등의 등기가 되어 있는 경우에는 합병등기를 할 수 없습니다. 다만, 합병하고자 하는 모든 토지에 등기 원인 및 그 연월일과 접수번호가 동일한 저당권 또는 근저당권에 관한 등기가 되어 있는 경우에는 합병등기를 할 수 있습니다. (지적팀-4391, 2005.12.05.)

Q.

○○시 ○○동 275-2와 275-28를 합병하고자 하나 각 필지에 건물이 있어 합병할 수 없다고 하는데, 합병할 수 있는 방법이 없는 것인지?

A.

선생님이 질의하신 바와 같이 각 필지에 건물이 있는 경우는 지적법령에서 규정한 합병금지 사유에 해당되지 않습니다. 따라서 해당 토지가 지적법 제20조 제3항 및 같은 법 시행령 제15조 제2항에 규정된 다른 합병금지 사유에 해당되지 않는다면 합병이 가능할 것으로 판단됨을 알려드립니다.(지적팀-6387, 2007. 11. 29.)

분할과 합병
관련 법규 정리

분할과 합병 관련 법규

국토의 계획 및 이용에 관한 법률

[시행 2010. 6.30] [법률 제 9861 호, 2009.12.29, 일부개정]

제56조(개발행위의 허가) ① 다음 각호의 어느 하나에 해당하는 행위로서 대통령령으로 정하는 행위(이하 "개발행위"라 한다)를 하려는 자는 특별시장·광역시장·시장 또는 군수의 허가(이하 "개발행위허가"라 한다)를 받아야 한다. 다만, 도시계획사업에 의한 행위는 그러하지 아니하다.

1. 건축물의 건축 또는 공작물의 설치

2. 토지의 형질변경(경작을 위한 토지의 형질변경은 제외한다.)

3. 토석의 채취

4. 토지 분할(건축법 제57조에 따른 건축물이 있는 대지는 제외한다.)

5. 녹지지역·관리지역 또는 자연환경보전지역에 물건을 1개월 이상 쌓아 놓는 행위

② 개발행위허가를 받은 사항을 변경하는 경우에는 제1항을 준용한다. 다만, 대통령령으로 정하는 경미한 사항을 변경하는 경우에는 그러하지 아니하다.

③ 제1항에도 불구하고 제1항 제2호 및 제3호의 개발행위 중 도시지역과 계획관리지역의 산림에서의 임도 설치와 사방사업에 관하여는 산림자원의 조성 및 관리에 관한 법률과 사방사업법에 따르고, 보전관리지역·생산관리지역·농림지역 및 자연환경보전지역의 산림에서의 제1항 제2호 및 제3호의 개발행위에 관하여는 산지관리법에 따른다.

④ 다음 각호의 어느 하나에 해당하는 행위는 제1항에도 불구하고 개발행위허가를 받지 아니하고 할 수 있다. 다만, 제1호의 응급조치를 한 경우에는 1개월 이내에 특별시장·광역시장·시장 또는 군수에게 신고하여야 한다.

1. 재해복구나 재난수습을 위한 응급조치

2. 건축법에 따라 신고하고 설치할 수 있는 건축물의 개축·증축 또는 재축과 이에 필요한 범위에서의 토지의 형질변경(도시계획시설사업이 시행되지 아니하고 있는 도시계획시설의 부지인 경우만 가능하다.)

3. 그 밖에 대통령령으로 정하는 경미한 행위 [전문개정 2009.2.6]

국토의 계획 및 이용에 관한 법률 시행령

[시행 2010. 7.13] [대통령령 제 22273 호, 2010. 7.12, 타법개정]

제51조(개발행위허가의 대상) 법 제56조 제1항에 따라 개발행위허가를 받아야 하는 행위는 다음 각호와 같다. 〈개정 2005.9.8, 2006.3.23, 2008.9.25〉

1. 건축물의 건축 : 건축법 제2조 제1항 제2호에 따른 건축물의 건축.

2. 공작물의 설치 : 인공을 가하여 제작한 시설물(건축법 제2조 제1항 제2호에 따른 건축물을 제외한다.)의 설치.

3. 토지의 형질변경 : 절토·성토·정지·포장 등의 방법으로 토지의 형상을 변경하는 행위와 공유수면의 매립.(경작을 위한 토지의 형질변경을 제외한다.)

4. 토석채취 : 흙·모래·자갈·바위 등의 토석을 채취하는 행위. 다만, 토지의 형질변경을 목적으로 하는 것을 제외한다.

5. 토지분할 : 다음 각 목의 어느 하나에 해당하는 토지의 분할(건축법 제57조에 따른 건축물이 있는 대지는 제외한다.)

가. 녹지지역·관리지역·농림지역 및 자연환경보전지역 안에서 관계법령에 따른 허가·인가 등을 받지 아니하고 행하는 토지의 분할

나. 건축법 제57조 제1항에 따른 분할제한면적 미만으로의 토지의 분할

다. 관계 법령에 의한 허가·인가 등을 받지 아니하고 행하는 너비 5미터 이하로의 토지의 분할

6. 물건을 쌓아놓는 행위 : 녹지지역·관리지역 또는 자연환경보전지역 안에서 건축물의 울타리 안(적법한 절차에 의하여 조성된 대지에 한한다.)에 위치하지 아니한 토지에 물건을 1월 이상 쌓아놓는 행위.

제53조(허가를 받지 아니하여도 되는 경미한 행위) 법 제56조 제4항 제3호에서 "대통령령으로 정하는 경미한 행위"란 다음 각호의 행위를 말한다. 다만, 다음 각호에 규정된 범위에서 특별시·광역시·시 또는 군의 도시계획조례로 따로 정하는 경우에는 그에 따른다. 〈개정 2005.9.8, 2006.8.17, 2008.9.25, 2009.7.7, 2009.7.27, 2010.4.29〉

1. 건축물의 건축 : 건축법 제11조 제1항에 따른 건축허가 또는 같은 법 제14조 제1항에 따른 건축신고 대상에 해당하지 아니하는 건축물의 건축.

2. 공작물의 설치

가. 도시지역 또는 지구단위계획구역에서 무게가 50톤 이하, 부피가 50㎥ 이하, 수평 투영면적이 25㎡ 이하인 공작물의 설치. 다만, 건축법 시행령 제118조 제1항 각호의 어느 하나에 해당하는 공작물의 설치는 제외한다.

나. 도시지역·자연환경보전지역 및 지구단위계획구역 외의 지역에서 무게

가 150톤 이하, 부피가 150㎥ 이하, 수평 투영면적이 75㎡ 이하인 공작
물의 설치. 다만, 건축법 시행령 제118조 제1항 각호의 어느 하나에 해
당하는 공작물의 설치는 제외한다.

다. 녹지지역·관리지역 또는 농림지역 안에서의 농림어업용 비닐하우스(비
닐하우스 안에 설치하는 육상 어류양식장을 제외한다.)의 설치.

3. 토지의 형질변경

가. 높이 50센티미터 이내 또는 깊이 50센티미터 이내의 절토·성토·정지
등.(포장을 제외하며, 주거지역·상업지역 및 공업지역외의 지역에서는 지목변경을 수
반하지 아니하는 경우에 한한다.)

나. 도시지역·자연환경보전지역 및 지구단위계획구역 외의 지역에서 면적
이 660㎡ 이하인 토지에 대한 지목변경을 수반하지 아니하는 절토·성
토·정지·포장 등.(토지의 형질변경 면적은 형질변경이 이루어지는 당해 필지의 총
면적을 말한다. 이하 같다.)

다. 조성이 완료된 기존 대지에 건축물이나 그 밖의 공작물을 설치하기 위
한 토지의 형질변경.(절토 및 성토는 제외한다.)

라. 국가 또는 지방자치단체가 공익상의 필요에 의하여 직접 시행하는 사업
을 위한 토지의 형질변경.

4. 토석채취

가. 도시지역 또는 지구단위계획구역에서 채취면적이 25㎡ 이하인 토지에
서의 부피 50㎥ 이하의 토석 채취.

나. 도시지역·자연환경보전지역 및 지구단위계획구역 외의 지역에서 채취
면적이 250㎡ 이하인 토지에서의 부피 500㎥ 이하의 토석 채취.

5. 토지분할

가. 사도법에 의한 사도개설허가를 받은 토지의 분할.

나. 토지의 일부를 공공용지 또는 공용지로 하기 위한 토지의 분할.

다. 행정재산 중 용도폐지 되는 부분의 분할 또는 일반 재산을 매각·교환 또

는 양여하기 위한 분할.

라. 토지의 일부가 도시계획시설로 지형도면 고시가 된 당해 토지의 분할.

마. 너비 5미터 이하로 이미 분할된 토지의 건축법 제57조 제1항에 따른 분할제한면적 이상으로의 분할.

6. 물건을 쌓아놓는 행위

가. 녹지지역 또는 지구단위계획구역에서 물건을 쌓아놓는 면적이 25㎡ 이하인 토지에 전체 무게 50톤 이하, 전체 부피 50㎥ 이하로 물건을 쌓아놓는 행위.

나. 관리지역(지구단위계획구역으로 지정된 지역을 제외한다.)에서 물건을 쌓아놓는 면적이 250㎡ 이하인 토지에 전체 무게 500톤 이하, 전체 부피 500㎥ 이하로 물건을 쌓아놓는 행위.

측량·수로조사 및 지적에 관한 법률

[시행 2009.12.10] [법률 제 9774 호, 2009. 6. 9, 제정]

제79조(분할신청)

① 토지소유자는 토지를 분할하려면 대통령령으로 정하는 바에 따라 지적소관청에 분할을 신청하여야 한다.

② 토지소유자는 지적공부에 등록된 1필지의 일부가 형질변경 등으로 용도가 변경된 경우에는 대통령령으로 정하는 바에 따라 용도가 변경된 날부터 60일 이내에 지적소관청에 토지의 분할을 신청하여야 한다.

측량·수로조사 및 지적에 관한 법률시행령

[시행 2010. 5. 5] [대통령령 제 22151 호, 2010. 5. 4, 타법개정]

제65조(분할신청)

① 법 제79조 제1항에 따라 분할을 신청할 수 있는 경우는 다음 각호와 같다.

　　1. 소유권 이전, 매매 등을 위하여 필요한 경우.

　　2. 토지이용상 불합리한 지상경계를 시정하기 위한 경우.

② 토지소유자는 법 제79조에 따라 토지의 분할을 신청할 때에는 분할 사유를 적은 신청서에 국토교통부령으로 정하는 서류를 첨부하여 지적소관청에 제출하여야 한다. 이 경우 법 제79조 제2항에 따라 1필지의 일부가 형질변경 등으로 용도가 변경되어 분할을 신청할 때에는 제67조 제2항에 따른 지목변경신청서를 함께 제출하여야 한다.

측량·수로조사 및 지적에 관한 법률 시행규칙

[시행 2010. 6.17] [국토교통부령 제 227 호, 2010. 6.17, 일부개정]

제83조(분할신청)

① 영 제65조 제2항에서 "국토교통부령으로 정하는 서류"란 다음 각호의 어느 하나에 해당하는 서류를 말한다.

1. 분할허가 대상인 토지의 경우에는 그 허가서 사본.

2. 법원의 확정판결에 따라 토지를 분할하는 경우에는 확정판결서 정본 또는 사본.

② 제1항 각호의 어느 하나에 해당하는 서류를 해당 지적소관청이 관리하는 경우에는 지적소관청의 확인으로 그 서류의 제출을 갈음할 수 있다.

건축법

제57조(대지의 분할제한)

① 건축물이 있는 대지는 대통령령으로 정하는 범위에서 해당 지방자치단체의 조례로 정하는 면적에 못 미치게 분할할 수 없다.

② 건축물이 있는 대지는 제44조, 제55조, 제56조, 제58조, 제60조 및 제61조에 따른 기준에 못 미치게 분할할 수 없다.

건축법 시행령

제80조(건축물이 있는 대지의 분할제한) 법 제57조 제1항에서 "대통령령으로 정하는 범위"란 다음 각호의 어느 하나에 해당하는 규모 이상을 말한다.

1. 주거지역 : 60㎡

2. 상업지역 : 150㎡

3. 공업지역 : 150㎡

4. 녹지지역 : 200㎡

5. 제1호부터 제4호까지의 규정에 해당하지 아니하는 지역 : 60㎡

측량 지적범

제79조(분할신청)

① 토지소유자는 토지를 분할하려면 대통령령으로 정하는 바에 따라 지적소관청에 분할을 신청하여야 한다. (측량지적법 시행령)

제65조(분할신청)

① 법 제79조 제1항에 따라 분할을 신청할 수 있는 경우는 다음 각호와 같다.

1. 소유권 이전, 매매 등을 위하여 필요한 경우.

2. 토지이용상 불합리한 지상경계를 시정하기 위한 경우.

② 토지소유자는 법 제79조에 따라 토지의 분할을 신청할 때에는 분할 사유를 적은 신청서에 국토교통부령으로 정하는 서류를 첨부하여 지적소관청에 제출하여야 한다.

측량지적법 시행규칙

제83조(분할신청)

① 영 제65조 제2항에서 "국토교통부령으로 정하는 서류"란 다음 각호의 어느 하나에 해당하는 서류를 말한다.

1. 분할허가 대상인 토지의 경우에는 그 허가서 사본.

2. 법원의 확정판결에 따라 토지를 분할하는 경우에는 확정판결서 정본 또는 사본

법리 검토 및 판례 해설

판례 : 토지분할신청 불허가처분 취소[대법원, 2013 두 1621, 2013.7.11]

【판시사항】

구 국토의 계획 및 이용에 관한 법률상 개발행위허가의 대상인 토지분할에 관하여 신청인이 허가신청 시 공유물분할 판결 등의 확정판결을 제출한 경우에도 같은 법에서 정한 개발행위허가기준 등을 고려하여 거부처분을 할 수 있는지 여부.(적극)

【판결요지】

구 국토계획법(2011. 4. 14. 법률 제10599호로 개정되기 전의 것, 이하 '국토계획법'이라 한다.)상 토지분할 허가제도의 취지·목적, 개발행위허가권자의 재량권의 범위, 지적에 관한 법률 규정의 취지 등에 비추어 볼 때, 개발행위 허가권자는 신청인이 토지분할 허가신청을 하면서 공유물분할 판결 등의 확정판결을 제출하더라도 국토계획법에서 정한 개발행위허가기준 등을 고려하여 거부 처분을 할 수 있으며, 이러한 처분이 공유물분할 판결의 효력에 반하는 것은 아니다.

구 국토계획법(2011. 4. 14. 법률 제10599호로 개정되기 전의 것) 제56조 제1항 제4호, 구 국토계획법 시행령(2012. 4. 10. 대통령령 제23718호로 개정되기 전의 것) 제51조 제5호 (가)목, 측량·수로조사 및 지적에 관한 법률 제79조, 구 측량·수로조사 및 지적에 관한 법률 시행령(2013. 3. 23. 대통령령 제24443호로 개정되기 전의 것) 제65조 제2항, 구 측량·수로조사 및 지적에 관한 법률 시행규칙(2011. 10. 10. 국토교통부령 제389호로 개정되기 전의 것) 제83조 제1항

【원심판결】

서울고법 2012. 12. 11. 선고 2012 누 24209 판결

【주 문】

상고를 모두 기각한다. 상고비용은 원고들이 부담한다.

【이 유】

상고이유를 판단한다.

1. 상고이유 제4점에 대하여

가. 구 국토의 계획 및 이용에 관한 법률(2011. 4. 14. 법률 제 10599호로 개정되기 전의 것. 이하 '국토계획법'이라 한다.) 제56조 제1항 제4호 및 구 국토의 계획 및 이용에 관한 법률 시행령(2012. 4. 10. 대통령령 제 23718 호로 개정되기 전의 것) 제51조 제5호 (가)목에 의하면, 녹지지역·관리지역·농림지역 및 자연환경보전지역 안에서 관계 법령에 따른 허가·인가 등을 받지 아니하고 행하는 토지의 분할은 개발행위로서 특별시장·광역시장·시장 또는 군수(이하 '개발행위허가권자'라 한다.)의 허가를 받아야 한다.

국토계획법이 토지분할을 개발행위로서 규제하는 취지는 국토가 무분별하

게 개발되는 것을 방지하고 토지이용을 합리적·효율적으로 관리하여 공공복리를 증진하려는 목적을 달성하고자 하는 데 있으므로, 개발행위허가권자는 분할허가 신청의 대상인 당해 토지의 합리적 이용 및 공공복리의 증진에 지장이 될 우려가 있는지 등을 고려하여 재량으로 그 허가 여부를 결정할 수 있다.

나. 한편 이 사건 처분 당시 시행되던 측량·수로조사 및 지적에 관한 법률(이하 '지적에 관한 법률'이라 한다.) 제79조와 구 측량·수로조사 및 지적에 관한 법률 시행령(2013. 3. 23. 대통령령 제 24443 호로 개정되기 전의 것) 제65조 제2항 및 구 측량 · 수로조사 및 지적에 관한 법률 시행규칙(2011. 10. 10. 국토교통부령 제389호로 개정되기 전의 것) 제83조 제1항에 의하면, 토지소유자가 토지를 분할하려면 지적소관청에 분할사유를 적은 신청서를 제출하여야 하고, 분할허가 대상인 토지의 경우에는 허가서 사본을, 법원의 확정판결에 따라 토지를 분할하는 경우에는 확정판결서 정본 또는 사본을 첨부하여야 한다.

이처럼 지적에 관한 법령에서 토지분할신청 시에 위에서 본 바와 같은 첨부서류를 제출하도록 한 것은, 개발행위허가 등의 공법상 규제 요건과 확정판결 등의 사법상 권리변동 요건의 충족 여부를 각 제출서류에 의하여 심사함으로써 국토의 효율적 관리와 국민의 소유권 보호라는 입법 목적을 조화롭게 달성하려는 것이므로, 국토계획법상 개발행위허가 대상인 토지에 대하여 분할을 신청하려면 반드시 그 허가서 사본을 제출하여야 하고, 공유물분할 등 확정판결이 있다고 하여 달리 볼 것은 아니다.

이와 같은 국토계획법상 토지분할 허가제도의 취지·목적, 개발행위허가권자의 재량권의 범위, 지적에 관한 법률 규정의 취지 등에 비추어 볼 때, 개발행위허가권자는 신청인이 토지분할 허가신청을 하면서 공유물분할 판결 등의 확정판결을 제출하더라도 국토계획법에서 정한 개발행위허가기준 등을 고려하여 거부처분을 할 수 있으며, 이러한 처분이 공유물분할 판결의 효력에 반하는 것은 아니다.

다. 원심판결 이유에 의하면, 원심은 피고가 국토계획법상 농림지역 및 관리지역에 속한 이 사건 임야에 관한 원고들의 국토계획법상 토지분할 허가신청을 거부한 이 사건 처분의 적법성을 판단하면서, 원고들이 이 사건 임야에 관한 공유물분할 판결을 받아 그 판결이 확정된 사정을 고려하지 아니한 채, 국토계획법상 개발행위허가의 법적 성격, 그 요건이나 기준 등에 관한 독자적인 법리에 따랐다.

앞서 본 법리에 비추어 보면 원심이 이처럼 판단한 것은 정당하고, 거기에 지적에 관한 법률의 해석에 있어서 확정판결에 기초한 토지분할과 국토계획법상 개발행위허가의 대상인 토지분할의 관계에 관한 법리 등을 오해한 위법이 없다.

원고가 상고이유에서 들고 있는 대법원판결은 이 사건과 사안이 다르므로 이 사건에 원용하기에 적절하지 아니하다.

2. 상고이유 제1점, 제2점에 대하여

행정청 내부의 사무처리에 관한 재량준칙의 경우 대외적으로 국민이나 법원을 기속하는 효력 즉 법규적 효력이 없으므로, 이러한 재량준칙에 기한 행정처분의 적법 여부는 그 처분이 재량준칙의 규정에 적합한 것인가의 여부에 따라 판단할 것이 아니고 그 처분이 관련 법률의 규정에 따른 것으로 헌법상 비례·평등의 원칙 위배 등 재량권을 일탈·남용한 위법이 없는지의 여부에 따라 판단하여야 한다. (대법원 1994. 3. 8. 선고 93누21958 판결, 대법원 1998. 3. 27. 선고 97누20236 판결 등 참조)

원심판결 이유에 의하면, 원심은 '남양주시 기획부동산 분할제한 운영지침'(이하 '이 사건 운영지침'이라 한다.)에 기한 이 사건 처분의 적법성 여부를 판단하면서, 이 사건 운영지침이 지방자치단체인 피고 내부의 사무처리준칙으로서 법규적 효력이 없어 이 사건 처분의 적법 여부 판단의 근거가 될 수 없음을 전제로 이 사건 운영지침의 위헌성 등 판단에 나아가지 아니하고, 이 사건 처분에 국토계획법 등 관련 법률에 따라 재량권 일탈·남용의 위법이 없는지 여부만을 판단하였다.

앞서 본 법리에 비추어 원심이 이처럼 판단한 것은 정당하고, 거기에 지방자치단체 내부의 사무처리준칙에 기한 행정처분의 적법성 판단에 관한 법리나 이 사건 운영지침의 위헌성에 관한 법리 등을 오해한 위법이 없다.

3. 상고이유 제3점에 대하여

원심은 그 채택 증거를 종합하여 판시와 같은 사실을 인정한 다음,

① 이 사건 임야는 국토계획법상 농림지역 및 보전관리지역으로 농림업을 진흥시키고 산림을 보전하기 위하여 필요한 지역인 점.

② 주식회사 호연에프앤씨는 이 사건 임야를 포함하여 그 일대에서 소유자별로 소규모의 사각형 형태를 유지하면서 수십 개의 필지로 분할하여 왔고, 위 회사로부터 이 사건 임야의 지분을 이전받은 원고들의 이 사건 임야분할신청도 그 일환인 것으로 보이는 점.

③ 피고가 개발행위 허가대상인 토지분할 행위라 할지라도 법원의 확정판결이나 화해권고결정 등에 기하여 분할신청을 하면 이를 받아들여 왔다는 관행이 성립하였다고 보기에 부족한 점 등에 비추어 이 사건 처분에 헌법상 비례·평등의 원칙 위배 등 재량권을 일탈·남용한 위법이 없다고 판단하였다.

원심의 이러한 판단은 국토계획법상 개발행위허가의 재량 행위에 관한 법리에 기초한 것으로서 정당하고, 거기에 국토계획법상 토지분할허가 거부처분의 재량권 일탈·남용에 관한 법리 등을 오해한 위법이 없으며, 한편 원심

의 이러한 판단 속에는 원고가 내세우는 그 밖의 재량권 일탈·남용 사유의 부존재에 관한 판단도 포함되어 있다고 볼 것이므로 판단 누락의 위법도 없다.

4. 결론

그러므로 상고를 모두 기각하고, 상고 비용은 패소자들이 부담하도록 하여 관여 대법관의 일치된 의견으로 주문과 같이 판결한다.

- 대법관 김소영(재판장) 신영철 이상훈(주심) 김용덕

판례 : 지분등기 토지의 개별분할등기 가능여부에 사례

경매교육을 진행하는 과정에서 경기도 이천에 소재하는 임야를 기획부동산업체로부터 잘못 매입해 문제가 되고 있다는 상담을 받은 적이 있다.

토지에 투자할 때에는 토지에 대한 권리분석보다는 대개 토지공법상의 문제가 더 큰데 교육생은 단순하게 부동산투자업체로부터 개발이 가능하다는 말만 듣고 가분할도를 근거로 하여 임야를 토지지분으로 이전등기를 하였고 그 후에 시간이 흘러도 당초 대로 개발되지도 않고 있어 지분등기한 토지를 각자 독립된 토지로 분할등기를 하여 건물을 짓기 위해 필자에게 상담을 의뢰하였으나 이 물건을 검토해본 결과 토지분할 개별등기는 국토계획법상 불가능하다는 결론에 이르게 되었다.

토지투자는 아파트나 상가투자와는 다른 점이 있는데 그것은 권리분석 문제는 주택에 비해서 거의 없거나 간단한데 토지공법상의 문제가 권리분석보다 더 복잡하므로 토지를 투자할 때에는 반드시 토지공법에 대한 각별한 주의가 필요하다.

토지에 투자하려면 먼저 토지공법에 대한 충분한 이해가 전제된다. 특히 지

분등기는 무조건 피하는 것이 좋다. 아파트에 투자하듯 토지에 투자했다가는 쓸모없는 땅을 사서 아예 재산권을 행사할 수 없는 경우가 있어 아차 하는 순간에 수 억 원을 날리는 일이 허다하게 발생한다.

먼저 임야나 농지를 분할하기 위해서는 국토계획이용법에 의한 개발행위허가가 필요하다. 국토의 계획 및 이용에 관한 법률에 의하면 녹지지역, 관리지역, 농림지역, 자연환경보전지역 안에서 토지를 분할하고자 할 경우에는 개발행위허가를 받도록 되어 있다.

그러나 개발행위허가를 받으려면 분할하고자 하는 토지에 도로가 개설된다거나 토지의 경사도, 입목축적도 등의 법적 충족요건 등의 조건이 있어 분할하고자 하는 토지의 형상, 면적, 구조 등이 이러한 조건을 만족시키지 못하면 개발행위허가가 나지 않는다.

그렇다면 기획부동산이 이 땅을 팔 때에는 이러한 모든 조건에 만족하는 땅인지 여부를 사전에 조사, 분석하여 이러한 땅을 선정하여 팔아야 하는데 이렇게 되려면 땅을 팔기 전에 이러한 점을 조사, 분석하기 위한 전문적인 식견이 필요하고 또한 상당한 시간과 비용이 들게 된다. 곧 이런 조건을 만족하는 땅은 비쌀 수밖에 없어 개발차익을 남기기에 어려움이 따른다.

따라서 기획부동산은 경제성의 원칙에 의해 처음부터 개발이 가능한 땅인지, 개별등기가 가능한지 여부 등을 철저분석, 판단하지 않거나 하지 못하고 원시 상태의 땅을 단순하게 팔면서 개발 가능성이 있다는 말로, 일반인들에게 투자를 권유하게 되고 일반인들은 이러한 토지공법상의 제반 지식이 전혀 없으므로 단지 개발 가능성이 있다는 말 하나만 믿고 사게 되는 것이다.(이 경우 기획부동산은 거의 사기를 치는 것과 마찬가지지만 사기로 걸리지는 않는다는 점을 이용하는 것이다.)

그런데 과거 지적측량, 수로조사 및 지적에 관한 법률에 의하면 토지를 분할하려면 분할 허가대상인 토지의 경우에는 그 허가서 사본을 첨부하고 법원의 확정판결에 따라 토지를 분할하는 경우에는 확정판결서 정본을 붙여서 지적소관청에 분할을 신청하게 되어 있었다.

따라서 과거 기획부동산업체는 개발행위허가로는 토지분할이 불가능한 점을 알고 이를 회피할 목적으로 법원의 확정판결로 토지분할을 신청할 수 있는 규정을 이용하여 편법으로 토지를 분할하는 방법을 쓰고 있었다.

그러나 이러한 방법으로 지분등기가 토지분할로 개별등기가 되었다고 해도 실제 개발을 하려면 개발행위허가를 받아야 되는데 개발행위허가를 받으려면 분할한 토지에 도로가 개설되었다거나 법이 정한 토지의 경사도, 입목축적도 등의 요건 등을 충족해야 하며 이러한 조건이 만족하지 못하는 토지는 개발행위허가가 나지 않는다. 즉 건물을 지을 수가 없다.

결국 개발이 불가능하면 재산권행사에 상당한 제한이 있어 가격도 제대로 받지도 못하게 된다. 지분등기의 경우에는 파는 것이 거의 불가능하며 개별등기가 되게 되면 지분등기보다는 팔 때 원활한 점은 있으나 땅에 대해 조금이라도 아는 사람은 개발 불가능한, 즉 건축이 불가능한 토지는 사지도 않고 사더라도 시세보다 현저히 감가된 가격이 아니고는 사지 않는다.

그런데 과거 기획부동산이 법원의 확정판결로 토지분할을 신청할 수 있는 규정을 이용하여 분할하는 경우도 일부 있었으나 이러한 방법으로 토지를 분할하는 방법에 대해서도 허가처분청이 이를 거부하는 경우에는 통하지 않는다. 이러한 처분청의 거부에 대한 취소청구소송을 보면 법원도 이러한 방법을 통한 분할은 인정하지 않고 있다.

이에 대한 대법원 판결을 보기로 한다.

대법원(2009.10.15 2008 두 3920) 판결 임야분할신청거부처분취소

개발제한구역 내 임야의 공유물분할에 관한 조정이 성립된 후 조정 조사의 내용대로 임야의 분할을 신청하였으나 시장·군수·구청장이 이를 거부한 사안에서, 구 개발제한구역의 지정 및 관리에 관한 특별조치법(2008. 3.21.법률 제8975 호로 전부 개정되기 전의 것) 제11조 제1항 제6호, 같은 법 시행령(2008.11.28. 대통령령 제21139호로 전부 개정되기 전의 것) 제16조 본문에 의하면, 개발제한구역에서는 원칙적으로 토지의 분할을 할 수 없고 다만 시장·군수·구청장의 허가를 받아 분할된 후 각 필지의 면적이 200㎡ 이상인 경우에만 토지를 분할할 수 있도록 규정하고 있어 이러한 절차를 거치지 않은 분할신청은 개발제한구역의 지정 및 관리에 관한 특별조치법령에 위배되는 신청이라는 점.

위 법상의 토지분할의 제한은 건축법상 대지면적이 최소한도 미만으로 분할되는 것을 제한하고 있는 것과 달리 도시의 무질서한 확산 등을 방지하기 위한 것으로서 공유물분할 등에 관한 조정 과정에서 그러한 사정에 관한 검토가 이루어진다고 보기 어려운 점 등에 비추어 당사자들 사이의 합의에 따라 작성된 조정조서는 지적법 시행규칙 제24조 제1항 제2호에 정한 확정판결로서 위 특별조치법상의 토지분할에 관한 허가를 대체하는 것으로 보기 어렵다는 등의 이유로 임야분할신청을 받아들이지 않은 거부처분은 적법하다.

즉 법원에서도 당사자들 사이의 합의에 따라 분할하기로 한 조정조서는 토지분할에 관한 허가를 대체하는 것으로 보기 어렵다는 등의 이유로 임야분할신청을 거부한 처분청에 대하여 적법하다고 판결을 내리고 있다.

그런데 지적측량, 수로조사 및 지적에 관한 법률 시행규칙 제83조가 이전에는 분할을 신청하는 경우 그 첨부서류로서 1. 분할허가대상인 토지의 경우에는 그 허가서 사본 2. 법원의 확정판결에 따라 토지를 분할하는 경우에는 확정판결서 정본을 첨부하게 되어 있었는데, 2011.10.10일 이 법이 개정되면서 2. 법원의 확정판결에 따라 토지를 분할하는 경우에는 확정판결서 정본을 첨부한다는 조항이 삭제되고 1. 허가서 사본만을 첨부할 수 있게 함으로써 2011.10.10일 이후에는 법원판결을 이용하여 토지분할을 하려는 시도 자체가 원천적으로 불가능하게 되었다. 즉 판례상 처분청이 거절하는 경우에는 분할되지도 않을 뿐만 아니라 판결문을 이용하여 분할할 수 있는 법 조항도 이미 2011.10.10일 삭제되어 근본적으로 개별등기가 되지 않는다.

그 다음에 문제가 되는 것은 공유대상 토지에 일부 지분에 붙어 있는 기존 담보물권이다. 예를 들어 갑과 을이 1/2씩 공유하던 토지가 분할이 되는 경우 기존의 '갑'의 1/2 지분 위에 존재하던 저당권이 '갑' 앞으로 분할된 토지에만 효력이 있는 것인지 아니면 분할이 된 '을' 단독소유가 된 토지 부분에도 효력이 미치는 것인지가 문제가 된다.

이 점에 대해서 법원판결을 보면 종전 토지의 등기부상에 있던 공유관계와 권리관계는 분할된 토지에도 각각 효력이 미친다고 해석한다.

소유권 이전등기 말소 : 대법원 1989.8.8 선고 88 다카 24868

1. 원심 판결이유에 의하면 원심은 그 거시증거를 종합하여 인천시 북구 00 동 465 답 640㎡(이하 이 사건 토지라 한다.)와 같은 동 476의 2 공장용지 459.3㎡ 및 같은 동 476의 3 공장용지 958.5㎡는 원고가 816의 176 지분, 소외 ○○○금속주식회사가 816분의 640 지분을 가진 공유부동산인데, 피고 은행은 이 사건 토지 및 위 각 공장용지 중 위 소외 회사 소유의 816분의 640 지분에 대하여 모든 5회에 걸쳐 채무자를 위 소외 회사로 한 각 근저당권 설정등기를 경료한 사실, 그 후 원고가 위 소외 회사는 1981.4.17. 공유물인 이 사건 토지 및 위 각 공장용지 중 이 사건 토지는 원고의, 위 각 공장용지는 위 소외

회사의 단독소유로 하는 공유물분할의 합의를 하고 소외 회사는 1981.4.20 근저당권자인 피고 은행의 동의를 얻어 위 각 공장용지 중 원고 명의의 816분의 176 지분에 대하여 위 소외 회사 앞으로 공유물분할로 인한 소유권 이전등기를 경료한 사실, 피고 은행은 위 소외 회사와 사이에 1981.4.29 위 각 근저당권에 관한 목적물 변경계약을 체결하고 그달 30. 위 소외 회사의 단독소유로 된 위 각 공장용지 중 원고 지분이던 각 816분의 176 지분에 대해서도 위 각 근저당권의 효력이 미치게 하는 변동등기를 경료하는 한편, 원고의 단독소유로 된 이 사건 토지 중 위 소외 회사 명의의 816분의 640 지분에 대하여는 위 각 근저당권의 피담보채권이 소멸한 것으로 하기로 소외 회사와 합의한 사실을 각각 인정한 다음 위 인정사실에 의하면 이 사건 토지 중 816분의 640 지분에 관한 피고 명의의 각 근저당권 설정등기는 그 피담보채권이 소멸하여 무효이므로 이를 기초로 하여 그 후에 이루어진 위 지분에 관한 피고 은행 및 피고회사 명의의 각 소유권 이전등기도 모두 무효라고 판단된다.

2. 그러나 원심이 위 사실인정의 증거로 거시한 것을 기록에 의하여 면밀히 검토해보아도 원고의 단독소유로 된 이 사건 토지 중 소외 회사 명의의 816분의 640 지분에 관한 각 근저당권의 피담보 채권을 소멸시키기로 피고 은행과 위 소외 회사 사이에 합의하였다고 인정할 만한 아무런 자료를 찾아볼 수 없다. 공유자의 한 사람의 지분 위에 설정된 근저당권 등 담보물권은 특단의 합의가 없는 한 공유물분할이 된 뒤에도 공유물 전부의 위에 그대로 존속하는 것이고 근저당권 설정자 앞으로 분할된 부분에 당연히 집중되는 것은 아니므로, 위 소외 회사의 지분 위에 설정된 피고 은행의 근저당권은 공유물분할 후에도 이 사건 토지와 위 각 공장용지 위에 위 지분의 비율 대로 존속하는 것인 바, 위 소외 회사와 피고 은행 사이에 소외 회사의 단독소유로 된 위 각 공장용지의 원래 원고 지분 부분을 근저당권의 목적물에 포함시키기로 합의하였다고 하여도 이런 합의가 원고의 단독소유로 된 이 사건 토지의 위 소외 회

사 지분에 대한 피담보채권을 소멸시키기로 하는 합의까지 내포한 것이라고
는 할 수 없는 것이다.

3. 결국 이 사건 토지 중 816분의 640 지분에 관한 피고 은행 명의의 근저
당권 설정등기가 피담보채권이 소멸하여 무효라고 판단한 원심판결은 채증
법칙에 위반하여 적법한 증거가 없이 사실을 인정한 위법이 있어 원심판결을
파기환송하기로 한다.

한마디로 공유지분에 담보물권이 있는 경우에는 분할이 된다 하더라도 그
지분만큼 부담부 분할이 되어 사실상 현물분할이 불가능하게 되고 이러한 경
우에는 결국 상대방 지분이 경매처분으로 해결되기를 기다릴 수밖에 없다는
점이다.

실제 내가 아는 분 중에 양평에 있는 토지를 공동투자하고 지분등기를 했
는데 그 후 알아보니 다른 지분권자가 대출을 받아 그 사람의 지분에 저당권
이 설정되었다는 것이다.

이런 경우 추후 이 토지를 분할하게 되면 대출이 된 저당권에 대한 금액은
그 지분 비율에 따라 다른 토지에도 옮겨와 부담부 분할이 되는 황당한 일이
발생하게 되어 현실적으로 개별분할도 불가능하게 되는 것이다.

그러므로 땅에 투자하는 경우에는 토지공법을 확실히 안 다음에 투자하여
야 하고(모르면 토지이용계획확인서와 지적도를 가지고 구청, 군청 담당부서에 가서 반드시
개발 가능, 건축 가능 여부를 확인하고 조금이라도 모르거나 이상한 문제가 있으면 아예 투자를
하지 않는다.) 지분등기는 아예 피해야 땅에 투자하고 재산을 날리고 평생을 두
고두고 후회할 일을 하지 않게 될 것이다.

그런데 대부분의 투자자는 이러한 간단한 확인(군청 담당부서에 확인)조차도
하지 않고 더욱 심각한 것은 군청에 가서 무엇을 확인해야 하는지조차도 모른
다. 토지공법에 대한 기본지식이 전혀 안 돼 있는 것이다.

발로 직접 뛰지 않고 책상 위에서 기획부동산의 말만 듣고 스스로의 권리를 포기하면서 투자를 하는 책임은 당연히 투자자가 져야 한다.

대부분의 사기는 아는 사람에게 당하게 된다. 전혀 모르는 사람에게는 당하지 않는다. 법은 권리 위에 잠자는 자를 보호하지 않는다.

땅값을 확 올리는 토지개발 테크닉

분할과 합병 실전 가이드

지은이 이인수(코랜드연구소장)

초판발행 2019년 8월 27일

전면개정 2021년 3월 27일

펴낸이 양근모

발행처 도서출판 청년정신 ◆ **등록** 1997년 12월 26일 제 10—1531호

주 소 경기도 파주시 문발로 115 세종출판벤처타운 408호

전 화 031) 955—4923 ◆ **팩스** 031) 624—6928

이메일 pricker@empas.com